다문화주의의 인식과 적용

김창근 지음

교육과학사

책을 내며

다문화주의는 서로 다른 문화적 · 종교적 전통 혹은 도덕적 신념을 가진 개인이나 집단이 갈등이나 대립을 줄이며 함께 살아가는 방법을 찾으려는 노력이자 운동이다. 방법론에서 다문화주의는 '인정, 분배 혹은 재분배, 상호성' 등의 정치 · 윤리 실현에 초점을 두는 현대사조(現代思潮)에 해당한다.

언뜻보면 다문화주의는 다민족 · 다인종 국가의 정책 필요에서 발전되었지만, 깊게 생각해보면 적어도 전쟁과 상흔으로 얼룩진 20세기와는 다른 21세기를 살자는 현대사적 · 사상사적 요구를 담고 있다. 저명한 문화이론가인 스튜어트 홀(Stuart Hall)의 지적을 빌면, 그 요구는 '다름과 함께 살아가는 능력'(the capacity to live with difference)을 말한다.

하지만, 다문화주의의 진로가 밝지만은 않다. 계속되는 난민이나 테러사건, 극단적 보수주의나 자국 우선주의 대두 속에 각국의 다문화정책은 저항에 직면해 있다. 오히려 사회의 갈등과 대립의 상당 부분이 다문화주의의 탓인 것처럼 언급되기도 한다. 반(反)다문화 역할도 늘어나고 있다.

다문화주의가 처한 위치로 볼 때, 다문화주의에서 정말 중요한 것은 관찰과 해석의 문제이다. 다문화주의가 사조라는 점에서 보면 이는 당연한 것이기도 하다. 흔히 말하듯 관찰과 해석이 동시에 일어나는 현상이라는 점에서, 사조는 관찰과 해석을 위한 안경과 같은 역할을 한다. 사조는 그래서 바람직한 인식과 적용을 중시해야 한다.

다문화주의 역시 마찬가지이다. 바람직한 인식과 적용은 다문화주의의 시대적 의미와 역할을 모색하는 데는 물론 다문화주의의 공과에 기반해 보완적 사조를 형성하도록 하는 기반이 될 것이기 때문이다.

이 책은 이러한 점에서 다문화주의의 바람직한 인식과 적용을 다루고 있다. 다문화주의의 인식을 위해서는 문화, 다문화 공존, 상호문화주의, 다문화교육을 주제로 했고, 다문화주의의 적용을 위해서는 인권의 보편성, 사회적응과 사회통합, 다문화 공간론, 지역사회 통합과 지역거버넌스, 한반도 평화를 화두로 삼았다.

이 책의 구성

이 책은 지난 몇 해 동안 발표했던 논문과 강의록을 전제하거나 일부 수정·보완해 묶은 것이다. 이 책은 총 2부에 걸쳐 9장으로 구성되어 있다. 1부는 다문화주의의 인식으로, 1장에서 4장까지이며, 2부는 다문화주의의 적용으로 5장에서 9장까지이다.

1장은 다문화주의에서 문화의 의미와 해석을 다루고 있다. 다문화주의에서 핵심이 문화가 되어야 한다는 점에서 자유, 평등한 권리, 진정한 문화성에 기반한 문화와 문화간 대화의 설정은 다문화주의를 인식하는 데 중요하다.

2장은 다문화 공존을 위한 다문화주의를 언급하고 있다. 다문화주의를 둘러싼 이론적 논쟁과 사회적 논란을 넘어 다문화주의는 새로운 사회통합의 이념으로서 다문화 공존을 위한 진정한 가치를 모색하는 데 초점을 두어야 한다.

3장은 상호문화주의의 원리와 과제를 정리하고 있다. 다문화주의가 실패했고 그 대안이 마치 상호문화주의인 것처럼 언급되기도 하지만, 다문화주의나 상호문화주의는 현대사회의 다양성을 관리하는 두 접근방식일 뿐이다. 다문화주의와 상호문화주의는 상호보완되면서 교육화·정책화되어야 한다.

4장은 다문화교육의 방향과 접근을 제안하고 있다. 프랑스의 샤를리 에브도(Charlie Hebdo) 테러사건이 주는 교훈을 바탕으로 학교 다문화교육이 접근해야 할 방향을 제시하고 있으며, 다문화교육의 핵심이 다문화 시민의 양성이라는 점에서 다문화 시민성 모색의 방향을 제안하고 있다.

5장은 다문화시대 인권의 보편성이 갖는 의미를 북한의 '우리식 인권론'을 중심으로 검토하고 있다. 보편적 가치로서의 인권에 기반할 때, 다문화주의의 다양성은 그 가치가 보다 분명해진다. 보편성에서 유리된 문화상대주의는 위험하다는 점을 북한의 '우리식 인권론'은 보여주고 있다.

6장은 다문화시대 사회적응과 사회통합의 문제를 북한이탈주민정책에 적용하고 있다. 다문화시대의 사회적응과 사회통합은 이주민을 행위주체자로 보고 이주민과 토착민간 쌍방향적인 상호관계 형성에 초점을 두어야 한다. 북한이탈주민정책과 다문화교육에도 시사하는 바가 있다.

7장은 다문화 공간론의 의미와 접근을 북한이탈주민정책에 적용하고 있다. 다문화 공간론은 공간내 행위주체자의 삶과 이야기에 주목하고 있다는 점에서 다문화정책과 다문화교육은 물론 북한이탈주민정책에도 일정한 실천 과제를 제기하고 있다.

8장은 다문화시대 지역사회통합과 지역거버넌스를 언급하고 있다. 이주민과의 사회적응과 사회통합을 실제 이루어내야 하는 곳이 바로 지역사회라는 점에서 지역사회통합과 지역거버넌스의 역할은 매우 중요하다. 북한이탈주민을 위해서도 분명한 역할이 제기되고 있다.

9장은 다문화시대의 한반도 평화에 주는 시사점을 칸트의『영구평화론』을 중심으로 찾아보고 있다.『영구평화론』이 개인·국가·국제적 차원에서의 평화를 위한 도덕·법·제도적 체계와 접근을 제시하고 있다는 점에서 다문화교육의 역할까지 넓혀 볼 수 있는 여지가 있다.

다문화주의의 바람직한 인식과 적용을 시도하고 있는 이 책은 다문화주의의 관찰과 해석을 위한 안경의 역할을 하고 있으며, 동시에 다문화시대의 과제와 다문화교육의 방향을 제언하고 있다는 점에서 의미가 있다. 다문화주의의 적용은 보다 많은 쟁점으로 이어져야 할 과제이다.

끝으로 부산교육대학교 교육대학원 다문화교육전공에서 만난 여러분께 감사드린다. 강의시간에 함께 토론했던 여러 내용이 이 책의 바탕이 되었다. 최근 몇 해 동안 부산광역시 북한이탈주민지원협의회 위원과 부산법원 사회적 약자 사법지원단 회장으로서 북한이탈주민분과, 다문화분과, 장애인분과에서 활동하게 된 것도 값진 시간이었다. 함께했던 여러분께 감사드린다. 이 책이 이렇게 꾸며진 데는 교육과학사 여러분의 공로 덕분이다. 거듭 감사의 인사를 드린다.

2018년 11월

김창근

Contents

Contents

Contents

일러두기

• 이 책에 실은 각 장의 글은 이미 발표한 논문과 강의록을 전제하거나 일부 수정 · 보완한 것이다. 수록되었던 출처는 아래와 같다.

제1장 다문화주의에서 문화의 의미와 해석

• "다문화주의에서 문화의 의미와 해석", 한국윤리학회, 『윤리연구』, 제112호 (2017.3), pp.243-268.

제2장 다문화 공존을 위한 다문화주의

• "다문화 공존과 다문화주의: 다문화 시민성의 모색", 한국윤리학회, 『윤리연구』, 제73호 (2009.6), pp.21-50 중 제1, 2, 3장; "다문화 시대의 '통일민족주의'와 통일교육", 한국윤리학회, 『윤리연구』, 제77호 (2010.6), pp.137-162 중 제2장 2절(위 내용은 『다문화주의와 만난 한반도 통일론』 (파주: 교육과학사, 2013)의 제1장, 제7장에 일부 게재되었으나, 이 책의 편제를 위해 필요 부분을 다시 가져왔음.)

제3장 상호문화주의의 원리와 과제: 다문화주의의 대체인가 보완인가?

• "상호문화주의의 원리와 과제: 다문화주의의 대체인가 보완인가?", 한국윤리학회, 『윤리연구』, 제103호 (2015.9), pp.183-214.

제4장 다문화교육의 방향과 접근

• "학교 다문화교육을 위한 5가지 접근", 부산교육대학교 다문화교육원, 『2016학년도 초 · 중등교사 다문화 이해교육 직무연수』 (2016), pp.115-120; "학교 다문화교육의 초점: 다문화 수용성 기르기", 울산광역시교육청, 『2016년 다문화교육 담당교사 연수』 (2016), pp.5-8; "다문화 공존과 다문화주의: 다문화 시민성의 모색", 한국윤리학회, 『윤리연구』, 제73호 (2009.6), pp.21-50 중 제4장.

제5장 다문화시대와 인권의 보편성: 북한의 '우리식 인권론'을 중심으로

- "인권의 보편성과 북한의 인권관: 통일교육에 주는 함의", 한국윤리학회, 『윤리연구』, 제96호 (2014.6), pp.203-238.

제6장 다문화시대의 사회적응과 사회통합: 북한이탈주민정책의 경우

- "다문화시대 북한이탈주민정책의 개선 방향", 한국윤리학회, 『윤리연구』, 제109호 (2016.9), pp.197-233.

제7장 다문화 공간론의 의미와 접근: 북한이탈주민정책의 경우

- "사회통합형 북한이탈주민정책을 위한 다문화 공간론적 접근의 시사점", 한국윤리학회, 『윤리연구』, 제118호 (2018.3), pp.199-226.

제8장 다문화시대의 지역사회통합과 지역거버넌스: 북한이탈주민을 위한 역할

- "북한이탈주민 지역사회통합 제고 방안: 지역거버넌스의 역할을 중심으로", 한국윤리학회, 『윤리연구』, 제121호 (2018.9), pp.197-225.

제9장 다문화시대의 한반도 평화: 칸트의 『영구평화론』을 중심으로

- "칸트의 『영구평화론』과 한반도 평화", 한국평화연구학회, 『평화학연구』, 제17권 1호 (2016), pp.7-31.

제1부

다문화주의의 인식

제1장 다문화주의에서 문화의 의미와 해석

Ⅰ. 다문화주의와 문화

다문화주의는 인종, 민족, 지역, 언어, 종교 등의 이질성에서 비롯되는 문화적 다양성을 어떻게 관리해갈 것인가에 관한 사회통합의 이념이다. 하지만 최근 다문화주의의 한계와 역설에 근거해 다문화주의의 퇴조를 지적하는 견해들이 만만치 않다. 그 하나로 다문화주의는 한때의 유행으로 지나가면서 그 자리에 민족주의가 회귀할 것이라는 견해가 있다. 끊이지 않는 서구의 총기난사 사건, 유럽의 테러와 난민문제, 영국의 유럽연합 탈퇴, 미국 트럼프 정부의 자국우선주의 등을 보면서 다양한 문화와의 공존이라는 다문화주의의 이상이 현실에서 말처럼 쉬운 일이 아님을 보게 된다. 사회통합은 문화적 혹은 민족적 결속과 함께 이루어져야 한다는 과거의 신념이 기세를 펴고 있다. "다문화주의가 민족적인 소속과 정체성에 관한 집요한 주장으로 대체된 것처럼"[1] 보이기에 충분하다.

다문화주의는 '진정한 형태'의 세계시민주의로 대체될 것이라는 주장도 있다.[2] 진정한 형태란 세계시민적인 정체성을 도덕적으로

1) Anne Phillips, 부산대학교 사회과학연구소 역, 『문화 없는 다문화주의』 (서울: 박영사, 2011), p.32.

촉구하는 수준을 넘어, 갈수록 생태적·사회적으로 통합되어가는 지구에 대한 세계시민권을 받아들이게 되는 단계를 뜻한다. 이 단계에서는 문화의식이나 민족의식으로 인해 나타나는 차이는 모두 부차적인 것에 불과하게 된다.

우리 사회에서의 반다문화주의 담론도 적지 않다.[3] 또다른 경계나 역차별에 대한 불만이 있다. 국민국가의 정체성을 흐리게 한다는 우려도 있으며, 국제정치 현실에서 우리나라도 자국우선주의를 표방해야 한다는 주장도 있다.

다문화주의는 이렇듯 다문화주의의 퇴조나 반다문화주의에 관한 견해와 대비되는데, 정작 그 차이는 무엇일까? 아주 크게 보면 가장 큰 차이는 시대변화에 대한 대응방식일 것이다. 사실 다문화사회로의 변화 추세는 거스를 수 없어 보인다. 세계적 수준에서 자본과 노동과 인구의 이동은 갈수록 더해질 것이고 피하기도 쉽지 않아 보인다. 이런 상황에서 다문화주의는 차이와 더불어 살아가기를 강조했다면,[4] 다문화주의의 퇴조나 반다문화주의는 더한 세계주의나 자국중심주의를 주장한 것이다.

갈수록 문화적 다양성이 심해지고 그만큼 다양성 관리의 문제

---

2) 앤드류 헤이우드, 양길현·변종헌 옮김, 『사회사상과 정치 이데올로기』 (서울: 오름, 2014), p.405.

3) 우리 사회의 반다문화 담론과 인터넷 공간의 반다문화 담론에 대해서는 이찬욱·강진구·노자은, 『개정판 한국사회와 다문화』 (광명: 경진출판, 2014), pp.155-179 참조.

4) 이런 의미에서 스튜어트 홀(Stuart Hall)은 "the capacity to live with difference"를 21세기의 시대적 과제라고 지적했다. 한준성, "다문화주의 논쟁: 브라이언 배리와 윌 킴리카의 비교를 중심으로", 서울대학교 한국정치연구소, 『한국정치연구』, 제19권 1호 (2010), p.312.

가 불거진다고 보면, 다문화주의를 둘러싼 찬반(贊反)의 대립적인 논쟁은 사실 본질적이지 않아 보인다. 그런 의미에서 보다 주목해야 할 것은 '문화의 의미와 문화적 해석'이다. 그래야 다문화주의 혹은 반다문화주의를 넘어 다문화사회의 본질과 다문화적인 시대 현실에 주목할 수 있게 될 것이다.

이러한 시대 상황과 더불어 다문화 담론의 내부에서 보면, 그간 다문화주의를 말하면서도 문화의 의미와 문화적 해석에 관한 고민 없이 다문화를 언급했던 경향이 있어왔다. 그러다보니 정작 문화가 무엇이며, 어디까지가 인정해야 할 문화인지에 대한 논의가 부족했다. 삶의 총체가 문화로 강조되고, 그 다양성을 인정하며 수용하는 것이 다문화주의의 본질인 것처럼 간주되다보니 문화적 기준이나 가치 혹은 책임이 없어 보이기도 했다. 그것은 자연스레 다문화주의의 퇴조나 반다문화주의 정서와도 연결되었다. 이러한 경향을 앤 필립스(Anne Phillips)는 *Multiculturalism without Culture*라는 그녀의 2009년 저서 제목을 통해 '문화 없는 다문화주의'라는 말로 비유적이면서도 직설적으로 표현했다. 그녀는 집단・인종・공동체・종교 등의 의미를 '일방적인' 문화적 맥락과 연관지어 사용하면서 그것을 다문화로 간주하고 있는 오류를 넘어설 것을 지적했다.[5] 동시에 개인을 더욱 존중하며 심의적인 대화와 소통을 중시하는 '진정한' 문화를 중시할 것을 촉구했다. 데이비드 스콧(David Scott) 역시 다문화주의가 "문화 자체보다는 그들의 자유민주주의 정치론에 적합한 문화 개념을 규정짓는 데 관심을 더" 두고 있다고 지적했다.[6] 국내의 경우,

5) Phillips(2011), pp.18-60.

설한도 다문화주의에서 문화에 대한 진지한 고민이 없었던 것이 다문화주의의 퇴조 현상에 기여했다고 진단했다.[7]

사실 다문화주의에서 본질은 이미 문화였다. 문화로 인해 개인적 · 사회적 정체성은 핵심적인 특징이 되기 때문이다. 동시에 문화 덕분에 개인의 세계관과 문화적 의식이 형성되고 타인이나 타집단과 구분되는 가치의 근거가 되면서 사회적 · 역사적 소속감이 강화되기 때문이다. 다문화주의는 이러한 문화의 역할과 중요성을 인식했기 때문에 문화적 차이에 대한 인정이 사회적 결속을 강화시켜 줄 수 있으며, 동일한 사회 내에서도 다양한 문화적 집단들이 조화롭게 살아갈 수 있다고 믿었던 것이다.

물론 다문화주의는 문화의 전개에 대해서는 두 가지를 전제한다. 하나는 공통의 시민적 충성을 요구하는 것이다. 나름의 방식과 수준으로 시민으로서의 역할이 추구되어야 한다. 또 하나는 문화적 차이에 한계가 있다는 것이다. 삶의 총체가 곧 문화이기도 하지만, 모든 것을 문화로 동일시한다면 자칫 다문화주의나 다문화교육은 무(無)가 되고 만다. 극단적인 문화상대주의이자 무가치주의가 되기 때문이다. 바로 이런 두 가지 점에서도 다문화주의의 본질은 문화의 의미와 해석과 연관되어야 한다.

이런 의미에서 우리는 문화의 본질적 의미에 주목하면서 문화가 어떻게 동원되어 해석되는지를 살펴보아야 한다. 그래야 다문화주의의 본질로서 '문화 있는' 다문화주의를 추구하게 되고 다문화

6) David Scott, "Culture in Political Theory", *Political Theory,* 31-1 (Feb, 2003), p.96.
7) 설한, "다문화주의의 이론적 퇴조 원인 분석: 문화 개념과 규범성 문제를 중심으로", 서강대학교 현대정치연구소, 『현대정치연구』, 제7권 1호 (2014), p.84.

교육의 방향도 돌아볼 수 있게 될 것이다.

Ⅱ. 다문화주의에서 문화와 문화간 대화

1. 문화와 문화 본질주의

문화에 관한 가장 고전적 개념으로는 영국의 인류학자 에드워드 타일러(Edward B. Tylor)의 정의가 흔히 인용된다. 그는 1871년의 저서 *Primitive Culture*에서 문화는 "한 사회 내의 집단이 함께 갖는 생활양식의 총체"로서 "지식, 신앙, 예술, 도덕, 법, 관습 그리고 한 사회의 구성원으로서의 인간에 의해 획득된 능력과 습성을 포함한 종합적인 전체"라고 정의했다. 타일러는 우리가 문화적 존재(cultural being)라는 사실을 일깨워주었다. 덕분에 우리는 문화적 존재로서 문화간 대화를 통해 사회적 세계를 인식하는 것과 동시에 인식을 조정해가는 관계방식에 대해서도 주목하게 되었다.

이후의 문화 연구는 인간행위를 규율하는 독자적인 영역으로서의 문화주의로 전개되었고, 다른 한편에서는 사회구조나 관련 제도와의 연관성 속에서 나타나는 양상으로서 문화를 보는 연구가 이루어졌다.[8] 예를 들어, 앨프리드 레드클리프-브라운(Alfred R. Radcliffe-Brown)이나 브로니슬라우 말리놉스키(Bronislaw Malinowski)와 같

8) 김광억, "현대 사회에서 문화의 정치: 인류학적 논의", 김광억 외, 『문화의 다학문적 접근』(서울: 서울대학교출판부, 1998), pp.6-8.

은 문화학자는 사회 내의 문화적 규범이나 법칙이 개인의 행위를 규정한다고 보았다. 이러한 경향은 구조주의에서도 나타났으며, 뒤이은 인지인류학, 상징체계론 등은 인간의 사고체계나 방식을 곧 문화로 설명했다. 문화를 기호학적으로 접근한 현상학적 혹은 해석학적 문화학에서는 개인이 인식하는 방식을 통해 기호를 조작하거나 사용하면서 문화가 전개된다고 보았다.

여기서 주목할 것은 문화를 보는 관점의 변화이다. 하나의 규범이나 기초로 간주되던 문화의 단선적 관점은 상황과 관련되어 전개되는 일종의 관계적 관점으로 바뀌었다. 물론 이는 미국의 인류학자 레슬리 화이트(Leslie A. White) 이래 계속되는 논지로서,[9] 문화 현상은 문화를 구성하고 있는 요소들의 상호작용에 의해 설명되어야 한다는 관점을 말한다.

이렇게 보면, 문화는 문화 본질주의 혹은 문화 결정주의를 벗어나 일상 생활과 사회 제반 부문에 스며 있으며, 동시에 개인간·사회간 관계방식에 따라 변화할 수 있는 실체가 된다. 개인은 문화의 피조물로서만이 아니라 동시에 문화의 창조자가 된다. 이것이 바로 다문화주의가 주목하는 부분이다. 다문화주의자들은 문화 본질주의 혹은 문화 결정주의를 거부한다. 대신 문화 특수주의 혹은 문화 개별주의를 따른다. 개인이 속해 있는 집단이나 사회가 가진 특별한 것이나 독특한 것이 무엇인지에 주목한다.

문화 연구의 이러한 흐름에서, 이제 문화 자체가 갖는 규범성이

9) Leslie A. White, 이문웅 역, 『문화과학: 인간과 문명의 연구』 (서울: 아카넷, 2002) 참조.

나 다양성을 부정하는 이는 거의 없다. 하지만 여전한 문제는 개인이나 사회가 나누는 문화간 대화이다. 우리는 문화를 일상 생활에서 서로 누리고 공유하고 있는 총체라고 이해하면서도 문화간 대화가 이루어지는 실제에서는 함께 어우러지지 않는 믿음이나 관습 혹은 행동 등을 편의대로 이해하는 일종의 통합체처럼 간주해버린다.[10)]문화를 개별적이거나 특별한 그 자체로 받아들이지 않고, 반대로 구별되고 분리되는 그 무엇으로 연상되도록 문화간 대화를 하는 것이다. 정도의 차이는 있겠지만, 이러한 문화간 대화에 묶여있다 보면 우리의 내면에서는 여전히 문화를 우열적(優劣的)이거나 진화론적 시각에 기반해 구분하게 된다. 그것은 결과적으로 문화 본질주의 혹은 문화 결정주의와 다름 없게 된다. 예를 들어, 나 혹은 우리가 다른 문화 출신의 사람들과 다르다라고 하면서 나 혹은 우리의 내면에 문화의 이국성을 과장하는 경향이 숨어있다. 타인을 유형화할 때도 이와 유사하다. 우리는 자기 자신과는 다른 특정한 세계관으로 타인을 규정하는 경향을 가지고 있다.

그간 문화론이 풍부해졌지만, 여전히 문화는 비이성적인 관습을 그럴듯하게 설명하거나 때론 악습도 포장하는 구실로 활용되기도 한다. 문화의 중요성을 강조하지만 정작 문화간 대화에는 비문화적인 의도나 행동이 숨어있기도 하다. 우리는 행동의 차이를 쉽게 문화의 차이로 간주하기도 하며, 그에 근거해 개인이나 사회를 평가하기도 한다.

물론 사람들이 문화적인 맥락이나 규칙에 의해 살아가지 않는

10) Phillips(2011), p.71.

경우도 있다. 그저 개인이 자기 삶을 살아가는 것일 수 있다. 문제는 그런데도 우리는 그런 삶을 문화로 간주해버린다는 점이다. 악습이거나 잘못된 관행이면서도 그것을 따져묻기는커녕 전통을 지키거나 삶의 문화인 것처럼 표현하는 일이 있다. 사실적이고 실제적인 차이에 근거해서 말하기 보다는 스스로가 다른 이와 구분되고 싶거나 일정한 거리를 두려는 경우도 적지 않다.

일상적 차원에서 문화를 동원하여 해석하면서 이상의 방식으로 문화간 대화가 이루어진다면, 그것은 문화의 진정한 의미에 주목하기 보다는 문화 본질주의 혹은 문화 결정주의에 여전히 매인 결과이다. 그렇게 되면 그만큼 서로에게 존재하는 차이와 양상을 제대로 보지 못하게 된다.

2. 정치 · 사회적 차원에서의 문화 동원

위에서 지적한 것은 문화의 의미와 필요성에는 동의하면서도 정작 문화간 대화에서는 문화를 구별의 언어로 쉽게 동원하는 일상에서의 경향이었다. 다문화주의는 문화의 동원과 그 해석의 결과에 대해서도 민감해야 할 것이다. 그런 의미에서 또 하나 유념해야 할 것은 정치 · 사회적 차원에서 문화를 동원하는 경우이다.

문화는 국가 내에서 공유된 하나의 총체라는 점에서 외부인은 그 총체에 의해서 구분되기도 한다. 물론 문화는 내부에서 재생산되기도 하고 소멸되기도 할 것이다. 문제는 그 총체가 근본적인 것으로 가정되면서 외부인과의 차이 혹은 차별적 시각을 국가 내부가 공유한다는 점이다. 나아가 그 총체라는 가정과 원칙들에 국가의 가치와 특정 의도가 개입된다는 점이다.

예를 들어, 과거 식민지 정부를 통제할 때 특정 관점이 필요했고, 그래서 그 총체라는 특성에 기반했으며, 그것을 문화라는 이름으로 고정화한 사물처럼 형성하기도 했다. 문제는 이런 가치와 의도가 문화의 새로운 형성이나 확장으로 간주된다는 점이다. 이것이 정치·사회적 문화의 동원이자 문화의 기획인 것이다.

물론 국가 내부에서 이질적인 집단이나 계급들 간의 경제적 자원이나 정치적 표현의 지위가 합리적으로 배분되도록 보장하는 명분으로 문화가 언급되는 경우도 있다. 외부인의 시각으로는 부당하게 보이지만 국가 내부에서는 공정해보이기도 할 것이다. 다른 한편으로 정치·사회적으로 의도치 않은 문화적 결과를 가져오는 경우도 있다. 어떤 정치·사회에서 성문화(成文化, codification)가 이루어진다는 것은 이전에 존재하던 방식 중에서 특정적인 하나가 합법화된다는 의미가 있으며, 동시에 그간 다소 유동적이었던 경계가 분명하게 구분되어 버리는 결과를 가져오기도 한다.[11)]

국가가 근대 국민국가의 틀을 유지하려 할수록 문화를 정치·사회적으로 동원해 사용하는 경우는 더욱 빈번해지고 복잡해질 것이다. 반대로 개인이 문화를 구실로 특정 국가적·민족적·종교적 집단에 스스로를 고정해두는 경우도 빈번해질 것이다. 문제는 필립스의 지적처럼 국가와 문화가 동의어가 될수록 문화의 설명적 가치를 잃게 된다는 점이다.[12)]

11) Phillips(2011), pp.63-65.

이런 관점에서 보면, '다문화정책의 효용성'이라는 표현이 갖는 의미도 되돌아보게 된다. 다문화정책은 문화적 다양성을 인정하고 자기성찰적이며 문화간 상호 대화를 통해 새로운 사회통합성을 추구한다. 하지만 그 이면에는 이미 국가 내부의 '문화적 단일성'이라는 특징이 전제되어 있기 십상이다. '자기 문화'라는 규정 속에 자칫 '단일 국가'가 전제되기 쉽다는 뜻이다. 그래서 필립스는 "문화는 이미 국가 경계 내에서 확고히 보장된 것"이라고 단언했으며, "문화를 특징적으로 나타내는 것은 그 자체로 정치적인 행위"라고 보았던 것이다.[13)]

스튜어트 홀(Stuart Hall)도 문화의 정치 · 사회적 동원의 문제를 지적하면서 "문화의 문제는 단연코 정치적인 문제"라고 규정했다.[14)] 그에게 문화는 단순히 이해하거나 연구하는 대상이 아니며 사회적 행위와 중재가 일어나는 장소이다. 자연히 문화란 우리가 묘사할 수 있는 어떤 것이거나 혹은 지배적 이론을 가져다 붙일 수 있는 정적 대상이 아니라 투쟁을 요구하는 하나의 과정이다. 따라서 홀은 문화의 형성에 대한 본질주의적 관념을 거부하며, 타자의 정체성으로부터 전혀 영향을 받지 않은 자기충족적 정체성이란 존재하지 않는다고 보는 것이다.[15)]

홀은 문화를 경제적 토대의 이차적 반영이 아닌 사회의 구성적 요소로 보며, 상부구조와 하부구조의 관계를 일방성이 아닌 쌍방향

12) Phillips(2011), p.66.
13) Phillips(2011), pp.66-67.
14) 제임스 프록터, 손유경 옮김, 『지금 스튜어트 홀』 (서울: 앨피, 2014), p.23.
15) 프록터(2014), pp.23-31.

의 결정성을 갖는 것으로 본다. 나아가 대중문화는 일종의 정치적 투쟁 속에서 폭력이나 명령이 아닌 자발적 동의와 리더십에 의한 헤게모니의 과정이라고 설명한다. 동시에 그는 특정 조건에서 두 개의 상이한 요소를 하나의 통합체로 만드는 연동장치와 같은 연결 형식으로서의 절합(節合, articulation)을 문화에서 중요시 여긴다.[16)]

이런 내용을 바탕으로 홀은 문화를 둘러싼 정체성의 정치학을 강조한다. 그는 통일된 의미로서의 정체성이란 있을 수 없다고 전제하면서, '차이의 정치학', '자기 반영성의 정치학', '맥락의 정치학'이 문화의 실체라고 설명한다. 그러면서도 그는 "무한한 분산의 정치학은 결코 정치학이 아니다"라고 못박았다.[17)] 홀은 차이를 만들 수 있는 문화의 역할을 중시하면서도 무한한 차이는 경계했던 것이다.

정리하면, 우리는 문화가 동원되고 해석되는 방식에 주목하면서 '진정한' 차이를 만들고 서로의 절합을 위해 계속 고민하는 것이 문화의 본질적 의미라는 점을 염두에 두어야 한다. 그러기 위해 일상과 정치·사회적 차원에서 문화간 대화가 편의적으로 이루어지는 방식에 우리는 민감해야 한다. 그것이 곧 다문화주의의 본질을 지키는 하나의 방법이기도 하다.

16) 프록터(2014), pp.49-75, 100.
17) 프록터(2014), pp.220-221.

Ⅲ. 다문화주의에서 문화의 해석

다문화주의에서 문화를 어떻게 해석하는지를 명확히하기는 간단치 않다. 그것은 다문화주의가 문화 자체에 많은 관심을 두지 않았기 때문이기도 하지만, 그보다는 다문화주의가 다원주의에 기반하여 문화적 다양성으로부터 생겨나는 정치적 혹은 대립적 요구에 대처할 수 있는 규제원리를 먼저 찾고자 했기 때문이다. 다문화주의는 다문화 사회의 현안에 대한 공정한 원칙이나 정치적 결속을 위한 대책을 도출하는 데 초점을 두었으며, 다양한 문화와 문화집단에 대해 무엇을 해야 정의로운지를 밝히는 데 관심을 가졌던 것이다.[18)]

이런 의미에서 우리가 되돌아보아야 할 것은 다문화주의에서 문화에 대한 생각이 해석되는 방식이다. 필립스는 그 방식을 두 가지로 나누었는데, 하나는 민족성, 종교, 인종 등과 관련지어 문화를 동원하는 방식이며, 다른 하나는 비서구 혹은 소수자 집단과 연관지어 문화를 동원하는 방식이다.[19)] 이 방식은 모두 일종의 속임수이다. 문화라는 표현의 이면에 차별주의를 숨기고 있기 때문이다. 다문화주의에서의 문화 해석을 보면서 주목해야 할 부분일 것이다.

동시에 유의해야 할 점은 행위자를 문화의 수인(囚人)으로 간주하지 않는 것이다. 대신 행위자에게 제도화・내면화되어 있는 가치나 규범으로 문화를 보는 시각이 필요하다. 이는 문화화용론(cultural pragmatics)의 의미와 유사하다. 문화는 '공적인 상징체계'로서, 행위

18) 설한(2014), pp.88-90.
19) Phillips(2011), p.77.

자는 이를 활용하여 의미를 만들고 자아를 가지며 세계를 경험한다. 공적인 상징체계를 어떻게 해석하고 활용하느냐에 따라 문화의 사용 방식은 달라지는 것이다.[20)]

이런 점들에 유의하면서 아래에서는 다문화주의에서 문화를 어떻게 해석하고 공적인 상징체계로 사용하는지를 살펴보고자 한다. 그 논의 대상은 크게 자유주의적 다문화주의, 평등주의적 자유주의, '문화 없는' 다문화주의 등 세 가지이다. 자유주의적 다문화주의와 평등주의적 자유주의는 다문화주의를 각각 지지하고 비판하는 윌 킴리카(Will Kymlicka)와 브라이언 배리(Brian Barry)의 대표적인 대립적 논지라는 점에서 대상으로 했으며,[21)] 필립스가 제안하는 '문화 없는 다문화주의'는 다문화주의의 재정립에 관한 일종의 대안적 관점이라는 점에서 저서 제목을 따서 다루고자 한다.

1. 자유주의적 다문화주의에서 문화

자유주의적 다문화주의는 1980년대 초부터 등장했다. 야엘 타미르(Yael Tamir), 제프 스피너(Jeff Spinner), 라이너 바우뵉(Rainer Bauböck), 조셉 라즈(Joseph Raz) 등이 주요 이론가이다. 이들은 문화를 개인적 자유의 핵심 전제조건으로 보는 자유주의의 관점에서 다문화주의를 주장한다. 개인의 자아는 자신이 속해 있는 문화적 맥

20) 최종열, "정의와 다문화주의: 킴리카의 자유주의적 다문화주의의 사용", 한국이론사회학회, 『사회와 이론』, 제25권 (2014), pp.2-5. 이러한 문제의식에서 최종열은 그의 논문 제목에서 다문화주의의 '사용'이라는 표현을 쓴다.

21) 한준성(2010), pp.289-316.

락에서 규정된다고 보기 때문에 민족국가와 같은 집단의 동질성을 동원하는 관념을 싫어한다. 당연히 소수집단들이라 하더라도 이들을 유형별로 차별화하는 다문화주의나 정책도 비판한다. 개인이 누릴 문화적 자유가 우선이라고 보기 때문이다.

하지만 초기의 다문화주의는 공동체주의적 다문화주의에 가까웠다. 그것은 다문화주의가 개인주의화하는 데 대한 우려가 있었기 때문이다. 공동체주의적 다문화주의는 개인 이외의 인종과 같은 중간 범위의 집단이 갖는 법적·도덕적 권리가 있다고 보았다. 따라서 이러한 집단의 권리를 개인이나 사회 이외의 인종공동체와 같은 중범위 집단의 법적·도덕적 권리의 중요성을 인식하고 이들 집단의 권리를 개인이나 사회의 권리로 되돌리지 말아야 한다고 주장한다.

이와 대비해 보면, 자유주의적 다문화주의는 개개인의 문화적 자유에 철저히 초점을 두고 있다. 문화는 개인의 자유를 위한 도구로 간주된다. 반면 공동체주의적 다문화주의는 문화를 '본질주의적'으로 보고,[22] 개인의 자유와 평등과 같은 자유주의적 가치를 실현하기 위한 조건으로서 문화를 이해한다. 예를 들어, 문화공동체 역시 개인의 정체성을 형성하는데 구성적 기능을 하며, 문화의 역할을 통해 개인의 자유와 연대가 더욱 중시된다고 본다. 찰스 테일러(Charles Taylor)가 '인정의 정치'를 강조하면서 소수집단의 문화적 생존을 중시한 것도 이러한 맥락에서라고 할 수 있다.[23]

22) 여기서 '본질주의적'이라는 표현은 집단의 문화가 구성원의 정체성을 포괄적으로 규정한다는 의미이다.

23) Charles Taylor, "The Politics of Recognition", Amy Gutmann, ed., *Multiculturalism and the 'Politics of Recognition'* (Princeton: Princeton University Press, 1992), pp.25-73.

물론 자유주의와 다문화주의는 긴밀하게 연결되는 것이다.[24) 자유주의는 필히 다원주의로 나타나는데, 다원주의의 한 양상이 다문화주의이다. 결국 다문화주의의 기반은 자유주의인 것이다. 그래서 자유주의자들은 근본적으로 개인의 자유가 문화의 고유성이나 동질성으로부터 분리될 수 없다고 보는 것이다.

문제는 이론과 실제가 다르다는 점이다. 자유주의적 다문화주의가 이념적으로는 자유주의를 인정하면서도 다문화적 실제에서는 여전히 시민권과 같은 '집단차별적 개념'이 작동되고 있으며, 소수자들의 문화에 대해서는 문화의 근본성도 인정하지 않는 경우가 적지 않은 것이다.[25)]

최근의 대표적인 자유주의적 다문화주의자는 킴리카이다. 킴리카 역시 문화를 개인의 자율성을 보장하기 위한 전제조건이라고 본다. 궁극적으로 개인의 자율성을 지키기 위해서 문화적 차이를 배려하는 제도나 정책을 추구해가야 한다고 본다. 물론 킴리카가 제도의 문제를 처음부터 문화의 요소로 간주한 것은 아니다. 그는 초기에는 언어를 포함한 역사, 문화공동체, 문화구조를 문화의 요소로 보았으나, 이후 제도의 문제를 문화 요소에 포함시켰다.[26)]

킴리카 역시 본질주의적 관점에서 문화를 이해하는 공동체주의적 자유주의의 견해와는 다르다. 개인의 자율적인 삶을 영위할 수 있는 자원을 제공하는 것이 바로 문화의 핵심적인 역할이라고 보기

24) 김선규, "자유주의적 다문화주의에서 문화와 관용의 문제: 킴리카의 『다문화주의 시민권』을 중심으로", 중앙대학교 문화콘텐츠기술연구원, 『다문화콘텐츠연구』, 제18권 (2015), pp.229-230.

25) 김선규(2015), pp.234-236.

26) 설한(2014), pp.90-91.

때문이다. 따라서 개인의 자율성이 문화와 대척되지 않듯이 소수집단에게 인정된 자율성이 소수집단의 문화적 변화도 이루어낼 수 있다고 본다. 그는 문화집단에서 공통의 언어가 하는 역할을 중시한다. 민족적 동질성은 일종의 문화적 공통성으로서 인종적·종족적 동질성이 아니다. 따라서 공통의 언어가 사용되는 민족공동체는 민주주의의 공론장을 형성하고 있는 것으로 본다. 이러한 점에서 그는 개인의 자유와 평등 및 기본권이 실현되기 위해서는 집단간 문화적 차이도 반드시 인정되어야 한다고 본다.[27] 그는 개인과 집단을 대립적으로 보지 않을 것을 말하는 자유주의에서 오히려 집단 간에 비대칭적으로 존재하는 관계를 제대로 주목하지 못하게 된다고 보는 것이다.

이런 의미에서 킴리카는 내부적 제재(internal restrictions)와 외부적 보호(external protections)를 구분한다.[28] 내부적 제재는 해당 집단을 내부적 반대로 인한 불안정적인 영향으로부터 보호하는 것을, 외부적 보호는 해당 집단을 외부적 결정의 영향으로부터 보호하는 것을 염두에 둔 것이다. 이러한 구분에 근거해 킴리카는 다문화 정책의 대체적인 의도는 국가와 같은 더 큰 전체사회가 소수집단에

27) Will Kymlicka, *Multicultural Citizenship: A Liberal Theory of Minority Rights* (New York: Clarendon Press, 1995), pp.3, 83, 101. 이런 점에서 마이클 왈쩌(Michael Walzer)가 "문화의 본질적인 가치를 주장하는 공동체주의자들은 개인적 자유의 본질을 강조하는 자유주의자들을 이길 수 없다"고 한 지적은 타당하다. 그는 "공동체주의적 견해들은 자유주의에서 일어나기 쉬운 내부적 연합의 힘을 강화시켜줄 뿐이며 그것마저도 일시적인 것"이라고 한다. Michael Walzer, "The Communitarian Critique of Liberalism", *Political Theory,* 18-1 (Feb, 1990), p.22.

28) Will Kymlicka, 장동진 외 역, 『다문화주의 시민권』 (파주: 東明社, 2010), pp.73-94.

내리는 정치적·경제적 부정의한 결정들로부터 보호하려는 외적 조치였으며, 자연히 집단별 차별화된 권리는 인정되어야 한다고 본다. 이런 의미에서 그는 집단차별적 권리가 자유·평등의 자유주의 원칙에 어긋나지 않는다고 본다. 물론 그는 외부적 보호가 그 자체로 집단 내의 시민적 자유를 보장하지는 않지만, 직접 개입하지 않는 외부적 보호를 통해 내부적으로 집단 구성원들의 내부적 제재로 인해 자체 변화되도록 하는 것이 바람직하다고 본다.29) 그래야 문화변용이 가능하며, 궁극적으로 개인의 자유로운 혹은 정치적인 삶의 터전으로서의 집단의 문화가 보존될 수 있고, 국가와 소수집단 간의 관계를 보다 대등하게 하여 보편적 인권을 촉진할 수 있다고 주장한다.

킴리카가 가장 초점을 두는 것은 사회고유문화(societal culture)이다. 이는 혈통이나 인종에 기반한 것이 아니며, "구성원들에게 공적·사적 영역을 비롯해 사회, 교육, 종교, 여가 그리고 경제적 삶을 포함한 모든 범위의 인간활동에 의미 있는 삶의 방식을 제공해주는 것"이다.30) 사회고유문화는 지역적으로 집중되어 있고 공유된 언어에 바탕을 두는 경향이 있으며, 근대화과정과 밀접하게 연결되어 있고 대개가 민족문화이다. 사회고유문화는 특정한 결사체의 윤리·도덕이기도 하며, 다양한 정치활동이 의미를 갖는 기반이 된다. 사회고유문화는 한 개인에게도 선택의 맥락과 의미가 되며, 그러한 점에서 개인의 자유로운 행위와 직결된다. 그래서 다양한 문화를 인정하는 것이 자유주의의 원칙을 더욱 굳건히 하는 것이 된다. 물론 사

29) Kymlicka(1995), p.168.
30) Kymlicka(2010), pp.157-164.

회고유문화를 지킨다는 이유로 비자유주의적 방식으로 내부적 제재를 가해서는 안되며, 외부적 보호 역시 자유주의 내에서만 가능한 관용의 대상이 된다.

이상의 내용을 정리하면, 현대 국민국가는 문화적 다양성의 조건을 태생적으로 안고 있다. 그것은 킴리카의 구분처럼 다민족 국가나 다인종문화 국가 모두에서 그렇다.[31] 물론 종족집단도 원주민, 준국민집단, 이민자 등으로 나뉘어 문화를 사용하는 방식이 다르겠지만, 크게 보면 모두 정치공동체와 문화공동체 간의 간극이 커지고 있는 것이다. 문화적 소속의 역할이 그만큼 중요하게 된다. 자유주의적 다문화주의는 결국 개인의 자유・평등이라는 기본 자유주의적 가치를 지키는 터전이 문화적 소속과 문화공동체이며, 문화적 소속과 문화공동체의 역할이 다민족국가이건 다종족국가이건 개인의 자유로운 삶을 보호하는 기반이 된다고 보는 것이다.

2. 평등주의적 자유주의에서 문화

평등주의적 자유주의는 다문화주의를 지지하는 자유주의적 다문화주의의 입장과 달리 평등주의적 입장에서 다문화주의를 비판한다. 한 마디로 문화보다는 사회정의의 시각에서 평등에 관한 권리가 우선한다고 본다.

대표적인 이론가는 배리이다. 그는 다문화주의를 일종의 문화적 상대주의로 보기에 다문화주의가 문화적 본질주의로 흐를 가능

31) Kymlicka(2010), pp.21-54.

성이 크다고 비판한다. 동시에 경제·사회적 재분배를 위한 메커니즘이 없다는 점에서 다문화주의는 사회정의의 관점에서도 바람직하지 않다고 지적한다. 대신 그는 평등주의적 자유주의의 시각에서 문화에 대한 권리의 우선성을 강조하며, 구성원이 갖는 기회의 평등을 중시하여 권리와 자원의 동등한 분배를 강조한다.[32)]

배리는 구체적으로 다문화정책이 기본적으로 집단 중심의 정책을 추구하기 때문에 자연히 개인의 선호가 자유롭게 추구되지 않고 개인의 역량이 손상되며 집단의 문화, 신념, 관행에 구속될 가능성이 크다고 본다.[33)] 그렇게 되면, 다문화정책은 국가내 집단간 문화적 차이를 고착시킬 수 있게 된다. 특정 집단의 문화정체성을 보호한다는 구실로 집단 내부의 폐쇄적인 보안 장치가 마련되면 기득권 중심적이거나 권위주의적인 정치가 득세할 수 있기 때문이다. 동시에 특정 집단의 이질적인 문화적 규범이나 전통적 관습을 대우함으로써 결과적으로 집단간 공동의 관념이나 보편가치를 훼손시킬 수도 있기 때문이다. 자연히 배리는 평등주의적 자유주의 시각에서 공동의 문화, 신념, 관행의 보존을 위해 구성원의 평등을 구속하는 집단별 통치에 대해 일정한 제약을 가해야 한다고 주장하는 것이다.[34)]

배리가 문화에 우선해야 한다고 주장하는 권리는 자유, 평등, 인권이다.[35)] 그는 집단내 개인의 자유를 보장하고 집단간 형평성을

32) Brian M. Barry, *Justice as Impartiality* (Oxford: Oxford University Press, 1995); ___, *Culture and Equality: An Egalitarian Critique of Multiculturalism* (Cambridge: Harvard University Press, 2001); ___, *Why Social Justice* (Maldon: Polity, 2005).

33) Barry(2001), p.125.

34) Barry(2001), p.118.

35) Barry(2001), pp.8, 68.

지키기 위해 문화적 소수집단에게 특별한 혜택을 베푸는 다문화정책을 반대하는 것이며, 권리와 자원을 동등하게 분배하는 정책을 중시하는 것이다. 소수집단 역시 특정 인종이나 혈통에 근거해 특별대우를 요구하는 것도 다른 집단이 동의할 수 없다는 점에서 바람직하지 않다. 그러한 권리는 서로에게 합당해야(reasonable) 한다.[36] 따라서 소수집단도 자신들의 문화적·인종적·민족적인 관행이 종교, 철학, 윤리, 도덕 등의 영역에서 일정한 합당성을 갖도록 해야 한다.

배리는 다른 한편으로 다문화주의에서 문화가 지나치게 강조되는 것을 경계한다.[37] 그는 소수집단을 문화적 집단으로만 간주하는 인식으로 인해 겪는 소수집단의 불이익이 크다고 본다. 소수집단을 문화로 한정시켜 버리면 소수집단 내에 존재하는 계급이나 젠더 등과 같은 요소를 간과하게 된다. 이러한 문화환원론(culturalization)은 문화적 인정을 차별이나 부정의의 해결책으로 간주하면서 정작 중요한 정치적 지배구조나 계급관계, 사회경제적 분배체계 등과 같은 부정의한 근본적 문제에 주목하지 못하게 되는 것이다.[38]

이상의 내용을 정리하면, 평등주의적 자유주의는 소수집단이 지닌 문화적 특수성을 지나치게 강조하다 보면 구성원들의 기본적 인권과 집단들 간의 공평한 관계를 훼손하게 된다고 본다. 문화 보다는 구성원과 집단들이 갖는 권리가 우선해야 하며, 그 권리는 자유, 평등, 인권 등의 보편적 가치를 담아야 한다고 보는 것이다.

---

36) 한준성(2010), p.300.
37) Barry(2001), p.138.
38) Barry(2001), p.308.

3. '문화 없는 다문화주의'에서 문화

'문화 없는 다문화주의'를 제안하는 필립스는 문화를 기본적으로 불확실한 것으로 본다.39) 그녀는 특정 집단의 인식적·규범적 정의를 문화로 규정하지 않는 방식으로 자유민주주의와 다문화주의 정치를 개조해야 한다고 주장한다. 그녀의 주장은 정치적 결과에 좌우되지 않고 정의 자체에 초점을 두어야 한다는 의미이기도 하며, 문화 그 자체에 관심을 두는 방법이기도 할 것이다.40)

필립스가 보기에 미국에서 다문화주의는 대화 자체가 아니라 문화적 차이라는 프리즘을 통해서 굴절된 인종적 단점과 불평등에 관해 말하는 동원의 방식이 되어버렸다.41) 실제 백인과 흑인 미국인 사이에 문화적 차이는 거의 없는데도 다문화주의가 그 차이를 왜곡하고 있다고 본다. 정책결정자들뿐만 아니라 일반 사람들도 개인이나 집단 간의 차이를 완곡하게 표현하기 위해 문화를 사용하는 경우도 있다. 이런 점에서 나단 글래이저(Nathan Glazer)가 저서 제목으로 표현한 *We are all Multiculturalist*(우리는 모두 다문화주의자)의 의미를 이해할 수 있을 것이다.42)

필립스는 역사적 소송이라고 하는 캘리포니아대학 이사회 대 베키 사건(University of California Regents v. Bakke, 1978)을 하나의 예로 들었다.43) 미국의 대법원은 더 낮은 학점과 시험점수를 얻

39) Phillips(2011), pp.18-31.
40) 설한(2014), p.89; Scott(2003), p.96.
41) Phillips(2011), pp.77-79.
42) Nathan Glazer, *We are all Multiculturalist* (Cambridge: Harvard University Press, 1997).
43) Phillips(2011), pp.79-80.

은 인종적 소수자 출신의 지원자를 합격시켜 왔던 의과대학원의 입학정책을 헌법에 위배되는 것으로 규정했다. 대법원은 구체적인 차별의 예를 수정하는데 있어서 정부의 강력한 관심이 보여지는 경우에만 인종적 구별이 허용될 수 있다며, 이것이 대학의 입학정책에 적용되지 않는다고 결론지었다. 하지만, 대법원은 대학들이 수적 할당제를 피하고 문화적・민족적 다양성을 증진하는 목적을 가지는 한에서는 이 프로그램을 계속해서 사용할 가능성을 열어 두었다. 여기서 주목할 것은 이러한 입학 프로그램에서는 인종적 소수자들이 그들의 실존이나 실제 희망하는 것들보다는 그저 문화적으로 구별되는 그 무엇으로 표현되고 있을 뿐이라는 점이다. 필립스는 다문화주의가 이런 문화적인 고정관념에 도전해야 한다고 본다. 문화적 정체성과 특수성을 강조하다 보면, 자칫 인종적 약점과 피해를 경험한 사람들과 민족 문화적 차이를 드러내는 사람들 사이의 구분을 모호하게 만들어버리기 때문이다.

필립스는 이렇듯 인종적 차이를 문화적 차이로 전환하는 것이 위험하다고 본다.[44] 그것은 인종적 고정관념을 받아들이게 하며, 선택적 정체성과 주어진 차별적 정체성의 구분을 모호하게 만들고, '인종 없는' 인종차별주의와 같은 고정불변성을 재생산하게 하기 때문이다. 당연히 그녀는 문화를 인종으로 환원시키는 것도 문제라고 본다. 인종 간의 진정한 문화 특성을 무시하게 되기 때문이다.

필립스는 오늘날의 인종차별주의가 문화적이고 종교적인 낙인을 찾는 것과 밀접한 관련이 된다는 점에서 조심해야 하며, 인종 소

44) Phillips(2011), pp.80-81.

수자 개인도 문화를 동원해 자신들의 정체성과 존재를 규정하는 일종의 '문화에 의한 죽음 혹은 부상'과 같은 경향에서도 벗어나야 한다고 주장한다.[45)]

필립스는 문화를 개별적이고 고유한, 경계가 분명한 정적인 삶의 방식이라는 개념에 근거하여 다양한 문화를 받아들이도록 요구하는 다문화주의에 반대한다. 동시에 그녀는 세계주의처럼 지금 세계에서 이미 빛이 바래버린 형태의 정체성을 복원하려고 시도하는 다문화주의를 그릇된 것이라 본다.[46)] 대신 필립스는 세계주의와 같은 일종의 문화제국주의를 넘어 '수정된 다문화주의'로서 문화의 고정관념을 탈피한 '문화 없는' 다문화주의의 정교화에 노력해야 한다고 주장한다.

이상의 내용을 정리하면, 필립스가 주장하는 '문화 없는' 다문화주의는 문화의 유동성과 불확실성에 기반한다. 문화는 경계가 없는 것인데도 다문화주의를 통해 오히려 개인 및 집단 간의 경계가 구분되고 구별되는 위험을 보이고 있다는 것이다. 그보다는 문화로 인한 고정관념을 탈피하고, 문화라는 이름으로 전체화하면서 초래한 인식의 오류를 없애는데 초점을 두어야 한다는 것이다.

---

45) Phillips(2011), pp.83-90.
46) Phillips(2011), pp.95-96, 97-102.

Ⅳ. '문화 있는' 다문화주의의 모색: 자유, 평등한 권리, 진정한 문화성

지금까지 다문화주의에서 문화가 어떤 의미였는지, 어떻게 해석되었는지를 자유주의적 다문화주의, 평등주의적 자유주의, '문화 없는 다문화주의'로 구분해 살펴보았다. 여기서 말하는 '문화 있는' 다문화주의란 문화의 본질적 의미에 주목하면서 다문화와 관련한 문화적 해석의 오류를 넘어 진정한 문화성을 추구하자는 의미이다. 이를 위해 자유, 평등한 권리, 진정한 문화성 등의 세 가지 과제를 제언하고자 한다.

1. 자유

자유주의적 다문화주의에서 문화를 중시했던 것은 개인 및 집단의 자유를 보호하고 보장하려 했던 것이다. 개인 및 집단의 선호와 표현의 자유가 전제되지 않는다면 문화의 다양성이나 취사선택도 불가능할 것이며, 궁극적으로는 삶의 총체가 곧 문화라고 하는 대전제도 무의미하게 될 것이다. 동시에 마찬가지 이유로 방임적 혹은 극단적 자유가 되지 않도록 제한되어야 한다.

자유를 위해 첫째, 자율성이 중요할 것이다. 자유주의적 다문화주의의 관점에서 보면, 자율성은 가치이면서 동시에 정도의 문제이기도 해야 한다. 무엇을 선택하는 것 그 자체가 전부는 아니다. 문화의 일상적 혹은 정치·사회적 동원에 따른 인식적 오류를 줄여가기 위해 개인 및 집단은 합당한 자율성을 지켜가야 할 책무도 가지고 있다.

둘째, 문화적 다양성에 관한 다문화 이슈는 국가가 소수문화 혹은 종족집단을 인정하는 것을 넘어 소수문화 혹은 종족집단에게 자신들만의 사회 · 정치적 제도를 가질 자유를 의미하는 것이 되어야 한다. 다문화주의를 말하면서도 이러한 자유를 보장하지 않고 단지 국가와 문화적 · 종족적 · 종교적 소수집단 간의 적절한 관계 설정에 관해 초점을 두는 것은 진정한 다문화주의라 할 수 없다.[47] 이는 국가를 문화적 동질집단으로 보는 관점에서 벗어나는 출발이기도 하다.

셋째, 다문화주의에서의 자유는 문화적 가치중립성의 원칙을 기반으로 해야 한다. 각 개인이 갖는 사회문화적 가치는 자신의 고유한 것이며 사적인 주관의 영역이다. 그러한 영역의 가치를 다른 개인의 주관적인 가치와 비교하는 것은 불가능하다. 개인 상호 간의 가치에 중립성을 부여하는 것이 바람직하다. 이러한 가치중립성에 기초해 국가는 종교적 가치에 대해서도 공적으로 중립적이어야 한다. 물론 종교적 대립은 사적 영역이다. 배리는 이를 사사화전략(私事化戰略, strategy of privatization)으로 설명하기도 했다.[48] 여기서 문제는 국가가 말처럼 가치중립적일 수 있는가일 것이다. 국가는 필연적으로 다수집단의 특징을 반영한 일정한 준거나 틀을 가질 수밖에 없기 때문이다. 동시에 개인 및 집단 모두가 공적인 영역과 사적

47) Bhikhu Parekh, *Rethinking Multiculturalism: Cultural Diversity and Political Theory* (Cambridge: Harvard University Press, 2000).

48) Barry(2001), pp.19-62.

인 영역을 구분할 수 있겠는가도 문제일 것이다. 하지만, 사사화전략이 타인과 타집단의 자유를 인정하고 문화적 갈등을 완화하고자 하는데 있다는 점에 우선 주목해야 할 것이다. 아래에서 지적하는 평등한 권리에 관한 인식도 가치중립성의 취지를 보완해줄 것이다.

2. 평등한 권리

평등주의적 자유주의에서는 문화를 중시하면서 자칫 주목하지 못할 수 있는 개인 및 집단의 평등한 권리의 중요성을 지적하고 있다. 소수집단에서 나타나는 문화적 특수성에 주목하면서 개인이 누릴 인간의 기본적 권리와 집단들 간에 이루어져야할 권리의 평등을 무시한다면, 그러한 다문화주의는 변질된 것이다. 물론 여기서 평등한 권리는 개인과 집단들이 갖는 권리가 보편적 가치에 기반해야 한다는 의미이다.

평등한 권리를 위해 첫째, 정치·사회부문에의 문화적 참여보장이 중요하다. 다문화의 문제를 개인 및 집단의 권리문제로 접근하려면 권력의 재분배를 위한 노력 이전에 소수자와 소수집단의 문화적 참여를 보장하는 것이 우선되어야 한다. 그래야 소수자나 소수집단이 그들의 독특한 관점과 생각에 대해 설명하고 그것이 정치·사회에 기여할 수 있다고 주장할 수 있게 될 것이다.

둘째, 상호의무성이 전제되어야 한다. 다문화주의에서 인정을 중시하다 보면 자칫 상호의무성을 놓칠 수 있다. 인정은 사실 다문화에서 다수가 하는 일이자 일종의 의무처럼 거론된다. 하지만 평등한 권리가 보편적 가치에 기반해야 한다는 점에서 인정은 국가와 소수집단 혹은 다수집단과 소수집단 사이에 전제되어야 할 상호적인 의무이다. 그것이 바로 다문화주의에서 중시하는 인정의 가치를 넘어 자유, 평등, 인권, 분배 등 보편적 가치의 의미를 확장하는 길이다.

셋째, 다문화주의에서 평등한 권리의 문제는 국가와 인종·문화적 소수집단 혹은 다수집단과 소수집단 간의 비대칭적 관계에서 비롯되는 부정의한 문제를 바꾸려고 노력하는 데서 시작해야 한다.[49] 개인 및 집단간 권리의 형평성을 높임으로써 인간의 권리와 보편적 가치를 제고할 수도 있는 것이다. 그렇게 될 때 국가, 개인, 집단 모두의 문화 속에 스며있는 부정의한 고정관념에서 벗어나 권리의 진정한 평등을 인식하게 될 것이며, 소수집단의 부정적 정체성과 관행도 자신들 스스로의 노력을 통해 변혁해갈 수 있게 될 것이다.

3. 진정한 문화성

'문화 없는 다문화주의'에서 문화는 유동적이며 불확실한 그 자체였다. 그런데도 다문화주의는 문화라는 이름으로 개인 및 집단 간의 경계를 만들어버리는 경우가 많았다. 그런 의미에서 문화는 다문화주의에서 정치·사회적으로 동원되기 십상인 일종의 왜곡된 고정관념이자 편의적 해석의 틀과 같은 역할을 했던 것이다. 다문화주의

49) 한준성(2010), p.312.

가 문화를 동원하여 구분하고 구별한 해석의 잘못을 없앨 때 진정한 다문화주의의 본질이 찾아질 것이다. 집단의 특수한 문화, 신념, 관행 등에 개인이 인식적 오류라는 결과로 구속되는 것은 또다른 한편으로 개인 및 집단이 누릴 자유, 평등, 인권을 손상시키는 것이기도 하다.

진정한 문화성을 위해 첫째, 자율성, 평등성, 정의규범 등에 기반해 인간이 문화적 주체가 되도록 해야 한다.[50] 그것은 바로 문화를 단순히 존재론적으로 보는 관점을 넘어 규범론적인 관점으로 본다는 의미이기도 하다. 문화의 존재 자체가 중요하다기 보다는 문화가 어떻게 동원되고 해석되는가가 핵심이기 때문이다. 물론 모든 문화를 동등하게 인정하는 것은 논리적으로 불가능하다.[51] 일종의 관용이 있을 뿐이다. 문화는 일종의 명제와 다름없는 내용을 근거로 특정 대상을 진실한지, 옳은지, 아름다운지, 좋은지, 아니면 역으로 거짓인지, 그른지, 추한지, 나쁜지 등으로 구분하는 속성이 있기 때문이다. 하지만 문화의 규범성에 입각해서 문화적 인정과 관용을 베푼다면, 그 자체가 바로 인간이 문화적 주체로 역할하는 시작이 될 것이다.

둘째, 다문화주의가 법의 도구적인 성격과 전통의 인지적 특성에 묶이지 않도록 해야 한다.[52] 도구적 다문화주의가 법 차원에서 소수자와 소수문화의 동등한 참여를 위한 제반 조건을 만드는 과정

50) Phillips(2011), p.142.
51) Barry(2001), p.270.
52) 서덕희, "문화 없는 다문화교육을 넘어서: 문화의 과정성과 다차원성에 근거한 다문화교육 재개념화", 한국교육학회, 『교육학연구』, 제49권 4호 (2011), pp.231-264.

이라면, 인지적 다문화주의는 전통 차원에서 다문화적 갈등 상황을 전통이란 구실로 일정한 거리를 두고 보게 한다. 그런 의미에서 문화 있는 다문화주의는 초월적 차원에서 자신의 보수적 혹은 기득권적 성향 체계를 넘어서 자신과 타인을 변화시켜가야 한다.

셋째, 개인 및 집단 간의 공통성 혹은 유사성을 지속적으로 확인해가야 한다. 이는 문화적 다원주의를 부정하자는 것이 아니다. 선한 삶이나 도덕적 체제에 대해서 단 하나의 지배적인 관념이 존재하지 않으며 그 궁극적인 목적에 대해서도 의견이 다를 수밖에 없다고 하는 가치 다원주의(value pluralism)가 전제되어야 다문화주의도 성립할 수 있다는 취지이다.[53] 동시에 보편성과 책임성에 기반한 공통성과 유사성을 찾아갈 때 다른 한편에서 지나친 특수주의적(particularistic) 다문화주의가 경계될 것이다.

Ⅴ. 다문화교육의 방향

이 장은 다문화주의에서 문화가 무엇을 의미하는지, 어떻게 해석되고 있는지를 자유주의적 다문화주의, 평등주의적 자유주의, '문화 없는 다문화주의'의 논지를 중심으로 살펴보고, '문화 있는' 다문화주의를 위해 세 가지를 제언했다.

53) Isaiah Berlin, "Two Concepts of Liberty", *Four Essays on Liberty* (Oxford: Oxford University Press, 1969).

첫째, 우리는 개인 및 집단의 선호와 표현을 포함한 기본적 자유를 보호하고 보장하는 것에 민감해야 한다. 합당한 자율성이 중시되어야 하며, 소수집단들에게 자신의 사회·정치적 제도를 가질 자유가 보장되어야 한다. 국가는 개인 및 집단의 문화를 볼 때 가치중립성의 원칙에 기반해야 한다.

둘째, 우리는 소수집단의 문화적 특수성에 주목하면서 개인 및 집단이 갖는 권리의 평등성을 무시하지 않도록 해야 한다. 정치·사회부문에 문화적으로 참여할 소수집단의 권리가 보장되어야 하며, 국가와 소수집단 혹은 다수집단과 소수집단 간의 상호의무성이 준수되어야 한다. 평등한 권리는 사회내 비대칭적 관계로 인해 초래되는 부정의한 문제를 바꾸는 것에서부터 시작되어야 한다.

셋째, 우리는 유동적이며 불확실한 문화성에 구속되어 개인 및 집단 간의 구분과 구별을 편의대로 하지 않도록 해야 한다. 인간이 문화적 주체가 되도록 규범론적 관점에서 문화를 해석해보아야 하며, 다문화주의가 법의 도구적 성격과 전통의 인지적 특성에 매이지 않도록 해야 한다. 개인 및 집단 간의 공통성 혹은 유사성이 지속적으로 확인되어 다문화주의가 가치 다원주의에 기반하면서도 특수주의로 변질되지 않도록 해야 한다.

다문화주의에서 핵심은 문화이다. 하지만, 다문화주의는 다문화에 주목하면서도 정작 문화의 의미와 해석에 관한 고민이 부족했다. 다양성의 가치에 초점을 두면서도 문화적 기준이나 문화로서의 가치와 책임 등에 관한 논의가 취약했다. 그것은 다문화주의 퇴조나 반다문화주의 흐름으로 일정부분 이어졌다.

우리는 문화가 동원되고 해석되는 방식에 민감해야 한다. 문화는 고정된 실체가 아니고 변화하며 새롭게 형성되어 가는 정체성과 같다. 문화간 대화를 통해 다름을 인정하고 공존하면서 상호성의 윤리를 발전시켜 가는데 문화의 본질이 있다.

우리는 문화를 통해 삶을 살며, 삶을 통해 문화를 이루어가기도 한다. 문화의 유용성에 주목하면서도 문화가 사회·정치화에 동원되어 편리한 대로 해석되는 것을 늘 조심해야 한다. 자유, 평등한 권리, 진정한 문화성에 기반한 '문화 있는' 다문화주의를 추구하는 것이 다문화주의의 또다른 핵심이 되며, 다문화교육의 기반이자 방향이 되어야 한다.

제2장 다문화 공존을 위한 다문화주의

Ⅰ. 다문화주의와 다문화 공존

지금은 다문화시대이다. 세계화 흐름 속에 자본의 국제이동이 심화되고, 노동 인구가 초국가적으로 이주하며, 정보·통신·기술의 국제적 네트워크가 구축되면서 국가내 이질적인 문화가 유입되고 공존하는 모습은 전지구적 현상이 되고 있다. 어느 사회이건 다양한 인종·민족·종교·언어 등이 혼재하는 다문화사회로의 변모는 피할 수 없는 추세가 되고 있다. 그것은 국가 출범 초기부터 다양한 인종·민족으로 구성된 국가의 경우나, 이질적인 문화·종교의 유입으로 비교적 동질국가에서 변화를 겪고 있는 국가의 경우 모두에게서 그렇다.

사실, 이러한 현상은 다문화사회의 거시적 혹은 외형적 차원에서 나타나는 것에 불과하다. 미시적 혹은 내면적 차원에서 보면 한 사회 내의 모습은 이미 '다문화적'이었다. 우리는 일상에서 서로 다른 문화와 전통, 취향과 관습의 혼재 속에 살고 있다. 우리 생활에서 소수문화와 소수자의 삶은 이미 실재하는 것이다.

이렇게 보면, 다문화사회로 인한 국내외 정치·경제적, 문화·

지리적 변동은 더욱 심해질 것이며, 사회내 소수자와 소수집단의 권리 자각과 표출 현상도 보다 두드러질 것이다. 정도의 차이는 있겠지만, 현대의 다문화사회는 새로운 사회통합을 위해 다양한 문화와 정체성을 지속해서 인정할 것이고, 소수자와 소수집단에게 그간 소외되었던 여러 사회자원을 분배하면서 사회정의의 폭을 넓혀갈 것이다. 다양한 이질적인 문화와 상호교류하면서 다름과 함께 살아가는 능력을 갖춘 시민을 양성하기 위해 다문화사회는 다문화 수용성이나 다문화 감수성을 강조할 것이다. 여기서 다문화주의는 새로운 사회통합 이념으로서 더욱 강조될 것이며, 무엇보다 다문화 공존은 중요한 덕목으로 간주될 것이다. 다문화 공존은 다문화주의가 추구하는 다양한 문화와 정체성에 대한 인정 및 분배 혹은 재분배[1]의 지표가 될 것이며, 다문화시대 추구할 윤리성과 시민성의 기초로 인식될 것이다.

하지만, 문제는 다문화주의가 다문화 공존으로 향하는 원천으로 쉽게 간주되지만, 정말 그러한가하는 점이다. 다문화주의는 반드시 다문화 공존을 의미하지 않을 수 있다.[2] 다문화 공존의 원천이 다

1) 표현의 차이로 보면, 분배는 시장에 의한 순수한 분배를 말하며, 재분배는 분배 이후 국가의 개입에 의해 다시 분배하는 경우를 의미한다. 하지만 엄밀히 보면, 국가의 시장 개입은 단지 사후적 개입 이전에 시장질서를 보호하기 위한 목적이나 시장 내의 분배 과정 자체에도 영향을 미치고 있고, 시장 내에도 많은 강제적 요소가 존재한다. 이러한 점에서 분배란 시장, 개인, 국가가 동시에 함께 작용한 결과이기도 하다. 브루스 액커만 외, 너른복지연구모임 옮김, 『분배의 재구성: 기본소득과 사회적 지분 급여』 (서울: 나눔의 집, 2010), pp.5-6. 이러한 의미에서 이 책에서는 분배와 재분배를 포괄적 의미에서 분배로 쓰거나 혼용하기로 한다.

2) 곽준혁, "다문화 공존과 사회적 통합", 대한정치학회, 『대한정치학회보』, 제15집 2호 (2007), pp.3-4; 김영란, "다문화사회 한국의 사회통합과 다문화주의 정책", 고려대학교 한국사회연구소, 『한국사회』, 제14집 1호 (2013), pp.9-10; 김태원, "글로컬 생활세계로서의 다문화사회: 공존의 가치에 대한 탐색적 연구", 대구가톨릭대

문화주의이며, 다문화주의가 곧바로 다문화 공존을 의미하는 것처럼 당위적·규범적으로 전제(前提)했던 것은 우리의 일방적 인식이나 기대 때문이었다. 오히려 다문화주의는 여러 이론적 논쟁과 사회적 논란을 넘어 새로운 사회통합의 이념으로서의 본질과 의미를 놓치지 않을 때, 진정한 가치가 있는 것이다.

다문화주의는 하나가 아니며, 어떤 이념과 결합하느냐에 따라 다양한 유형이 존재한다.3) 그것은 보수주의적 다문화주의, 자유주의적 다문화주의, 공동체주의적 다문화주의, 진보주의적 다문화주의, 공화주의적 다문화주의, 민족주의적 다문화주의, 세계시민주의적 다문화주의 등으로 다양화된다. 뿐만 아니라 다문화주의는 그 자체가 야누스적이다. 때로는 보수의 이름으로, 때로는 진보의 이름으로, 그 추구하는 본질과 방향이 다를 수 있다. 다문화주의가 다양한 문화와 집단간 공존의 필요성을 인정하지만, 그렇다고 다문화주의가 다문화 공존을 추구하는 유일한 제공자는 아닌 것이다. 제3장에서 언급하고 있는 상호문화주의는 다문화주의의 대안이라고 주장되기도 한다. 다문화주의는 그 자체가 다문화사회에서 이론적으로 논쟁이 되고 있으며 논리적 도전을 받고 있다. 다문화주의는 일상에서 정치화되기 십상이며 자유주의란 명분으로 동화주의에 빠지거나 사회통합을 위해 국민국가 형성에 동원될 가능성이 있다. 다문화라는 이름으로 또다른 경계(境界)를 만들거나 사회적 연대를 침해할 수 있으며, 사회적·경제적 불평등을 은폐하거나 개인성을 침해할 소

학교 다문화연구소, 『다문화와 인간』, 제1권 1호 (2012), pp.77-78.

3) 진시원, "다문화주의에 대한 이데올로기적 검토", 숙명여자대학교 다문화통합연구소, 『다문화사회연구』, 제11집 1호 (2018.2), pp.161-201.

지도 있다.

정리하면, 다문화주의가 당위적・규범적으로 수용되어서 다문화 공존의 교육적 원천으로 당연시되어서는 안될 것이다. 그 보다는 역으로 다문화 공존을 위한 윤리성과 시민성의 관점에서 다문화주의의 이론과 방향성이 다루어져야 한다. 이를 위해 현대사회에서 다문화주의가 갖는 이론적 복합성과 정치성의 함의를 먼저 검토해야 한다. 그 다음에, 그에 기반하여 다문화 공존을 위한 다문화주의의 본질과 진정성을 고민해야 한다. 그것이 다문화 공존을 위한 윤리성과 시민성의 요체가 될 것이다.

이상의 문제의식은 선행연구를 통해서도 일정 부분 확인할 수 있다. 먼저, 아래 각주에서 보듯이 지난 연구들은 대체로 다문화주의의 안착과 교육의 필요에 관해 잘 분석하고 있다.[4] 다문화주의의 의미와 이론, 교육과 정책 방향이 잘 언급되고 있다. 아쉬운 점은 그 기저에 다문화주의의 규범적 당위성을 전제하고 있거나 다문화주의가 도전받고 있는 현대 사회의 맥락에 대한 지적이 소홀하다는 점이다.

4) 구견서, "다문화주의의 이론적 체계", 한국인문사회과학회, 『현상과 인식』, 제27권 3호 (2003 가을), pp.29-53; 김비환, "포스트모던 시대에 있어서 합리성, 다문화주의 그리고 정치", 성균관대학교 사회과학연구소, 『사회과학』, 제42호 (1996), pp.205-236; 김은기, "다문화주의에 대한 고찰: 이론적 접근과 국가별 현황", 윤인진・황정미 엮음, 『한국 다문화주의의 성찰과 전망』 (서울: 아연출판부, 2014), pp.62-104; 김은중, "세계화, 정체성, 다문화주의", 한국라틴아메리카학회, 『라틴아메리카연구』, 제18권 1호 (2005), pp.137-179; 유네스코 아시아・태평양 국제이해교육원 엮음, 『다문화 사회의 이해: 다문화 교육의 현실과 전망』 (파주: 동녘, 2008); 이찬욱・강진구・노자은, 『개정판 한국사회와 다문화』 (광명: 경진출판, 2014); 정지아, "한국 다문화교육의 철학과 방향 탐색", 한국교육철학학회, 『교육철학연구』, 제18권 (2015), pp.97-129.

다음으로, 아래 각주에서 볼 수 있는 유형의 연구들은 다문화사회에 필요한 시민적 자질이나 교육적 실천 방안을 잘 지적하고 있다.[5] 또다른 연구들은 다문화주의에 대한 관심을 한국사회의 당면과제로 지적하면서 정책 대안을 구체적으로 모색하고 있다.[6] 연구의 초점이 다문화 시민의 자질이나 교육방법 또는 정책대안에 맞추어져 있는 이유가 크겠지만, 이러한 연구에서도 다문화주의의 이론적 규범성이 전제되고 그 당위성 아래 교육 실천이 추구되고 있다.

물론 이 장에서 추구하고 있는 문제의식과 유사하게, 다문화주의가 도전받는 이론적·정치사회적 맥락 속에서 다문화 공존의 실체를 찾고 있는 연구들도 있다.[7] 이러한 연구들이 공통되게 강조하

5) 박남수, "다문화 사회에 있어 시민적 자질의 육성: 사회과를 통한 다문화교육의 모색", 한국사회과교육연구학회, 『사회과교육』, 제33호 (2000), pp.101-117; 박철희, "다문화 교육의 관점에 기초한 초등 사회·도덕 교과서 내용에 대한 비판적 고찰", 한국교육사회학회, 『교육사회학연구』, 제17권 1호 (2007), pp.109-129; 장원순, "우리안의 차별과 배제, 일상적 삶에서의 다문화교육 접근법", 한국사회교과교육학회, 『사회과교육연구』, 제13권 3호 (2006), pp.27-46; 주재홍·김영천, "효과적인 다문화교육 실천을 위한 학교 교육과정 개발", 한국교육과정학회, 『교육과정연구』, 제32권 4호 (2014), pp.103-136; 최성환, "다문화 시민교육의 이념: M. 왈쩌의 관용론과 M. 누스바움의 시민교육론을 중심으로", 중앙대학교 문화콘텐츠기술연구원, 『다문화콘텐츠연구』, 제18권 (2015), pp.97-129; 추병완, "다문화 도덕교육 정립을 위한 시론", 한국초등도덕교육학회, 『초등도덕교육』, 제28집 (2008.12), pp.295-330.

6) 김남국, "다문화시대의 시민: 한국사회에 대한 시론", 한국국제정치학회, 『국제정치논총』, 제45집 4호 (2005), pp.97-120; 문경희, "국제결혼 이주여성을 계기로 살펴보는 다문화주의(multiculturalism)와 한국의 다문화 현상", 21세기정치학회, 『21세기정치학회보』, 제16집 3호 (2006.12), pp.67-93; 박병섭, "다문화적 소수자 문제에서 한국의 특수성", 『이주민과 다문화 가정과 함께 하는 다문화주의 철학』 (서울: 실크로드, 2008); 오경석 외, 『한국에서의 다문화주의: 현실과 쟁점』 (파주: 한울, 2007); 이종두·백미영, "한국의 특수성과 다문화정책", 윤인진·황정미 엮음, 『한국 다문화주의의 성찰과 전망』(서울: 아연출판부, 2014), pp.201-233; 이진석 외, 『다문화시대 사회통합을 위한 시민교육: 다문화시대와 한국의 사회통합』 (서울: 집문당, 2016).

고 있는 것은 다문화 공존의 필요성과 함께 다문화 공존이 기초할 수 있는 정치·사회적 원칙 및 그 제도적 표현이다. 이러한 지적은 다문화주의가 막연히 보편적·당위적 규범으로 전제되어서는 안된다는 점을 강조한 의미가 있는 것이다.

이 장은 이상의 문제의식에 기초하여 다문화 공존을 위한 다문화주의의 본질과 진정성을 어디에 두어야 할지를 찾아보고자 한다. 그러한 내용은 다문화 공존을 위한 윤리성과 시민성의 기반이 될 것이고, 다문화주의의 제도적 표현과 정책적 시사, 교육방법 등에 대한 고민의 이론적 틀이 될 수 있을 것이다.

Ⅱ. 다문화주의의 이론적 논쟁

1. 다문화주의, 다문화 공존, 시민권

가. 다문화주의의 정치성

다문화주의는 일반적으로 사회와 인종적·문화적 다양성을 설명하기 위한 용어이다. 사전적으로는 "한 나라 안에서 여러 문화가 공존"하는 것을 의미한다. 다문화주의는 1970년대 캐나다가 다문화주의 정책을 공식적으로 시행하면서부터 본격적으로 자리잡기 시작

7) 곽준혁(2007), pp.23-41; 김남국(2005), pp.97-120; 김영란(2013), pp.9-10. 특히 곽준혁은 다문화주의에 대한 도전을 이론적으로 잘 설명하고 있다.

했다. 이후 다문화주의는 북미, 유럽, 호주 등에서의 논의를 거쳐 이제는 전지구적 현상의 하나로 간주되고 있고, 학문적 논의도 심화되고 있다.

다문화주의는 국민통합을 위한 동화주의의 한계를 극복하기 위한 문화갈등해소이론으로 등장했다. 그동안 동화주의라는 이름 아래 소외되어 왔던 소수문화의 공존과 소수집단의 사회적 권리를 인정하면서 문화와 정체성의 다양화에 따른 사회갈등을 해소하려는 목적이 있었다. 그것은 이민·유학생·노동력 등의 국제적 이동 및 국제결혼·난민·망명자 등의 증가와 함께 선(先)주민과의 갈등이나 다양한 소수자 권리의 자각이 보편화된 세계추세 때문이었다. 그러다 보니, 다문화주의의 의미는 기존의 민족주의적 정서에 도전하거나 근대성에 대한 인식론적 도전 혹은 세계화에 따른 부작용의 해결 등의 차원에서 주목받았다.

이러한 경향 때문에 다문화주의는 하나의 운동과도 관련된다. 차이의 정치(politics of difference), 정체성의 정치(identity politics), 인정의 정치(politics of recognition) 등이 그것이다. 자연히 다문화주의의 실현을 둘러싼 수준이나 정책은 다양하다. 그것은 국가 수준, 사회공공 수준, 개인 수준 등이나 다문화정책, 다제도화정책, 다사회화정책, 다평등화정책 등으로 나타난다.

유념할 것은 다문화주의가 기능할 때 정치성을 띠게 된다는 점이다. 첫째, 다문화주의는 국민국가가 새로운 사회갈등을 해소하기 위해 염두에 두는 통합이론이지만, 그것이 다루어지는 방식에 따라 의미가 달라지게 된다. 예컨대, 다문화주의라는 이름으로 또다른 국민만들기(nation-building)의 가능성이 상존하는 경우가 있는 것이다.

둘째, 다문화주의는 이념적으로 진보적인 면과 보수적인 면의 이중성을 띠고 있다. 캐나다의 정치철학자 윌 킴리카(Will Kymlicka)의 지적처럼[8] 보수주의자들에 의해 주장될 경우, 다문화주의는 공동체주의적인 공동선의 정치를 추구하는 자신들의 이해관계가 침해될 것을 우려하기 때문일 가능성이 있다. 혹은 기존 엘리트들이 급격한 사회변화를 제한하여 자신들의 기득권을 옹호하며 자신들의 기존 문화를 유지하기 위해 주장되기도 할 것이다. 반면 개혁적인 진보주의자들에 의해 주장될 경우, 다문화주의는 자유주의적 가치에 기반해 소수자들의 사회적 권리를 배제시켜 왔던 기존 질서와 관습에 대항하기 위해 호소될 수 있는 것이다.

이러한 경우를 감안해 보면, 다문화주의라는 동일한 언어를 사용하는데도 입장이 갈리는 정치적 결과가 나타나기 십상이다. 따라서 우리가 전제해야 할 관점은, 다문화주의를 국민만들기의 정치와 연관지어 보아야 한다는 점이며, 궁극적으로 다원성(plurality)에 관한 자유주의적 전제들이 어떻게, 얼마나 받아들여지는지를 직시해야 한다는 점이다.[9] 이러한 전제들은 다문화 공존의 진정성과 직결되며, 그것은 다문화 시민성의 실체를 모색하는 데 고려되어야 할 것이다.

---

8) Will Kymlicka, 장동진 외 역,『현대 정치철학의 이해』(서울: 東明社, 2006), pp.508-509.

9) Kymlicka(2006), pp.477-482.

나. 시민권의 확장과 다문화 공존

과거 전통적 시민권의 목표는 시민들 간의 공통적인 국민 정체성을 증진시키는 데 있었다. 여기서 공동의 사회적인 권리가 중요했다. 공동의 사회적 권리란 공통의 공적 제도를 통해 공통의 이익을 향유할 수 있는 권리를 말한다. 자연히 전통적 시민권의 모델에서 다양성은 관심의 대상이 아니었다. 소수집단과 문화는 배제되거나 혹은 동화될 대상이었다. 이런 상황에서 설령 일부 소수집단이나 소수자들이 공동의 시민권리를 소유했다 하더라도 그들이 느끼는 소외와 사회적 냉대는 여전했다.[10)]

이러한 배경에서 차등적 시민권(differentiated citizenship)은 진일보한 개념처럼 보인다. 그것은 집단적으로 특수화된 형태의 차등적 시민권을 통해서 그러한 소수집단과 소수자들을 공통의 국민 정체성으로 수용하는 것이 바람직하다고 보았기 때문이다. 차등적 시민권은 단순히 개인으로서가 아니라 집단을 통해서 특정 집단의 구성원들이 정치공동체에 병합된다고 보았으며, 부분적으로 그들의 권리는 그들의 집단구성원의 자격에 의존한다고 보았던 것이다.[11)] 그러나 차등적 시민권의 발상도 여전히 다문화시대에 필요한 핵심이라고 할 수는 없다. 그것은 차등적 시민권이 여전히 개인의 권리에 초점을 두지 않았으며, 소수집단과 소수자의 권리를 공통의 국민 정체성에 수용되어야 할 대상으로 간주했기 때문이다.

다문화시대는 새로운 시민의 개념을 필요로 한다. 다문화사회

10) Kymlicka(2006), pp.455-458.

11) Iris Marion Young, "Polity and Group Difference: A Critique of the Ideal of Universal Citizenship," *Ethics*, 99-2 (1989), pp.250-274.

의 문제는 경계 안의 모든 사람을 종교, 신분, 가족, 지역 등에 관계없이 하나의 범주로 묶을 수 있는 보편적인 시민의 개념을 뛰어 넘는다. 그것은 기본적으로 문화간 차이를 인정하는 문제와 연관되어 있고, 인종적 격차나 우월의 문제와 같은 인종주의와도 관련되어 있으며, 정치・경제・사회적 계급의 차이와도 얽혀 있기 때문이다.[12] 따라서 다문화시대에 필요한 다문화 공존은 경제적 위계에서 출발한 분배 혹은 재분배의 문제, 신분위계구조에서 제기된 인정의 문제, 문화 차이를 보는 조정의 문제 등에서 시작되어야 하는 것이다.

이렇게 보면, 다문화 공존의 진정성을 다문화주의가 반드시 보장하는 것은 아니다. 오히려 분배 혹은 재분배나 인정의 문제 또는 문화의 조정과 같은 다문화주의 정치의 맥락에서 다문화 공존이 논의되어야 하는 것이다. 그렇게 될 때, 다문화주의가 막연히 공존의 문제로만 치중되던 차원을 넘어 어떤 정체성과 이익을 증진시킬 것인가 하는 구체적 문제와 마주할 수 있게 될 것이다. 자연히 다문화주의 정치의 맥락은 다문화주의의 이론적 논쟁과 다문화주의에 대한 현대사회의 논란을 살펴보면 보다 확연해 질 것이다.

12) 경제와 복지 등 분배 혹은 재분배 중심의 전통적 관점에서 다문화주의를 비판한 연구로는 Brian Barry, *Culture and Equality: An Egalitarian Critique of Multiculturalism* (Cambridge: Harvard University Press, 2001), 다문화적 사회정의로서 분배 혹은 재분배의 패러다임과 문화를 중심으로 한 사회적 인정이라는 패러다임의 논쟁을 다룬 연구로는 Nancy Fraser & Axel Honneth, eds., *Redistribution or Recognition?: A Political-Philosophical Exchange* (New York: Verso, 2003), 이 책의 번역서는 낸시 프레이저・악셀 호네트, 김원식・문성훈 옮김, 『분배냐, 인정이냐?: 정치철학적 논쟁』(고양: 사월의책, 2014). 지구화가 초래하는 다문화시대의 시민권에 대한 연구로는 Will Kymlicka, *Multicultural Citizenship: A Liberal Theory of Minority Rights* (New York: Clarendon Press, 1995)와 ____, *Politics in Vernacular* (Oxford: Oxford University Press, 2001) 등 참조.

2. 다문화주의 논쟁과 시민성

다문화주의를 둘러싼 논쟁은 일상이나 정치영역에서, 그리고 여러 학문의 영역에서 다양하게 나타날 것이며, 나라마다 시대마다 다를 것이다. 여기서는 그러한 논쟁을 세 가지 정도로 살펴보고자 한다.

가. 일상에서의 다문화주의와 정치화

일상에서의 다문화주의는 그 자체로는 정치적이지 않지만, 정치화되면 현실에서는 복잡한 논쟁의 대상이 된다. 흔히 요리, 음악, 의복 등 생활양식이나 소비양식에서 문화의 다양성을 추구하고 가치를 부여하는 것을 일상에서의 다문화주의라고 할 수 있다. 그 외에 경제적 손실이나 경영이익을 목적으로 다양성을 장려하는 경우도 있다.[13] 이러한 일상에서의 다문화주의가 문화 연구(cultural studies)로 영역화되고, 그 문화 연구가 해당 집단의 권리를 주장하는 기초가 되면, 일상에서의 다문화주의는 정치적 영역에 이르게 된다. 물론 일상에서의 다문화주의가 정치화되는 것은 소수집단들의 문화적 정체성과 특수성이 공적으로 인정되는 의미가 있다는 점에서 시민적 다원주의의 발전에 기여하는 것이기도 하다.

그러나 문제는 그것이 정치화되면서 복잡한 논쟁의 형태로 변할 가능성이 크고, 그렇게 되면 일상에서의 다문화주의나 소수집단의 의미가 전도될 수 있는 이중성을 띤다는 점이다. 벨기에의 정치

13) 마르코 마르티니엘로, 윤진 옮김, 『현대사회와 다문화주의: 다르게, 평등하게 살기』(파주: 한울, 2002), pp.89-105.

학자 마르코 마르티니엘로(Marco Martiniello)에 의하면, 그것은 두 가지 점에서 주의해야 한다. 우선, 소수집단의 권리가 공공정책화를 통해 보장되는 경우이다. 공적 개입은 공적 지출을 통해서 가능한 것이다. 그렇게 되면 일상에서의 다문화주의는 사회경제적 재분배의 문제로 변모되며, 동시에 사회정의의 문제로 확대된다. 다음은, 소수집단의 권리가 공적으로 인정되면 여타 소수집단의 결사는 다양하게 분출될 것인데, 문제는 이들 소수집단 자체가 동질적인 실체가 아니라는 점이다. 이들은 세대, 성별, 정치 · 경제적 차이 등에 따라 요구나 결사의 수단이 다를 수 있다. 따라서 소수집단이 언제나 다문화주의적인 의도와 정책의 입장을 취하고, 다수집단은 언제나 그에 반대한다고 생각하는 것은 적절치 않다.

나. 공동체주의와 자유주의의 대립과 절충

1970년대와 1980년대의 초기 다문화주의의 논쟁은 공동체주의자와 자유주의자 간의 논쟁처럼 여겨졌다. 그것은 공동체주의가 공동체주의적 요소로서 소수자 권리보호를 위한 집단권리(group rights)를 추구하는 것으로 인식되었기 때문이다. 자연히 다문화주의에 관한 입장은 자유주의와 공동체주의 논쟁의 핵심이 되는 개인과 집단 간의 상대적 우선성에 관한 논쟁과 동일시되었다. 그래서 다문화주의를 옹호하는 것은 자유주의에 대한 공동체주의의 비판을 지지하는 것을 의미했다. 공동체주의자들은 다문화주의를 개인의 자율성으로 인한 폐해로부터 공동체의 가치를 지키는 방법으로 간주했던 것이다.

그러나 문제는 공동체주의가 갖는 위험성 때문에 다문화주의가 떠안게 되는 한계이다. 공동체주의는 정치공동체에서 다수의 의견을 중심으로 한 일체감 형성을 강조하는 경향이 있다. 사회적 소수의 의견이 억압될 가능성이 큰 것이다. 따라서 공동체를 위한다는 명분으로 사회적 소수자가 기대하는 시민으로서의 정치적 권리가 제한되고 그저 법적 권리만이 인정되는 경우가 있게 된다. 그렇게 되면, 다문화시대의 시민이 진정으로 필요로 하는 권리를 충족시키는 데 공동체주의는 한계가 있게 된다.

이렇게 보면, 다음 단계의 다문화주의 논쟁의 핵심은 킴리카의 지적처럼 자유주의의 의미에 관한 자유주의자들 간의 논쟁이 된다.[14] 그것은 자유주의 이론 내에서 가능한 다문화주의의 수용 범위는 어디까지인가 하는 문제와 연관된다. 기본적으로 자유주의는 강제력을 갖는 국가권력이 어느 특정 집단의 생활방식을 옹호해서는 안된다는 입장이다. 문제는 시민의 역할을 공적 영역으로 제한하고 있고, 문화와 종교 등의 차이에 관계없이 문제해결을 위한 국가의 최소 개입 원칙을 견지한다는 점이다. 그러나 이는 갈수록 다문화되고 있는 현실을 외면한 것이다. 다문화사회의 갈등은 공적 영역에서보다 사적인 결사의 영역에서 비롯된 경우가 많으며, 자칫 사회적 소수가 차별되는 시장구조의 개선을 위한 의도적인 국가개입마저 배제함으로써 의도치 않은 결과를 가져올 수 있게 된다. 나아가 그렇게 되면, 다문화사회라는 하나의 공동체로 존재하기 위한 상호 신뢰의 기초를 어디에 두어야 하는지도 모호해지는 경우가 있게 되는

14) Kymlicka(2006), p.470.

것이다.

그러나 자유주의가 이러한 취약성이 있다고 해서 그것이 곧 공동체주의의 필요를 의미하지는 않는다. 다문화주의와 관련해서 자유주의에서 제기되는 이러한 문제의 핵심은 앞서 지적한 것처럼 결국 자유주의 내에서 자유주의의 의미를 어떻게, 어디까지 규정할 것인지에 관한 논쟁이기 때문이다. 자연히 해결의 실마리는 소수자 권리보호를 위한 공동체로서의 의미를 염두에 둔 가운데 법적 권리와 시민적 권리를 동시에 보장하기 위한 자유주의의 범주를 넓혀가야 하는 데 있게 된다.

이러한 의미에서 킴리카는 자유주의적 문화주의(liberal culturalism)를 해결 방안으로 제안한다.[15] 그는 자유주의를 보장하는데도 소수자권리의 문제가 제기되는 것은 문화와 정체성 간에 강력한 이익이 존재하기 때문이라고 본다. 다시 말해, 문화의 인정 자체가 정체성의 문제이자 권리를 인정하는 문제가 된다는 것이다. 그는 자유주의적 문화주의를 통해 집단들 간의 다양한 문화권리를 보장해야 정치·경제적 권력으로부터 소수자 권리의 취약성을 축소시킬 수 있다고 본다. 이를 위해 그는 소수자 권리가 집단 내에서 개인의 자유를 보호하고 집단 간의 비지배관계를 추구해야 한다고 주장한다.

킴리카는 또한 자유주의 틀 내에서의 공동체주의를 절충한 시도로서 다문화적 시민권의 모델을 제시한다.[16] 그는 국가가 문화와 다양성의 영역에서 중립적이지 않으며 중립적이어서도 안된다고 본

15) Kymlicka(2006), p.471.
16) Kymlicka(1995).

다. 인권만으로 소수집단에 가해지는 차별적 정책을 조절하는 것은 불가능하다는 것이다. 그는 다문화주의 사회에서 정의에 관한 주장은 개인에게 인정된 보편적 권리를 넘어 특정 소수집단에 대해서는 특수한 권리와 위상을 포함해야 한다고 주장한다.

정리하면, 다문화주의를 둘러싼 논쟁은 공동체주의와 자유주의 간의 논쟁이라기 보다는 자유주의의 틀 내에서 공동체 보호를 위해 보다 자유주의적인 맥락을 확장해 나가는 문제라고 할 수 있다. 이와 함께 검토할 것은 자유주의 국가의 성격과 역할에 관한 또 한 축의 논쟁으로서 동화주의와 다원주의의 공과이다.

다. 동화주의와 다원주의의 공과

다문화주의를 둘러싼 동화주의와 다원주의의 논쟁은 자유주의 국가의 성격과도 관련되며, 공동체를 위한 국가의 역할과도 연관된다. 그것은 기본적으로 국민만들기의 의미와 시도에 관한 문제이기도 하기 때문이다.

문화와 정체성의 다양성이라는 다문화주의의 화두는 사실 새로운 현상은 아니다. 인간 사회는 그 정도가 달랐을 뿐이지 언제나 다양화되어 있었다고 보아야 한다. 문제는 그 다양성이 어떻게 일정 기간 가려져 왔으며, 어떻게 다문화주의라는 이름으로 그 장막이 거두어지기 시작했느냐 하는 점일 것이다. 그것은 바로 문화적 동질성을 추구하면서 같은 국민만들기를 추진했던 역사와 관련된다.[17] 보다 구체적으로는 국민주의나 민족주의와 연관되며, 그 의도는 "정치

17) Kymlicka(2006), pp.477-482.

적 경계와 문화적 경계를 일치시키려는 의지"로 압축된다.[18] 이러한 동질화의 의지는 동화주의적 접근을 의미했다. 동화주의 사회에서 문화적 동질성은 사회적 규범이었으며, 다양한 소수문화와 정체성은 사적인 영역으로 치부되었다. 자연히 같은 국민만들기의 과업 속에서 소수집단들은 다수집단의 사회와 문화 속에 적용되거나 녹아져야 했다.

동화주의는 통치자의 입장에서도 필요했다. 통치자에게도 공동의 문화와 정체성을 공유하는 사회가 통치하기에 훨씬 수월했을 것이다. 공동의 문화로 통합된 사회는 상호 이해와 신뢰나 유대감을 형성하기에 용이했다. 문제는 근대 이후 단일한 문화와 정체성의 강조가 국가와 민족의 연대성과 정당성을 보장한다는 명분으로 국민들에게 강요되었다는 점이다. 이는 역사적으로도 1648년 베스트팔렌조약(Peace of Westfalen) 이후 보편화된 국가 주권과 프랑스혁명 이후 근대적 정치이념으로 발전한 민족주의가 결합되고, 그것이 20세기 초의 두 차례 전쟁으로 이어지는 흐름 속에서 잘 나타난다. 그 경향은 2차 대전 이후 냉전 속에서 더욱 강화되었다.

동화주의에서 사회적 권리란 공통의 공적 제도를 통해 공통의 이익을 향유할 수 있는 공동의 권리로 이해되었다. 그래서 공동의 권리로서의 시민권의 전통적 모델은 국민통합의 개념과 결부되었던 것이다. 주목할 것은 아이러니하게도 동화주의가 공동체주의의 맥락에서보다 자유주의의 맥락에서 더욱 긴밀하게 결합되었다는 점이다. 그것은 바로 국민만들기를 통한 공동의 사회적 권리를 부여하려

18) 마르티니엘로(2002), p.23.

는 것을 자유주의적 민족주의로 간주했기 때문일 것이다. 킴리카의 지적처럼 자유주의적 민족주의자(liberal-nationalist)들은 국민만들기 정책이 분배 정의나 심의민주주의 등을 증진시킨다고 믿었던 것이다.[19]

그러나 보다 중요한 것은 동화주의가 다문화주의에 미치는 영향이다. 자유주의적 민족주의자들의 주장과 달리 국민만들기의 진정성은 소수 권리에 의해 제한받기도 하고 소수 권리를 통해 보충되기도 하면서 이루어지는 것이다. 소수집단의 권리를 배제하거나 동화하는 접근을 통해서는 또다른 국가의 부담을 양산할 뿐인 것이다. 소수자 권리가 적절하게 자리매김할 때, 국민만들기는 보다 많은 기능을 수행할 수 있을 것이다. 따라서 국가도 하나의 사회적 문화를 추진하기 보다는 건강한 국민만들기를 추진하는 데 주력해야 한다. 국민들 역시 국가 위상의 약화에도 불구하고 국가는 여전히 정치·경제적 조정의 중요한 장(場)이라는 점을 인식해야 하는 것이다.

동화주의와 달리 다원주의적 접근은 문화와 정체성의 다양성을 받아들인다. 다원주의자들은 문화를 개인과 집단의 접촉에 의해 형성되고 변화되는 결과로 보며, 사회도 문화적 믿음과 특성이 만들어내는 실체로 이해한다. 다원주의적 접근은 소수자의 권리가 공정하게 자리매김할 때 국가가 보다 많은 역할을 감당할 수 있다고 믿는다.

그러나 다원주의적 접근에서도 주의해야 할 것이 있다. 첫째, 다문화주의에 대한 다원주의적 접근에서 필요한 것은 개별 문화들

19) Kymlicka(2006), p.480.

간에 대립을 피하는 방법으로서 상대를 용인하는 것일텐데, 문제는 자칫 다원주의적 접근이 문화적 상대주의로 표류할 수 있다는 점이다.[20] 상대주의란 모든 믿음이 비교의 대상이 아니라는 점을 전제하고 있다. 상대주의에 매몰되면, 그릇된 문화에 동일한 가치를 부여하고 나아가 모든 문화적 관행을 용인하게 되는 함정에 빠지게 된다. 그것은 가치균등주의나 평등주의의 오류를 범하게 되기 때문이다. 윤리적으로 문제가 될 수 있는 문화에 대해서까지 인정하는 것은 무책임한 다문화주의일 뿐이다.

둘째, 다원주의적 접근은 문화의 다양성 간의 교류를 통해 서구의 도덕적 우월성을 공식적으로 획정하려고 시도할 수도 있다는 점이다. 제임스 스터바(James P. Sterba)는 이러한 점을 경계하여 다문화주의는 실천적 요구사항으로서 최소한의 기본 수요를 충족할 수 있는 권리와 동등한 기회를 부여받을 수 있는 권리를 갖는다고 전제했으며, 서구의 도덕적 우월성을 드러내려는 것은 다문화의 이상이 아니라는 점을 강조했다.[21] 그는 합리성이나 도덕적 행위야말로 인간의 고유한 능력이고, 이를 존중하는 것이 인간으로서 더 번성하는 방법이라고 덧붙였다.

종합하면, 다문화주의를 둘러싼 동화주의와 다원주의의 논쟁은 국민만들기의 역사와 다원주의의 진정한 의미를 동시에 보여준다. 일상에서의 다문화주의가 정치화되는 것이나 공동체주의와 자유주의의 논쟁과 절충, 동화주의와 다원주의의 공과 등의 논점에서 보듯

---

20) 마르티니엘로(2002), p.115.

21) James P. Sterba, *Contemporary Social and Political Philosophy* (Belmont: Wadsworth Publishing Company, 1995), pp.98-100, 102-103.

이, 다문화주의는 그 자체로 다문화 공존의 논점을 지닌다기 보다는 이러한 논쟁 속에서 그 영역을 확보해가야 하는 실체라고 보는 것이 적합하다. 이는 다문화주의가 현대사회에서 도전받고 있는 요소들과 함께 검토하면 보다 분명해 질 것이다.

Ⅲ. 다문화주의의 사회적 논란

다문화주의는 그 쓰임에 따라 다양한 입장과 현실을 반영하고 있다. 따라서 다문화주의 자체가 고정된 것으로 간주되어서는 안된다. 그 보다는 현대사회에서 다문화주의의 표류 가능성을 감안하고 다문화주의에 대한 도전을 파악해야 할 것이다. 다문화주의에 대한 사회적 논란으로는 다문화라는 이름의 또다른 경계, 사회적 연대 침해, 사회·경제적 불평등 은폐, 개인성 침해 등이 있다.

1. 다문화라는 이름의 또다른 경계

첫째, 다문화사회에서 문화는 다양하게 재해석되어야 하지만, 자칫 다문화의 담론이 의도와 무관하게 문화 간의 또다른 경계를 구분짓는 사회적 결과를 초래할 수도 있다. 기본적으로 다문화는 각 개별 문화의 존재를 인정하는 것을 전제로 하기 때문에 결과적으로 타문화를 지속적으로 타자로서 확인하게 되는 역설의 역할을 한다는 것이다.[22] 근대국가의 속성으로 볼 때 이러한 점은 더욱 확대되는 경향이 크다. 그것은 문화적 동질성의 강조를 통해 민족국가 단위의 강화에 기여하게 되는 것으로 나타나기 때문이다. 결과적으로 다문화주의는 그 주장과 달리 끊임없이 타자성과의 차이를 확인하면서, 동시에 내부의 통합성을 재생산하는 역설에 있게 되는 것이다.

이러한 역설을 막기 위해서는 근대국가적인 통합의 이상이나 단일한 집단적 정체성을 신봉하는 것에서 벗어나도록 해야 할 것이다. 또한 타자와 타자의 문화를 고정된 것으로 인식하려는 시각에서도 벗어나야 한다. 이러한 문제와 관련해서 글로리아 안잘두아(Gloria Anzaldua)는 문화적 경계(borders)와 경계지대(borderlands)를 구분하면서 문화적 경계는 약화시키되, 경계지대의 문화는 만들어야 한다고 주장한다.[23] 그가 말하는 경계란 우리와 그들을 나누는 공간이자 명확하고 간결하게 분리하는 선이다. 반면 경계지대 문화란 다양한 교류를 통해 관계가 형성되면서 공적인 논의와 행동이 이루어지는 문화적 공간이자 끊임없는 변화가 일어나는 절충지대인 것이다.

2. 사회적 연대 침해

둘째, 다문화주의가 사회적 연대를 해치고 결국에는 분열과 갈

22) 천선영, "'다문화 사회' 담론의 한계와 역설", 한·독사회과학회, 『한·독사회과학논총』, 제14권 2호 (2004 겨울), pp.363-380.

23) Gloria Anzaldua, *Borderlands: The New Mestiza* (San Francisco: Spinsters/Aunt Lute, 1999), p.3.

등을 초래해 사회통합을 저해할 수도 있다. 일상에서의 다문화주의가 정치화되는 과정에서 보듯이, 어떤 집단의 정체성을 인정하는 것은 또다른 경쟁 집단을 유발할 수 있다. 소수집단의 결사는 다양하게 분출될 것이며, 소수집단 자체도 동질적이지 않다. 때문에 사회적 연대가 위협받을 것이라는 지적은 일리가 없지 않다.

이러한 문제제기는 특히 토착주의자와 자유주의적 보수주의자들의 논의에서 부각되고 있다. 미국의 경우를 예로 들면, 토착주의자들의 견해는 1965년 이민법 개정 이후 유럽 등지에서 밀려드는 이주민들이 사회변화나 경제 활동에 안정적으로 기여하지 못하고 있고, 오히려 자국 하층민의 생계를 위협하고 있다고 본다. 나아가 토착주의자들은 다문화정책이 이주민들의 주류문화에의 동화과정을 오히려 방해하고 있다고 주장한다.[24] 자유주의적 보수주의의 견해를 가진 사무엘 헌팅턴(Samuel P. Huntington)은 최근 미국의 정체성이 심각하게 위협받고 있는 원인은 다문화주의가 추구하는 문화상대주의, 정체성의 정치, 사해동포주의 등으로 인해 애국심이 약화된 때문이라고 주장한다.[25] 아서 슐레진저(Arthur M. Schlesinger, Jr.)는 다원주의도 서로 다른 것을 수용할 수 있는 공통분모가 존재해야 가능한데, 다문화주의의 주장은 그러한 공통분모 없이 종족적·민족적 갈등을 초래하고 있다는 견해를 내세운다.[26] 베네딕트

24) Peter Brimelow, *Alien Nation: Common Sense about America's Immigration Disaster* (New York: Harper Perrenial, 1995).

25) Samuel P. Huntington, *Who Are We? The Challenges to America's National Identity* (New York: Simon & Schuster, 2004), pp.246-256, 295-335.

26) Arthur M. Schlesinger, Jr., *The Disuniting of America: Reflections on a Multicultural Society* (New York: W. W. Norton & Company, 1998).

앤더슨(Benedict Anderson) 역시 이민, 난민, 외국인 노동자 등은 '원격지 민족주의자'이자 동시에 분리주의의 성격을 띤 '신민족주의자'의 역할을 하고 있기 때문에 국민통합이 쉽지 않다고 지적한다.[27]

이러한 우려를 외면하고 다문화주의가 국민사회의 평화와 조화를 위한 유일한 대안이라고 한다면, 그것은 순진한 발상일 것이다. 오히려 그 보다는 다문화 공존을 통한 새로운 정체성의 형성을 위해서 다문화주의의 함의를 빨리 정착시키는 것이 필요하다는 인식이 바람직할 것이다. 유의할 것은 새로운 집단의 결사와 주장이 민주주의 사회의 전체 맥락과 함께 갈 수 있을지 고민하는 것이며, 극단적이거나 교조주의적인 다문화를 추구해서는 안된다는 점이다. 다문화주의 자체가 평화적 공존의 유일한 정치적 원천이 아니라는 점에서 다문화주의는 그 자체로 규범화되지 않고 평화적 다문화 공존을 위한 토대가 되어야 할 것이다.

3. 사회 · 경제적 불평등 은폐

셋째, 다문화주의가 문화적 영역에서의 다양성 인정에 치중함으로써 사회 · 경제적 불평등의 문제를 은폐할 수도 있다. 이렇게 지적하는 이들은 다문화주의가 사회를 읽는 유일한 창으로서 문화를 설정하고 사람들로 하여금 문화적 관계에 집중하도록 만들며, 문화와 사회 · 경제 영역 간의 상호작용을 소홀히 취급한다고 비판한다. 구체적으로 존 하이엄(John Higham)은 다문화주의가 집단의 문화적

27) Benedict Anderson, "The New World Disorder", *New Left Review*, 193 (1992), pp. 3-13.

유산에 대한 인정만을 고집함으로써 계급의 역사적 의미와 분배의 문제에 소홀했다고 본다. 그는 다양성 이전에 보편주의가 사회·경제적 불평등의 문제를 해결하기 위해서라도 먼저 필요하다고 주장한다.[28]

물론 이와 다른 견해도 있다. 낸시 프레이저(Nancy Fraser)는 현대사회에서도 사회적 신분 질서에 따른 불평등이 여전히 존재하는데, 이는 근본적으로 경제적 차이에서 보다는 신분의 위계질서를 결정짓는 문화적 차이에서 비롯된다고 본다.[29] 그래서 그는 문화의 차이를 인정하는 정치를 통해 재분배의 정치가 이루어질 수 있다고 주장한다.

이렇게 볼 때, 다문화 공존을 위한 다문화주의의 또다른 함의는 문화의 차이에 대한 논의가 궁극적으로 사회적 배제와 불평등에 관한 논의와 분리되어선 안된다는 점일 것이다.

4. 개인성 침해

넷째, 소수집단의 문화적 권리를 보호한다는 다문화주의가 자칫 개인의 인종적·문화적 분리나 공동체에서의 고립을 조장하여 개인성을 침해하는 경향이 있을 수 있다. 개인의 정체성이란 복수의 유동적인 개념인데 소수자가 사회 내에서 소수자로서의 권리를 인정받고 누리다 보면, 동시에 전체 공동체 내에서의 고립을 초래할 수

28) John Higham, "Multiculturalism and Universalism: A History and Critique", *American Quarterly*, 45-2 (1993), pp.195-219.
29) 프레이저·호네트(2014), pp.55-90.

도 있을 것이다. 따라서 소수집단에 대한 존중은 자칫 개인의 자유와 충돌할 수 있고, 그러다 보니 특정 집단을 보호한다는 것이 오히려 그들을 소외시키는 제안과 정책들로 표류할 수도 있게 된다.

이러한 주장은 자유주의적 여성주의자나 자유주의적 평등주의자들에게서 찾아 볼 수 있다. 수잔 몰러 오킨(Susan Moller Okin)은 다문화주의가 집단 간의 차이에 대한 인정을 요구하면서, 다른 한편으로 문화적 특성을 인정받음으로써 소수집단내 여성의 인권을 위협할 수 있다고 지적한다. 또한 다문화주의가 추구하는 소수집단의 문화적 권리에 대한 인정은 자칫 집단 내에서 자행되는 폭력과 인권침해를 묵인할 가능성이 있다고 주장한다.[30)]

자유주의적 평등주의의 입장을 견지하는 브라이언 배리(Brian Barry)는 다문화주의가 특수성이라는 이름으로 사람들을 분리하고 있다고 지적하고, 종족적·민족적 소수 문화집단에게 예외적 권리를 인정하는 것은 공동선을 위한 공동의 제도가 시행되기 어렵게 만들고 결국 특정 집단의 이익을 추구하는 것으로 변질되고 만다고 비판한다.[31)]

여기서 주목할 것은 소수집단의 인정 속에서 발생할 수 있는 또 다른 소수자의 문제를 고려하는 것이 중요하다는 점이며, 다문화주의가 궁극적으로는 다문화 공존의 시민을 위한 것이어야 한다는 점이다. 또한 다문화주의에 의해 소수자와 소수집단을 인정하는 것이 과연 언제나 정당한가도 늘 염두에 두어야 할 것이다. 경우에 따라

30) Susan Moller Okin, "Feminism and Multiculturalism: Some Tensions", *Ethics*, 108-4, pp.678-679.
31) Barry(2001).

서는 자발적 이주민처럼 개인의 선택에 의한 소수자일 수도 있을 것이며, 이로 인해 다수의 다른 구성원의 입장에서 보면, 새로운 인종차별이나 역차별을 유발할 가능성도 있기 때문이다.

Ⅳ. 다문화 공존을 위한 다문화주의

다문화시대는 다양한 문화의 공존을 위해 과거와는 다른 문제의식과 실천이 필요하다. 이념적으로 다양한 문화의 공존을 추구하는 다문화주의는 다문화시대의 해법이 될 수 있다. 그러나 그렇다고 다문화주의가 곧 다문화 공존이라고 인식한다든지, 다문화주의가 모든 문제를 해결해 줄 것이라고 기대하는 것은 순진한 발상이다. 현실에서 다문화주의는 쓰임에 따라 다양한 입장과 현실을 반영하고 있기 때문이다. 이론적으로도 논쟁의 대상이며, 사회적으로도 논란이 있다. 따라서 다문화주의를 둘러싼 이론적 논쟁과 사회적 논란에 기반해 다문화 공존을 위한 아래와 같은 다문화주의의 본질을 따져보는 것이 필요하다.

첫째, 다문화주의가 추구하는 기본적인 이상은 다른 문화들이 가지고 있는 상대적인 가치들을 수용하면서, 동시에 자기 문화의 가치에 대해 계속해서 비판적인 성찰을 해나가는 것이다. 이를 통해 끊임없이 내적인 다양성을 확보하려는 이념이 다문화주의인 것이다.

둘째, 다문화주의는 특정 개인이나 사회 혹은 문화가 특권화된 독점적 지위를 가질 수 없는 사회문화적 환경을 만들어내기 위한 정치적 노력이자 정책적 시도이다. 그리하여 새로운 사회통합을 이루어낼 수 있다고 믿는 이념이 다문화주의인 것이다.

셋째, 다문화주의가 곧바로 다문화 공존을 의미하는 것은 아니다. 다문화주의는 일상에서 정치화되기 십상이며, 자유주의란 명분으로 동화주의에 빠지거나 사회통합을 위해 국민국가 형성에 동원될 가능성도 없지 않다. 다문화란 이름으로 또다른 경계를 만들거나 사회적 연대를 침해할 수 있으며, 사회·경제적 불평등을 은폐하거나 개인성을 침해할 가능성도 있다. 따라서 다문화주의가 현대사회에서 처한 이론적 논쟁과 논리적 도전을 염두에 두는 것이 필요하다.

이러한 내용으로 볼 때, 다문화주의가 갖는 진정한 가치는 적어도 다음의 논점들에 기초해야 할 것이다.

첫째, 다문화주의의 진정성은 자유주의의 틀 내에서 공동체를 보호하기 위해 자유주의적인 맥락을 과거보다 확장해가는 데 있다. 1970년대와 1980년대 초기에 다문화주의를 둘러싼 논쟁은 공동체주의자와 자유주의자들 간에 개인과 집단 중 무엇이 우선하는가에 관한 것처럼 여겨졌다. 그러나 다문화주의 논쟁의 핵심은 자유주의 이론 내에서 가능한 다문화주의의 수용 범위가 어디까지인가 하는 물음과 연관된다. 다문화문제의 핵심은 '다문화'라는 새로운 용어에 있다기 보다는 자유주의의 의미와 본질에 관한 또다른 고민인 것이다.

둘째, 다문화주의의 진정성은 과거 '정치적 경계와 문화적 경계를 일치시키려는 의지'에서 비롯된 동질한 국민만들기를 성찰하는 데 있다. 다문화사회는 새로운 현상이라고 할 수 없다. 정도의 차이가 있었을 뿐이지 어느 사회이건 언제나 다양화되어 있었다. 모든 사회에 이미 존재해왔었던 문화와 정체성의 다양성은 단지 가려져 있었을 뿐인데, 그 이유는 근대 이후 추구되어온 문화적으로 동질한 국민만들기와 관련된다. 따라서 다문화주의는 국민만들기 속에 가려져 있던 다문화의 의미를 잘 드러내고 해법을 찾아가는 것이 중요하다.

셋째, 다문화주의의 진정성은 막연히 다문화 공존의 문제로만 지칭하던 차원을 넘어 시민권의 확장을 위한 다원주의적 접근에 입각하여 어떤 정체성과 이익을 어떻게 증진시킬 것인가 하는 구체적인 문제와 직면하는 데 있다. 이를 통해 기본적으로는 인간의 존엄성과 보편적 가치에 기반한 새로운 휴머니즘을 발견할 수 있어야 하며, 궁극적으로는 정치단위로서의 확장된 시민공동체를 모색할 수 있어야 한다.

정리하면, 다문화주의는 자유주의의 확장, 동질한 국민만들기에 대한 성찰, 새로운 휴머니즘에 기초한 확장된 시민공동체의 모색 등에 그 진정한 가치가 있다. 이러한 진정성을 추구할 때, 다문화주의는 다양한 민족, 인종, 문화 등이 더불어 살아갈 수 있는 새로운 사회통합성의 의미와 방향을 제시할 수 있을 것이다.

제3장_ 상호문화주의의 원리와 과제

: 다문화주의의 대체인가 보완인가?

Ⅰ. 다문화주의와 상호문화주의

최근 우리 사회에서도 다문화시대의 통합이념으로서 상호문화주의(Interculturalism)에 대한 연구가 지속적으로 이루어지고 있다.[1] 이러한 연구에서 대체로 찾아볼 수 있는 논지는 우리 사회에서 다문

1) 김태원, "다문화사회의 통합을 위한 패러다임으로서의 유럽 상호문화주의에 대한 이론적 탐색", 연세대학교 유럽사회문화연구소, 『유럽사회문화』, 제9권 (2012), pp.179-213; 박영자, "다문화시대 한반도 통일 · 통합의 가치 및 정책방향: '상호문화주의' 시각과 교훈을 중심으로", 고려대학교 일민국제관계연구원, 『국제관계연구』, 제17권 1호 (2012), pp.299-333; 변종헌, "다문화사회에서의 갈등해결교육: 상호문화주의적 접근", 한국윤리교육학회, 『윤리교육연구』, 제32집 (2013), pp.33-57; 오영훈, "다문화교육으로서 상호문화교육: 독일의 상호문화교육을 중심으로", 인하대학교 교육연구소, 『교육문화연구』, 제15권 2호 (2009), pp.27-44; 이경희, "다문화사회 교육의 두 관점: 다문화교육과 상호문화교육", 한국다문화교육연구학회, 『다문화교육』, 제2권 1호 (2011), pp.37-55; 이화도, "상호문화성에 근거한 다문화교육의 이해", 한국비교교육학회, 『비교교육연구』, 제21권 5호 (2011), pp.171-193; 정창호, "독일의 상호문화교육과 타자의 문제", 한독교육학회, 『교육의 이론과 실천』, 제16권 1호 (2011), pp.75-102; 최현덕, "경계와 상호문화성: 상호문화 철학의 기본 과제", 부산대학교 인문학연구소, 『코기토』, 제66호 (2009), pp.301-329. 단행본으로는 마르틴 압달라-프렛세이, 장한업 옮김, 『유럽의 상호문화교육: 다문화 사회의 새로운 교육적 대안』 (파주: 한울아카데미, 2010); 마달레나드 카를로, 장한업 옮김, 『상호문화 이해하기: 개념과 활용』 (파주: 한울아카데미, 2011); Claudia Bickmann, R. A. Mall 외, 김정현 엮음, 주광순 · 박종식 · 김정현 외 옮김, 『상호문화 철학의 논리와 실천』 (서울: 시와 진실, 2010); 장한업, 『이제는 상호문화교육이다: 다문화 사회의 교육적 대안』 (파주: 교육과학사, 2014) 등이 있다.

화주의(Multiculturalism)가 실패했거나 적어도 일정한 한계를 지니고 있으며, 그 대안으로 상호문화주의가 모색되어야 한다는 것이다. 다문화주의는 차이의 인정과 분배 혹은 재분배의 정치에 초점을 맞추면서 도리어 다문화시대의 다문화 공존을 이루는 데 취약했다고 평가된다.[2] 반면, 상호문화주의는 문화간 상호소통과 공공성에 주안점을 두면서 다양한 사회의 다문화 공존을 이루는 데 적실하다고 제안된다.

이러한 논의에서 보면 다문화주의와 상호문화주의의 관계는 대립적이다. 상호문화주의는 다문화주의를 넘어 다문화사회의 사회통합을 모색하는 새로운 패러다임으로 간주되기 때문이다. 이러한 대립적 구분의 틀로 크게 나누어보면, 북미 다문화정책의 기조는 다문화주의로, 유럽과 캐나다 퀘벡주(州)의 정책 기조는 상호문화주의로 볼 수 있다.[3] 이렇게 보면, 다문화주의를 넘어 상호문화주의로 가야 한다는 논리는 북미의 기조에서 유럽의 기조로 가야 한다는 논리처럼

---

2) 다문화주의는 다양한 가치들을 반영하는 이념이라는 점에서 한 마디로 정의하기는 어렵다. 하지만, 대체로 한 사회내 다양한 인종이나 민족들의 문화를 주류 중심의 단일한 문화로 동화시키지 않고 서로 인정하고 존중하면서 공존하도록 하는 데 초점을 두는 이념체계와 관련 정책 및 프로그램을 지칭한다.

3) 물론 캐나다 퀘벡주와 프랑스의 상호문화주의가 대두된 맥락은 조금 다르다. 퀘벡주의 상호문화주의는 캐나다 연방이 다문화주의를 내세울 때, 그에 맞서 내놓은 것이다. 연방에서 다문화주의가 1971년에 정치적으로 언급되고, 1982년 헌법에 해당하는 '캐나다 권리와 자유 헌장'에 명시된 것과 달리 상호문화주의는 공식적으로 정의되거나 채택된 적이 없다. 퀘벡주의 상호문화주의는 한 사회 속에 존재하는 문화집단들 간의 교류에 관한 철학이라는 의미가 강하다. 반면, 프랑스의 상호문화주의는 다문화주의와 근본적으로 다른 전통을 가지고 있다. 계몽주의 철학에 근거해 한 개인을 그의 문화나 소속집단의 무엇으로 보지 않고 개인 그 자체로 보려는 경향이 있다. 법적으로도 소수자뿐만 아니라 다수자의 존재도 인정하지 않음으로써 그 누구도 다수자라는 이유로 소수자를 무시할 수 없게 되는 평등성이 전제되어 있다. 장한업(2014), pp.118-120.

보이기도 한다.

그런데 정작 유럽에서는 상호문화주의에 대한 비판이 적지 않다.[4] 유럽에서도 소수 민족이나 소수 종교, 소수자들에 의한 테러가 일어날 때마다 어김없이 다문화 관리정책에 대한 비난이 이어졌다. 가깝게는 2004년 3월 스페인 마드리드에서의 열차 폭탄 테러에서부터 2005년 7월 영국 런던에서의 지하철과 버스 폭탄 테러, 2011년 노르웨이 오슬로와 우퇴위아에서의 연쇄 테러, 2015년 1월 프랑스 파리에서의 샤를리 에브도 언론사 테러, 그리고 2월 덴마크 코펜하겐에서의 테러에 이르기까지 사건은 지속되고 있다. 그로 인해 유럽의 다문화정책은 계속해서 도마에 올라있다. 유럽의 몇 국가 정상들은 다문화정책의 실패를 실제 표명하기도 했다.

우리 사회 일각의 평가처럼 다문화시대의 다문화주의는 정말 실패한 것일까? 상호문화주의가 그 실패의 공백을 대체해야 하는 것일까? 둘의 관계는 대립적이거나 혹은 대안적 관계이어야 할까?

거칠게 보아 다문화주의를 다름의 인정과 공존으로, 상호문화주의를 상호적인 소통으로, 각각의 기조를 특징화해보자. 만약 다름의 인정과 공존만 추구하고 실질적인 상호적 소통이 이루어지지 않는다면, 그 때의 다름의 인정과 공존은 공허하다. 역으로 상호적인 소통을 무엇보다 앞세우면서도 그 내용에서 기본적으로 다름의 인정과 공존을 전제하지 않는다면, 그 때의 상호적인 소통은 맹목적이다. 결국 각각은 서로를 필요로 하지 않을까? 다름의 인정과 공존을

4) Steven Vertovec and Susanne Wessendorf 엮음, 부산대학교 사회과학연구원 옮김, 『흔들리는 다문화주의』 (서울: 박영사, 2014) 참조.

위해서는 실질적인 상호적 소통을, 진정한 상호적 소통을 위해서는 다름의 인정과 공존을 이루려는 기본적인 자세가 필요하다.

물론 상호문화주의는 다문화주의의 한계 혹은 대안으로서 제기된 측면이 있으며, 보다 직설적으로는 프랑스의 공화주의 모델이 보여준 빛과 그림자의 간극을 메우려는 시도이기도 했다. 하지만, 지금의 다문화주의와 상호문화주의는 현대 다문화사회의 문화적 다양성을 관리하기 위한 접근방식의 선후적(先後的)인 차이이지, 우월적(優越的) 차이가 있는 것이 아니다. 각각이 발전되어온 배경도 다르다. 북미에서는 특히 이민법과 관련해서, 예컨대 여럿이 이루어진 미국을 상정하고 다름의 인정과 공존이 먼저 절실했다고 볼 수 있다. 반면 유럽에서는 특히 프랑스혁명의 전통과 관련해서, 예컨대 개인의 자유와 권리를 보호하기 위한 똘레랑스적 상호소통성이 필요했다고 할 수 있다.[5)]

이상과 같은 맥락에서 이 장은 상호문화주의의 역사성과 원리 및 과제를 분석하고자 한다. 이를 위해 다문화주의와 직접적으로 비교하기보다는 상호문화주의의 본질에 대한 분석에 초점을 두고자 한다. 이를 통해 다문화주의와 상호문화주의의 대립적 관계 혹은 대안적 관계보다는 양자의 통합적 필요성을 강조하고자 한다. 그렇게

5) 똘레랑스(tolerance)는 우리말로 관용, 아량 등으로 정의된다. 하지만, 실제 의미에서는 적지 않은 차이가 있다. 우리의 경우 관용이 다소간의 불평등한 관계 속에서 베풀어지는 동정이나 자선 혹은 미덕을 지칭하는 것에 가깝다. 하지만, 유럽에서의 똘레랑스는 의견, 사고방식, 이념 등에서 다른 사람이 가질 수 있는 자유 및 행동에서의 자유를 존중한다는 의미에 가깝다. 그것은 일면 다름의 인정과 공존의 측면에서 해석해 볼 수 있겠지만, 필자는 그보다는 여러 다양한 주체들의 소통을 위한 토론과 설득의 상호작용성에 초점을 둔 것으로 보고자 한다.

되면 다문화시대 사회통합을 위한 인식의 근거와 방향이 보다 선명해질 것이다. 우리가 추구하는 것은 다문화시대의 갈등의 해소와 인정의 방식, 그리고 소통의 확장과 공유된 선(善)의 증대이지, 다문화주의냐 상호문화주의냐 하는 그 자체에 있는 것이 아니기 때문이다.

다문화주의와 상호문화주의는 다문화시대의 사회통합 모델로서 갖는 각각의 역할을 강조하면서 함께 어우러져야 할 패러다임이 되어야 한다. 다문화사회가 추구할 이상은 결국 문화적 다양성의 공존을 통하여 삶의 다양성을 증가시키고, 나아가 문화적 다양성의 제도적 조화를 통하여 보다 행복한 삶을 실현시키는 데 있기 때문이다.

Ⅱ. 상호문화성의 의미와 역사성

1. 상호문화성과 상호문화주의

일반적으로 상호문화주의는 사회내 존재하는 다문화적 사실에 대한 인정을 넘어 상이한 문화들 사이(inter-)의 대화와 상호작용을 강조하는 교류의 철학이다.[6] 하지만, 그 범주에 대한 합의나 다문화주의와의 관계에 대한 입장이 정리되어 있는 것은 아니다.

상호문화주의를 이해하는 데는 먼저 상호문화성의 의미에 대한 논의가 필요하다. 물론 입장에 따라 다르기 때문에 상호문화성에 대

6) "Interculturalism", (http://en.wikipedia.org/wiki/Interculturalism, 2018.8.28. 검색)

한 일반적 정의도 내리기는 쉽지 않다. 그러나 상호문화성의 개념과 관련하여 가장 공식적인 정의가 없는 것은 아니다. 2005년 10월 3일부터 21일까지 프랑스 파리에서 개최된 유네스코(UNESCO, 국제연합 교육과학문화기구) 제33차 총회에서 채택된 『문화적 표현의 다양성 보호와 증진 협약』이 있다. 제4조의 여덟 번째 항목에 보면 '상호문화성'은 "다양한 문화의 존재와 문화 간의 형평한 상호작용 그리고 대화와 상호존중을 통한 문화적 표현의 공유 가능성을 말한다"고 정의되어 있다.[7] 여기서의 핵심은 '다양한 문화의 존재를 인정하고 상호작용을 통해 다문화를 공유한다'는 것이다.

인도 태생으로 독일에서 활동하며 상호문화 철학계를 이끌고 있는 람 말(Ram Adhar Mall)은 상호문화성을 "어떤 문화도 전체 인류를 위한 유일한 문화가 될 수 없다는 통찰, 혹은 신념을 뜻한다."고 정의했다. 그는 이어 "상호문화적 정신은 다원주의, 다양성, 차이를 가치로서 인정하지, 통일성의 결핍으로 보지 않는다. … 상호문화적 사유가 함축하는 질서란, 차이 속에서, 차이를 통해서, 차이와 더불어 존재하는 질서이며, 상이한 문화들의 합창을 위한 공간을 만드는 질서이다."라고 덧붙였다.[8] 말이 강조하고자 하는 것은 상호문화성이란 문화의 공존을 넘어 상이한 문화들이 이루어내는 일종의

7) "Records of the General Conference, 33rd session, Paris, 3-21 October 2005", p.87. (http://unesdoc.unesco.org/images/0014/001428/142825e.pdf, 2014.11.20. 검색) 원문은 "'Interculturality' refers to the existence and equitable interaction of diverse cultures and the possibility of generating shared cultural expressions through dialogue and mutual respect."이다.

8) 최현덕(2009), pp.310-311. 말을 포함해 상호문화 철학을 소개한 최근의 번역서로는 Bickmann, Mall 외(2010) 참조.

공간이라는 점이다.

상호문화성이 추구하는 바는 다문화성의 의미와 비교해보면 보다 구체적으로 알 수 있다. 다문화성이 여러 문화의 존재 자체의 공존을 인정하는 개념이라면, 상호문화성은 문화간 상호작용 자체를 표현하는 개념이다. 자연히 다문화성은 다문화적 현상에 대한 관용적 기술에 초점을 두면서 이면에 극단적 상대주의의 위험성을 안고 있다면, 상호문화성은 서로의 관계성에 초점을 두고 서로의 경계를 넘어서서 변화된 새로운 현실을 추구하려는 적극성과 당위성을 내포하고 있다고 하겠다.[9]

이상에서 언급한 상호문화성의 의미를 통해서 상호문화주의는 여러 문화의 자연스러운 공존을 넘어 문화 간의 인정과 접촉을 통해 공유하는 공통된 문화를 만들어내려는 접근이라고 정리할 수 있다.

2. 상호문화주의의 역사성

상호문화주의는 1990년대 후반 다문화주의의 한계를 극복하려는 대안적 담론으로 제기되었다. 1990년대에 들어서면서 다문화주의는 여러 비판에 직면했다. 소수 문화들이 사회에서 오히려 고립되는 결과를 가져왔다거나 공동체내 다수의 권리를 침해하고 사회를 분열시킨다는 주장들이 제기되었다. 상호문화주의는 이런 비판에 대한 응답이었다. 기본적으로는 '인정의 정치'나 '재분배의 정치'를[10]

9) 최현덕(2009), pp.309-310. 최현덕은 평등한 상호관계의 지향, 만남, 역동적인 상호작용을 상호문화성 개념의 세 가지 구성 요소로 들고 있다. 최현덕(2009), pp.314-317.

넘어 서로 다른 문화들 사이의 관계와 그 관계의 결과를 상호작용의 측면에서 강조하려는 입장이었다. 상호문화주의자들은 상호작용을 문화와 정체성의 핵심요소로 보았으며, 문화도 문화간 상호작용으로 변화되는 실체로 간주했다. 상호문화주의는 주로 유럽에서 특히 독일의 철학계와 프랑스, 벨기에, 캐나다 퀘벡주 등 불어권 사회에서 보다 활발히 논의되었다.

상호문화주의 등장의 배경을 좀 더 거슬러 올라가보면 대체로 프랑스의 공화주의 모델이 보여준 공로의 이면에서 나타났던 그림자에 대한 대안으로서의 의미가 있었다. 프랑스는 제3공화국을 거치면서 공화주의를 공고화했지만, 국민국가의 통일성 아래 사회내 다양한 차이를 지닌 개인과 집단들을 '덕성스러운 시민'으로 통합해가는 이면에서 동화주의적인 우려를 야기했던 것이다.[11]

---

10) 캐나다의 철학자 찰스 테일러(Charles Taylor)는 다수집단이 소수집단을 동등한 가치를 지닌 집단으로 인정하는 인정의 정치(the politics of recognition)가 다문화주의라고 설명했다. 하지만, 그가 말한 인정의 정치란 그의 표현처럼 단순히 인정하는 수준으로 한정된 것은 아니다. 다수집단이 소수집단의 문화가 존속하도록 적극적인 조치를 취하는 것을 포함한다. Charles Taylor, "The Politics of Recognition", Amy Gutmann, ed., *Multiculturalism and the 'Politics of Recognition'* (Princeton: Princeton University Press, 1992), pp.25-73. 미국의 여성 정치철학자 낸시 프레이저(Nancy Fraser)는 근본적인 정의의 문제를 강조하기 위한 분석적 차원에서 재분배와 인정의 정치를 강조하였다. 그녀는 재분배의 정치는 사회의 경제구조에 박혀 있는 사회경제적 부정의에 초점을 맞추며, 인정의 정치는 표현, 해석, 의사소통의 사회적 양식에 박혀 있는 문화적 부정의에 초점을 둔다. 이 두 가지는 현실에서는 분리되지 않고 서로 교차하면서 작동한다. 실제로 많은 문화적 소수자들은 사회경제적 신분 때문뿐만 아니라 그들의 문화적 정체성에 대한 차별로 인해 사회적 소외감을 느끼는 것이다. Nancy Fraser & Axel Honneth, eds., *Redistribution or Recognition?: A Political-Philosophical Exchange* (New York: Verso, 2003), 이 책의 번역본은 낸시 프레이저·악셀 호네트, 김원식·문성훈 옮김, 『분배냐, 인정이냐?: 정치철학적 논쟁』(고양: 사월의책, 2014), pp.21-167.

11) 프랑스의 공화주의 모델에 관해서는 홍태영, "프랑스 공화주의 모델의 형성: 제3

1990년대 이후 상호문화주의를 이론적으로 정교화하는 데는 비쿠 파레크(Bhikhu Parekh), 아브타 브라(Avtar Brah), 아마티아 센(Amartya Sen) 등의 기여가 컸다.[12] 인도 태생으로 영국에서 활동하고 있는 정치이론가 파레크는 상호적 다문화주의(interactive multi-culturalism)를 다문화사회가 추구해야 할 방향으로 설정했다. 그러나 그가 강조하고자 하는 초점은 다문화주의의 확장에 있었다는 점에 유의해야 한다. 그는 다문화주의가 단지 문화들의 병렬적 수용의 단계를 넘어 다양한 문화들 간의 상호작용을 통해 공통의 문화를 형성해가는 융합 또는 통합과정으로 나아가야 한다는 점을 강조했다.[13]

인종, 성, 종족 정체성 연구에서 저명한 브라의 경우는 상호적 관점에서 이주공간을 재개념화했다. 그녀는 이주공간이 이주민 집단의 거주로부터 시작되지만, 동시에 이주공간은 해당 지역의 토착민과 그 후손들에 의해 공동으로 만들어지는 공간이라고 보았다. 브라는 원주민이 이주민이 되고 이주민이 원주민이 되는 공간이 바로 이주공간이라고 보면서 이주공간에서의 상호성에 주목했다.[14]

공화국과 민주주의의 공고화(1885-1940)", 한국정치학회, 『한국정치학회보』, 제39집 3호 (2005), pp.59-81.

12) 김태원(2012), pp.190-197.

13) Bhikhu Parekh, *Rethinking Multiculturalism: Cultural Diversity and Political Theory* (Cambridge: Harvard University Press, 2000); ___, "Multiculturalism", J. Baggini and J. Strangroom, eds., *What more philosophers think* (London: Sage, 2007), p.46.

14) Avtar Brah, *Cartograhies of Diaspora: Contesting Identities* (New York: Routledge, 1996). 이러한 공간적 관점에서 우리 사회의 다문화 공간을 연구한 단행본으로는 정병호・송도영 엮음, 『한국의 다문화 공간: 우리 사회 다문화 이주민들의 삶의 공간을 찾아서』 (서울: 현암사, 2011); 최병두 외 3인, 『지구・지방화와 다문화

인도 출신의 경제학자로서 1998년에 노벨경제학상을 아시아인 최초로 수상한 센은 국가, 인종, 종교 등의 구체적인 정체성을 '단일한 소속'으로 가정해버리는 특정 이념이나 문화 분류와 같은 이분법적인 시스템을 비판했다. 그는 집단 내면의 다양성이나 인간관계의 역사성에 관심을 두어야 한다고 보았다. 센은 정체성 간의 충돌을 피하기 위해서 우선 순위를 두고 정체성들을 선택할 수 있으며, 공동의 정체성을 형성해갈 수 있는 자유가 보장되어야 한다고 강조했다.[15)]

이상에서 보듯이, 대체로 상호문화주의자들은 단일한 문화 정체성으로 인한 편견을 경계하고 문화간 상호작용을 통해 공동의 정체성을 이루어내는 데 초점을 두고 있다.

최근의 상호문화주의는 대체로 불어권 사회에서 빈번히 언급되고 있지만, 상호문화주의의 역사는 훨씬 이전의 독일 철학이나 프랑스혁명의 영향에서 찾을 수 있다. 그것이 바로 상호문화주의가 북미보다는 유럽에서 활발히 논의되는 이유이기도 하다.

상호문화에 관한 철학적 개념은 20세기 초 독일의 유대계 사회학자 게오르그 짐멜(Georg Simmel)에 의해 이루어졌다. 그는 19세기 말, 20세기 초 유럽과 아메리카의 이주 흐름을 보면서, 이방인의 유입과 정착은 사회적 필연성을 갖는다고 주장했다. 그는 근대 자본주의가 형성되고 제국주의 시대를 지나면서 산업의 분업과 생산물

공간: 다문화 사회로의 원활한 전환을 위한 '공간적' 접근』 (서울: 푸른길, 2011) 참조.

15) Amartya Sen, *Identity and violence: The illusion of destiny* (New York: W. W. Norton and Company, 2006).

의 교환이 사회의 존속을 위한 세계적인 현상이 되었다고 보았다. 이방인의 이동은 분업과 교환을 위해 불가피한 특성을 지니게 되었다고 본 것이다. 이러한 전제 아래 자연히 짐멜은 함께 살아가야 할 존재로서 이방인을 인식할 것을 촉구했다. 그에게 이방인은 '오늘 와서 내일 떠나는 방랑자가 아닌, 오늘 와서 내일 머무르는 자'였다.[16] 짐멜은 이방인을 단순히 머무는 자가 아닌 일상의 공간을 공유하는 타자이자, 동시에 문화적 혼융을 이루고 새로운 가치와 초국가적인 공간을 만들어내는 당사자라고 보았던 것이다.

짐멜의 이방인 인식에 기초한 상호문화주의 연구가 정작 독일 학계에서 발전하게 된 것은 1970년대 이후였다. 이방인에 관한 짐멜의 인식론이 제도와 정책으로 이어지기 시작한 것은 1920년대 미국에서였다. 그것은 20세기 초 나치의 박해를 피해 미국으로 이주한 독일 출신 유대계 지식인들의 덕이 컸다. 예컨대, 1924~1945년 동안 활동했던 미국의 상호문화교육국(Bureau of Intercultural Education)은 기존의 동화주의 문화정책을 대체하기 위해 설립되었다. 당시 이주민들은 단순히 정착사회에 머무는 것이 아니라 자신이 가지고 있던 관계망을 통해 모국뿐만 아니라 다른 지역동포들과도 관계를 발전시켜가고 있었다. 상호문화교육국은 짐멜의 인식을 정책적 기초로 삼고 이주민 네크워크가 만들어내고 있던, 국가경계를 뛰어 넘는 상호작용에 주목했던 것이다.[17]

1970년대 이후 상호문화주의가 다시 독일에서 발전하게 된 것

16) 박영자(2012), pp.305-306.

17) 박영자(2012), pp.306-307.

은 당시 유럽사회의 현안이었던 이주노동자의 사회통합문제 때문이었다. 상호문화주의는 사회통합을 위한 시민운동의 성격을 띠면서 유럽사회로 확산되었고, 그 방법으로서는 접촉, 대화, 상호작용 등이 강조되었다. 유럽위원회는 1980년대부터 유럽인들이 서로의 차이를 인정하고 공존할 수 있도록 하는 교육프로그램을 꾸준히 만들어 회원국에게 권장하고 있다. 상호문화주의는 1990년대 이후 위르겐 하버마스(Jürgen Habermas)의 의사소통이론과 공론장 개념, 울리히 백(Ulrich Beck)의 위험사회와 세계시민성 개념 등과 어우러지면서 실천성이 강조되고 있다.[18)]

프랑스를 비롯한 불어권 사회에서 상호문화주의가 강조되면서 자연히 북미 다문화정책의 근간이었던 다문화주의는 표방된 적이 거의 없다. 그렇게 된 데는 1789년의 프랑스혁명과 그로 인해 만들어진 '인간과 시민의 권리선언'(인권선언)과 같은 역사적 전통에서 비롯된 관용성이 깔려 있었던 이유도 있다. 프랑스인들은 인권 존중의 틀 안에서 이미 차이에 대한 인정과 관용을 전제한 것으로 보며, 평등과 자유의 원칙 아래 차이에 대한 특별한 지위나 권리를 공적으로 인정하지 않는 것이다. 법적인 특권을 부여하지 않고 문화적 다양성을 최대한 인정하고 존중하면서 상호성을 갖겠다는 의도이다. 이러한 입장의 프랑스는 상호문화적 접근으로서 비종교성의 공적 견지와 외국어로서의 프랑스어 교육을 강조하고 있는 것이다.[19)]

연방 차원에서는 다문화주의를 표방하고 있지만, 캐나다 퀘벡주

18) 박영자(2012), pp.307-308.

19) 김정숙, "프랑스의 '상호문화주의'에 대한 소고", 국제한국언어문화학회, 『한국언어문화학』, 제9권 2호 (2012), pp.81-88.

는 프랑스식의 공화주의 통합모델에 가까운 상호문화주의를 추구하고 있다. 퀘벡 주정부는 소수 이주민 집단의 종교와 인종에 대한 차별을 금지시키고, '국가가 종교로부터 간섭을 받지 않는'(freedom from religion) 세속주의의 기조 아래 공교육 현장과 같은 공적 영역에서의 종교적 특수성 표출을 허용하지 않고 있다.[20] 동시에 퀘벡 주정부는 연방정부의 이중언어주의(bilingualism)를 거부하고, 불어를 매개로 한 불어 사용자 중심적인 사회 정체성 유지를 추구하고 있다. 퀘백주의 상호문화주의는 공적 영역의 세속화라는 기조 아래 불어를 매개로 한 상호작용을 통해 새로운 공통의 정체성으로서의 '세속적 퀘벡인'을 만들고자 하는 것이다.[21]

상호문화주의를 실행하고 있는 프랑스를 비롯한 불어권 사회의 기본적인 접근방식은 서유럽 전체의 구상이라고 보아도 무방하다. 하지만, 프랑스나 캐나다 퀘벡주가 추진하고 있는 상호문화주의는 'inter-'라는 상호성을 표현하고 있지만, 실제에 있어서는 프랑스의 공화주의 통합모델에 가까와 또다른 '일방' 문화로 선회할 가능성이 큰 것으로 지적되기도 한다.[22] 캐나다 퀘벡주의 경우도, 스스로가 캐나다 연방으로부터 프랑스계 정체성을 인정받기를 원하듯이, 퀘벡 내 소수 문화집단의 정체성을 인정부터하는 방향으로 문화적 다양성 관리방식을 바꾸어야 한다는 지적을 받는다. 그렇지 않으면, 의

20) 김경학, "퀘벡 '상호문화주의'의 문화적 다양성 관리의 한계: 시크 '키르판' 착용 논쟁을 중심으로", 전남대학교 5.18연구소, 『민주주의와 인권』, 제10권 3호(2010), p.481.

21) 김경학(2010), pp.477-485, 498 각주32.

22) 김정숙(2012), pp.89-90.

도와 달리 더욱 급진적인 종교 정체성을 지닌 소수집단을 양산해내는 결과를 초래할 수 있다는 것이다.[23)]

다문화주의와의 논란 속에서 상호문화주의는 단순히 문화의 차이와 다양성을 인정할 뿐만 아니라 이방문화를 적극 포용하겠다는 윤리적·실천적 의지가 없으면 상호문화성을 이루어갈 수 없다는 지적도 받고 있다.[24)] 유럽에서의 최근 상호문화주의적 구상과 활동에 대한 한계를 표명한 주요 국가 정상들의 주장이나,[25)] 유럽사회내 극우 민족주의의 부상 등과 맞물려 상호문화주의는 진로가 그 어느 때보다 주목되고 있다.

---

23) 김경학(2010), pp.498-499.

24) 박인철, "상호문화성과 윤리: 후설 현상학을 중심으로", 한국철학회, 『哲學』, 제103집 (2010), pp.129-157.

25) 2010년 10월 앙겔라 메르켈(Angela Merkel) 독일 총리는 집권 기독민주당(CDU) 청년당원 모임에서 "다양한 문화적 배경의 사람들이 더불어 사는 다문화 구상이 작동하지 않는다. 독일내 이주민들은 독일어를 배우는 등 사회통합에 더 노력해야 한다."고 강조했다. 2011년 2월 데이비드 캐머런(David Cameron) 영국 총리는 독일 뮌헨에서 열린 국제안보회의에서 "그동안 서구적 가치를 거부하는 민족적 혹은 종교적 소수집단에 대해 '불접촉 관용'(hands-off tolerance) 정책을 써왔지만 이런 정책은 실패했다."고 말했다. 2011년 2월 니콜라 사르코지(Nicolas Sarkozy) 프랑스 대통령은 프랑스 최대 민영방송 TFI와의 인터뷰에서 다문화주의의 실패를 언급하며, "프랑스로 왔다면 한 사회에 녹아드는 것을 받아들여야 한다. 만약 그것을 받아들일 수 없다면 프랑스에서 환영받을 수 없다."고 표현했다. 『한겨레』, 2010.10.18.; 『조선일보』, 2011.2.6.; 『문화일보』, 2011.2.11. 이에 대해 토르비요른 야글란(Thorbjørn Jagland) 유럽회의 사무총장은 파이낸셜타임스(FT)와의 인터뷰에서 "다문화주의탓에 국가안에서 '별개사회'(parallel society)들이 성장하고 있다."면서 "이를 당장 중지해야 한다. 일부 별개사회는 위험하고 급진적인 생각들을 전개하고 있다."며 다문화 실패론에 기본적으로 동의했다. 그러면서도 그는 문화적 다양성과 다문화주의를 혼동하지 않도록 조심해야겠지만 사회통합에 필요한 것들에 더 관심을 기울여야 한다고 강조했다. 연합뉴스, 2011.2.17. 여기서 주의할 것은 유럽 지도자들이 사용하고 있는 '다문화'의 의미이다. 이는 북미에서 실시하고 있는 '정책'으로서의 의미 보다는 단순히 '여러 문화'라는 의미로 받아들여야 할 것이다. 김정숙(2012), p.88 각주4.

Ⅲ. 상호문화주의의 원리

상호문화주의는 문화간 상호작용을 통해 공유하는 공통된 정체성을 이루어내려는 사회통합 패러다임이다. 물론 이때의 사회통합은 과거에 말하던 획일적이거나 단일적인 의미의 통합은 아니다. 상호문화주의에는 프랑스혁명과 인권선언의 전통에 기반하여 다양한 문화를 가질 권리와 자유를 보장하는 똘레랑스적 상호소통성을 강조하는, 그를 통해 다양성의 자유를 보장하려는 유럽사회의 지적 전통이 깔려있다. 자연히 상호문화주의는 현상학적 이해를 바탕으로 한 상호작용과 문화성을 인식적 근거로 삼게 되었으며, 보편성과 동시에 개별성을 강조하고 문화의 결정주의를 탈피하며 비교연구의 위험을 경계하는 접근방식의 원리를 갖게 되었다. 아래에서는 상호문화주의의 기반이 되는 인식적 근거와 접근방식의 원리를 살펴본다.

1. 인식적 근거

가. 현상학적 시각

상호문화주의의 인식적 근거로는 우선 현상학적 시각을 들어야 한다. 그것은 상호문화주의적 접근방식이 객관주의적 접근이나 구조주의적 관점이 아닌 주체적 접근에 기초하고 있기 때문이다.[26] 여기서 주체적 접근이란 구성원들을 자유로우면서도 책임감 있는 비

26) 압달라-프렛세이(2010), pp.70-73.

슷한 사람들로 구성된 공동체에 속한 주체로 먼저 인정한다는 의미이다.

주지하다시피 현상학적 시각은 오스트리아 태생의 독일 철학자 에드문트 후설(Edmund Husserl)의 슬로건인 '사상(事象) 그 자체로'(zur sache selbst)를 표방한다. 이는 기존의 개념적 전제에서 벗어나 그 현상을 충실히 기술하려는 시도를 의미한다.

현상학적 시각에서 보면, 상호문화주의가 가장 배격하는 것은 문화중심주의라고 할 수 있다. 정확히 말하면 문화중심주의가 가져오는 개념적 전제를 경계한다. 그 대신 상호문화주의는 구성원 사이의 문화적 현상과 문화간 관계에 초점을 둔다.[27] 문화나 문화간 현상 그 자체에 주목하려는 것이다.

사실 문화중심주의는 근본적으로 보면, 모든 것을 하나의 큰 전체로 묶어내려는 시도나 혹은 모든 것을 수직적인 우열(優劣)의 발전 단계로 설정하려는 이념들에 기초한다. 자연히 자기문화중심주의나 자기문화우월주의로 확대될 소지가 많게 된다. 그렇게 되면, 여러 문화와의 만남에서 볼 수 있는 다양한 문화의 생동성과 구체성에 주목할 수 없게 된다.[28]

현상학적 시각으로 보면 문화라는 것은 구성원들의 행동을 결정짓는다거나 또는 구성원들을 객관적으로 볼 수 있도록 하는 특정한 사회적 실체가 아니다. 상호문화주의에서 문화는 현상에 기초해서 그 의미를 재구성해야 하는 대상이 된다. 이런 이유로 상호문화

27) 최재식, "상호문화성의 현상학: 문화중심주의를 넘어 상호문화성으로", 한국현상학회, 『철학과 현상학 연구』, 제30집 (2006), pp.1-4.

28) 최재식(2006), pp.9-12.

주의는 타인과의 관계를 현상적으로 관찰하고 규명하면서 구성해가는 '존재학'에 가깝다고 비유되기도 한다.[29]

정리하면, 현상학적 시각에 기반해 상호문화주의는 둘 이상의 문화가 만나서 형성되는 '사이의' 영역과 거기에서 나타나는 현상에 주목한다. 사이의 영역은 그 어떤 특정한 중심주의로는 유지되기가 어렵다. 사이의 영역에서는 서로가 관계를 맺으면서 서로에게 열려진 자기 동일성이 기본으로 전제된다. 나아가 이를 바탕으로 상이한 문화들 사이에서의 수직적 관계가 아닌 수평적 혹은 방계적 관계들로 연결되는 관계망의 형성이라는 새로운 현상이 나타나게 된다.[30]

나. 상호작용의 관계성

상호문화주의는 인식적으로 현상학적 시각과 함께 상호작용의 관계성을 중요하게 전제한다. 관계성이라는 표현처럼 상호작용에서 초점은 개인이나 문화 그 자체가 아니라 그 관계에 있다. 사실 모든 행위는 의식하는지의 여부에 상관없이 이미 관계에 기초한 상호작용의 조직망 속에서 이루어진다고 볼 수 있다. 바로 그 관계성에 기초할 때, 타인과 자신이 맺고 있는 상호적 관계 그 자체에 주목할 수 있게 된다. 나아가 문화적 차이도 고정된 속성에서 비롯된 그 무엇으로 보거나 혹은 객관적으로 이미 주어진 그 무엇으로 보지 않고, 서로 의미를 부여하는 실체 간의 역동적인 관계성으로 보게 된다. 한 걸음 더 나아가 문화적 차이를 상호작용의 관계성이라는 시각으

29) 압달라-프렛세이(2010), p.73.

30) 최재식(2006), p.4.

로 보게 된다면, 상호작용이라는 개념은 문화와 문화적 정체성을 정의하는 핵심 개념이 되는 것이다.31)

상호작용의 초점이 관계에 있다면, 관계에서의 초점은 의사소통의 창구라고 할 수 있는 대화에 있다. 대화는 일종의 통로로서, 서로가 만나 상대를 통해 자기를 인식하고 또 상대를 인식하면서, 또 서로에게 영향을 미치면서, 서로의 변화를 이루도록 하는 역할을 한다. 대화는 상호문화주의가 자칫 위험한 상대주의에 빠지지 않도록 해주는 구실도 한다. 몰론 상호문화주의적인 대화를 위해서는 유의해야 할 것들이 많다. 우선은, 지위에서의 동등성이 필요하다. 다음은 대화의 결과에 대한 열려있는 태도가 전제되어야 한다. 상대를 보다 잘 이해하기 위해 언어나 토론 이외의 대화 수단도 고려되어야 한다. 기본적으로는 상대방에 대한 기대를 갖고 대화에 임하는 것도 필요하다.32)

이 가운데 지위에서의 동등성은 무엇보다 중요하다. 대화상대자 간의 동등성이 전제되지 않는다면, 대화가 일방의 이해관계를 관철시키는 수단으로 변질될 가능성이 클 것이다. 대화의 동등성을 위해서는 대화하기 이전에 대화상대자 간에 가지고 있는 편견을 줄이도록 노력해야 한다.33) 대화 자체가 반드시 편견을 줄여주지는 않는다는 점에서 대화 이전의 노력은 대화를 성공적으로 수행하기 위한 하나의 시도가 되어야 한다. 대화가 편견을 강화시키지 않도록 편견

31) 압달라-프렛세이(2010), pp.73-76.

32) 최현덕(2009), pp.315-316.

33) 압달라-프렛세이(2010), p.140.

의 개념과 자기 고유의 편견에 대해서 알아보는 것도 필요하다.

지위에서의 동등성 못지 않게 개방성도 대화에서 중요하다. 개방성을 전제로 한 대화는 문화적 갈등에서 비롯되는 여러 가지 사회적 문제들을 효과적으로 다룰 수 있게 해준다. 때문에 상호문화주의는 기본적으로 문화집단 간의 대화 이전에 개인 간의 대화를 통해 다양한 문화들을 활발하게 변화시키고 발전시킬 수 있다고 보는 것이다.[34]

이러한 맥락에서 프랑스의 사회학자 질 베르분트(Gilles Verbunt)는 모든 상호문화적 의사소통에서 고려해야 할 영역들을 보다 확장한다. 그는 언어문제, 가치체계, 시간관리, 공간지각, 신체, 감각, 사고방식, 사회구조, 역사와 고정관념 등처럼 다양한 영역으로 구분해 인식할 것을 지적한다.[35]

다. 문화성에 대한 이해

상호문화주의적 원리에서 또한 중요한 것은 문화성에 대한 이해이다. 상호문화주의가 문화에 대한 규범적 접근 보다는 해당 맥락과 해석에 주목하기 때문이다.[36] 문화의 속성은 고정되고 격리된 특성이나 구조가 아니다. 문화는 고유한 실체라기 보다는 해당 맥락에서, 또한 다른 것들과의 관계에서의 해석을 통해 파악되어야 하는

34) F. Sze and D. Powell, eds, *Interculturalism: Exploring Critical Issues* (Oxford: Interdisciplinary Press, 2004).

35) 질 베르분트, 장한업 역, 『인간의 다양성을 존중하는 상호문화사회』 (파주: 교육과학사, 2012), pp.117-221.

36) 압달라-프렛세이(2010), pp.16-17.

대상이다. 문화는 그 자체의 특성으로 보기보다는 문화가 처한 상황이나 관계에 따라 정의되어야 한다.

전통 사회에서 문화가 일종의 규범이나 기초였다면, 현대 사회일수록 문화는 관계와의 맥락이라는 일종의 상황과 관련된 역동적 징후로 이해해야 한다. 그것은 문화를 구성하고 있는 요소들 간의 상호작용에 의해 문화현상이 설명되어야 한다는 입장을 제기한 미국의 인류학자 레슬리 화이트(Leslie A. White)[37] 이래 부각되는 논지이기도 하다. 이렇게 보면, 문화적 특성 역시 그것이 관련된 맥락을 떠나서는 별다른 의미가 없게 된다. 문화적 특성은 어떠한 의미가 만들어지고 소비되는 기호학적 차원에서도 다루어질 수 있게 된다.[38]

이렇게 과정과 역동성에 초점을 두고 문화를 보기 때문에 상호문화주의는 문화 보다는 문화성에 보다 집중하는 것이다. 문화성은 동시에 '문화적 전체성'을 의미하기도 한다.[39] 그것은 문화를 마치 실체처럼 여기게 만드는 일종의 문화주의 혹은 문화적 보존주의에서 벗어나 문화적 특징이 일상생활의 의사소통, 상호작용 등에서 어떻게 사용되고 또 취급되고 있는가 하는 것이 중요하다는 뜻이다.

따라서 문화성은 단순한 문화의 서술이 아니다. 문화성은 개인이나 집단 사이에 일어나고 있는 양식을 분석하고 문화의 의사소통

37) 저서로는 Leslie A. White, 이문웅 역, 『문화과학: 인간과 문명의 연구』 (서울: 아카넷, 2002); ___, *The Evolution of Culture: the development of civilization to the fall of Rome* (New York: McGraw-Hill, 1959); Leslie A. White & Beth Dillingham, *The Concept of Culture* (Minnesota: Burgess Publishing Company, 1973) 등 참조

38) 압달라-프렛세이(2010), p.25.

39) 압달라-프렛세이(2010), pp.25-28.

적, 사회적인 사용을 분석하는 것이다. 이미 정치, 사회, 교육 등 여러 부분의 사회문제에 개입되어 있는 문화라는 하나의 변수를 이미 부여된 일종의 특징이 아니라 다양한 현상으로서 다가가려는 것이 문화성의 접근이다.

문화성에서 또다른 핵심은 문화변용(acculturation)이다. 문화변용이란 "상이한 문화를 가진 집단이나 개인이 하나 또는 두 집단의 고유한 문화 모형에서 일어나는 변화와 지속적으로 그리고 직접적으로 접촉한 결과 생기는 일련의 현상들"을 의미한다. 다시말해 "문화적 근원이 다른 사람들 간의 지속적이고 직접적인 접촉의 결과로 일어나는 변화"인 것이다.[40] 고전이 된 이러한 정의에 따르면, 문화변용은 문화변화(cultural changes)의 여러 측면 중 하나이기 때문에 문화변화와 구별된다. 문화변용은 동화(assimilation)와도 구별된다. 동화는 문화변용의 여러 단계 중 하나이다.

문화변용에 관한 현대적 접근의 기틀을 마련한 캐나다의 문화심리학자인 존 베리(John W. Berry)는 문화변용을 네 가지 유형으로 구분한 바 있다. 그것은 동화(Assimilation), 분리(Separation), 통합(Integration), 주변화(Marginalization)이다.[41] 베리의 관점으로 보면, 문화변용은 특정한 이주민들만이 아닌 상이한 방식과 환경에 따라 모든 사람이 경험하게 되는 과정이 된다. 자연히 문화변용은 다양하게 해석되고 또 재해석될 수 있다. 이런 의미에서 문화변용은 정상

40) Robert Redfield, Ralph Linton, Melville J. Herskovits, "Memorandum for The Study of Acculturation", *American Anthropologist,* 38 (1936), pp.149-152.

41) John W. Berry, "Immigration, Acculturation, and Adaptation", *Applied Psychology: An International Review,* 46-1 (1997), pp.5-34.

적인 역동성의 과정이지 문화의 퇴화과정이라고 할 수 없다. 문화의 만남과 상호작용, 변화와 상호변용 등은 상호문화주의의 중요한 인식적 근거이다.

2. 접근방식의 원리

이상에서 상호문화주의의 인식적 근거로서 현상학적 이해와 상호작용의 관계성, 그리고 문화성에 대한 이해 등을 들었다. 이러한 근거를 바탕으로 상호문화주의는 다양한 문화를 이해하는 접근방식으로서 보편성과 개별성의 존중, 문화의 결정주의 탈피, 비교연구의 위험 경계 등을 중시한다.

가. 보편성과 개별성의 존중

문화간 보편성과 개별성을 존중하는 원리는 상호문화주의적 접근을 위해 무엇보다 전제되어야 한다.[42] 문화의 특수성을 정의하려는 노력이 문화주의자에 가깝다면, 문화의 보편성을 정의하려는 노력은 상호문화주의자에 가깝다. 그것은 상호문화주의가 특수성에서 야기되는 차이 보다는 상호 간의 이질성에 먼저 주목하기 때문이다. 문화의 특수성에 기반한 특징화는 자칫 차별화된 의식을 낳기도 하며, 다른 사람들 모두를 일반화해버릴 가능성이 있다. 반면 상호 간의 문화적 이질성을 이해하려는 노력은 도리어 문화간 보편성을 찾아낼 수 있다.

42) 압달라-프렛세이(2010), pp.76-78.

이러한 의미에서 상호문화주의가 초점을 두는 것은 문화의 특성이 아니라 문화를 보는 사람들의 방식이나 표현 그 자체인 것이다. 물론 문화의 보편성은 그 자체로 존재하지 않으며, 특수성과 계속되는 긴장관계 속에서 찾아질 것이다.

문화의 보편성을 정의하기 위해 동시에 존중할 것은 문화가 지닌 개별성이다. 보편성은 분명 다양한 것으로부터 비롯된다. 단일한 것에서 보편성을 찾을 수는 없다. 유념할 것은 다양성이 자칫 차이로 변질될 수 있으며, 보편성이 자칫 일반성으로 왜곡될 수 있다는 점이다. 개별성의 원리는 차이가 자칫 우월관계로 빠지지 않도록 하며, 보편성이 문화간 상호성에 기반하여 일반성으로 흐르지 않도록 해줄 것이다.

나. 문화의 결정주의 탈피

상호문화주의적 접근은 문화를 내부로부터 이해하려는 노력이다. 이는 어떤 상황을 특징화하고 유형화하기 위해 문화를 도구적 논리로 사용하지 않으며, 대신 어떤 관계를 보여주는 맥락에 의해 문화를 정의하는 방식이다. 때문에 상호문화주의적 접근은 정치·경제·사회적 요인과 같은 구조적 요인이 개인 또는 집단의 행위에 미치는 영향을 무시하지 않으면서도 문화적 결정주의를 탈피해야 하는 것이다.[43]

문화적 결정주의에 빠지지 않기 위해서 상호문화주의는 "문화적 부호(code)를 문화적 소속의 기호(sign)로 해석하지 않도록 주의"

43) 압달라-프렛세이(2010), pp.78-81.

해야 한다.[44] 오히려 문화의 도움을 받아 관계의 상태가 드러나도록 해야 한다. 상호문화주의가 보는 문화는 사람들에 의해 연결되고 정치·경제·역사 등에 의해 특정 공간과 시간 속에서 현실화되는 것이다. 자연히 상호문화주의는 문화적 다양성을 여러 다원주의의 총합이 아니라 다차원성을 지닌 하나의 과정으로 이해하게 된다. 상호문화주의적 접근은 의미, 인과관계, 관점의 다원성 등을 상황적이고 보완주의적 관점에서 추구하게 되는 것이다.

다. 비교연구의 위험 경계

상호문화주의적 접근을 위해서는 비교연구가 지닌 가치와 한계를 인식하는 것이 필요하다.[45] 일반적으로 비교연구는 새로운 발견으로 이끌어주는 가치가 있다. 여러 가지 문화적 사실들을 비교해봄으로써 숨겨져 있던 특수성을 드러낼 수 있기 때문이다. 방법론적으로도 비교연구는 기존 사실들에 관한 새로운 질문이나 해석을 가능하게 해준다.

비교연구는 이런 의미에서 문화 간의 새로운 논리적 사고를 이끌어내는 또하나의 방법이 된다. 하지만, 비교연구가 대체로 문화주의자의 논리에 가깝다는 점에서 상호문화주의적 접근에서는 경계해야 하는 위험성도 분명히 있다. 비교연구는 자칫 여러 사실들을 미리 정해둔 범주에 따라 분리하여 나열하게 되는 잘못을 범하는 경우도 있다. 비교연구는 성급한 일반화를 정당화하기도 하며, 일반화를

44) 압달라-프렛세이(2010), pp.81-84.

45) 압달라-프렛세이(2010), pp.84-86.

통한 논리 속에서의 종합평가를 당연시하도록 유도하기도 한다. 그로 인해 비교연구는 차이점과 유사점이라고 하는 구분 속에 인식을 가두어버리게 만들기도 한다. 그렇게 되면, 우리는 주어진 문화적 특성을 통해 거꾸로 구성원들의 행동이나 태도를 설명해보려는 경향으로 빠질 수도 있게 된다.

상호문화주의적 접근을 위해서는 비교연구라는 틀 속에서 쉽게 정답처럼 인식되도록 하는 오류를 경계해야 한다. 그래야 문화간 대화와 소통이 다양화나 통합의 문화변용으로 나아가게 될 것이다.

Ⅳ. 상호문화주의의 과제

상호문화주의의 핵심은 다른 문화에 대한 현상학적 이해, 문화간 상호작용의 관계, 공유가능한 문화성의 창출 등에 있다. 이러한 요소들은 다양한 문화를 적극적으로 이해하고 교류하며 포용하겠다는 윤리적·실천적 의지가 기반이 되지 않으면 사실상 제대로 작동하기 어렵다. 윤리적 실천 의지를 상호문화주의의 과제로 전제하는 것이야말로 다름의 인정과 공존에 주목하는 다문화주의의 대안이 되는 길이다.[46] 여기서는 이러한 의미에서 인간존중의 윤리성, 이질성의 윤리, 공적 영역에서의 종교적 표현의 자유 논쟁을 과제로 생각해본다. 당연하겠지만, 상호문화교육도 상호문화주의가 궁극적으로

46) 박인철(2010), pp.129-157.

고려해야 할 과제이다.

1. 윤리성의 지속적 확장

가. 인간존중의 윤리성

윤리성의 지속적 확장를 위해 우선적으로 고려해야 할 것은 인간존중의 윤리적 가치이다. 문화적 다양성을 가진 사회에서 문화의 병렬적 다름의 인정과 공존은 자칫 개별화된 혹은 대상화된 윤리·도덕적 규범을 양산할 가능성이 크다. 이렇게 양산된 규범은 문화가 서로 다른 집단에 적용되면서 가져올 불일치로 인한 갈등보다는, 보다 근본적으로 인간존중이라는 윤리적 가치의 충돌로 인한 갈등이 생길 여지가 크다. 예컨대 상호간 문화적 대화를 추구할 때, 규범의 적용문제 보다는 문화 속에서 서로 다르게 보고 있는 인간존중에 대한 관점의 차이로 인해 불협화음이 발생하게 되는 경우가 적지 않은 것이다.

때문에 상호문화는 객관적이고 합리적인 윤리성에 기반해야 하며, 그 핵심은 바로 인간존중의 윤리성이 되어야 한다. 그래야 극단의 문화적 다양성 간의 대화에서도 상대의 정체성을 해체시킬 위험성이 적어질 것이며, 대신 사람을 관계와 행동의 중심에 둘 수 있게 될 것이다.[47] 동시에 인간존중에 관한 보편적 가치가 실행되어야 문화상대주의의 함정에서 벗어날 수 있게 될 것이다. 인간존중의 윤리성이 전제되면, 다름의 인정과 공존을 넘어 상호대화와 존중을 통한

47) 압달라-프렛세이(2010), pp.89-91.

소통이 보다 수월해질 것이다. 그것이 상호문화주의가 추구할 방향성이다.

보다 구체적으로 인간존중의 윤리성을 위해 지켜가야 할 것은 인간존중에 대한 지속적인 합의와 일관성이다. 이를 놓치게 되면, 윤리·도덕적 가치론에 관한 기반은 취약해지고, 대신 법·제도적인 도구주의적 논리가 득세할 것이다. 인간존중의 가치에 대한 합의와 일관성을 유지하는 것은 공동의 가치와 소통을 굳건히하는 토대가 되어야 한다. 그래야 '사이'를 강조하는 상호문화성이 원활히 작동할 수 있다.

나. 이질성의 윤리

문화적 다양성의 문제는 자연스레 이질성의 문제를 야기한다. 이질성 문제의 핵심은 그것이 문화에 대한 규범적 접근을 통한 차이의 문제로 전이되지 않도록 하는 데 있다. 대신 문화적 다양성과 보편성의 측면에서 야기된 이질성이 활용되어야 한다. 그런 점에서 이질성의 문제는 윤리성의 문제와 연결되어야 하는 것이다. 그래야 이질성은 차이의 문제가 아니라 다름과 소통의 차원에서 다루어질 것이다. 이를 '이질성의 윤리'라고 표현하기도 한다.[48)]

이질성의 윤리에서 중요한 것은 문화에 대한 지식이 아니라 타인과의 관계 설정을 어떻게 할 것인가이다. 이를 위해 이질성의 윤리는 기본적으로 자신의 논리가 아니라 자신처럼 동등하게 자유와 책임감을 가진 타인의 논리로부터 생각해야 한다. 타인을 타인 자체

48) 압달라-프렛세이(2010), pp.86-89.

로 보아야지 타인이 속한 문화나 소속으로 그 타인을 보지 않는 것이 필요하기 때문이다.

이질성의 윤리가 이런 방식으로 전제된다면, 다양성에 대한 접근은 타인에 대한 존중을 토대로 하면서 타인에 대한 행동이 아닌 타인과의 관계에 주목하게 될 것이다. 이질성의 윤리에 유의하면서 상호문화주의는 다양성을 우월을 가리는 차이의 문제가 아니라 타인을 향한 관계의 문제라는 본질을 놓치지 않아야 한다.

2. 공적 영역에서의 종교적 표현의 자유 논쟁

종교적 정체성을 지키기 위해 소수집단이 공적 영역에서 나타내는 종교적 표현의 자유를 둘러싼 논쟁은 상호문화주의에서 계속 고민해야 할 또다른 과제이다. 캐나다 퀘벡주의 경우, 1960년대 들어 기존의 보수정권 및 반근대적 성격의 성직자들과 다른 젊은 개혁세력에 의한 정치적 자유주의와 경제개혁이 추구되면서 퀘벡사회의 세속화 현상이 빠르게 진행되었다. 종교적 세속화 흐름 속에 공립학교를 포함한 공적 공간에서의 세속주의 원칙은 1990년대 들어서 한층 엄격해지기 시작했다. 공적 공간에서의 세속주의는 종교의 간섭을 받지 않음을 의미했으며, 이에 따라 종교적 가르침과 상징물들은 공교육 현장에서부터 사라졌다. 퀘벡주에서 공교육 현장을 비롯한 공적 영역에서의 종교적 특수성의 표현을 규제하는 것은 프랑스의 모델과 거의 동일했다.[49]

49) 김경학(2010), pp.480-485, 497-499.

프랑스나 캐나다 퀘벡주가 공적 영역에서의 종교적 신념과 양식의 표출을 기본적으로 규제하는 것은 무엇보다 개체주의를 넘어서기 위한 것이다. 혹시 개체주의를 표현하더라도 함께 소통하며 살아간다는 원칙을 유지하는 범위 내에서만 공적 영역에서의 종교적 신념과 양식을 표현하는 자유가 일부 허용된다. 문제는 이것이 표현의 자유와 기본적으로 충돌한다는 점이다.

그러한 충돌은 예컨대, 2001년 퀘벡주에서 일어났던, 의례용 단검인 키르판을 착용하고 공립학교에 등교한 시크교(Sikhism) 소년의 퇴학처리를 둘러싸고 벌어졌던 논쟁에서 볼 수 있다. 소년의 키르판 착용을 반대하는 측은 공립학교가 근대적이고 세속적인 가치를 교육시켜야 한다고 주장했다. 하지만, 2006년 캐나다 대법원은 시크 소년의 종교적 자유를 보장해야 한다고 최종 판결했다. 그럼에도 불구하고 퀘벡인 대다수는 공교육 기관에서의 종교적 상징물 착용에 대해서 여전히 부정적이다. 보다 주목할 것은 공적 영역에서의 종교적 신념과 양식의 표현을 규제하면서 되레 급진적 성향의 종교적 정체성을 만들어내는 일이 발생한다는 점이다. 시크 소년의 키르판 착용 논쟁 이후 시크 정체성은 오히려 보다 강화되었다는 분석도 있다.[50]

프랑스의 경우도, 정교분리원칙에 따라 교내에서 종교와 관련된 일체의 상징물을 착용하지 못하게 하고 있다. 물론 이런 조치는 특정 종교에 대한 탄압이 아니라 모든 종교를 다같이 존중하려는 의도이다. 하지만, 이에 관한 논쟁은 2003~2004년에 이슬람교도의 히잡

50) 이 사례의 자세한 내용은 김경학(2010), pp.473-504.

문제를 둘러싸고 격렬했었다. 논쟁은 2004년 3월, 초 · 중 · 고등학교에서 종교적 소속을 나타내는 표식이나 옷을 착용하지 못하게 규제하는 법으로 일단락되었고, 규제법은 그해 5월 공표된 행정부 지침으로 구체화되었다. 지침을 통해 어떤 종교의 신자인지를 즉시 알아볼 수 있는, 이슬람교도의 히잡(hijab), 키파(kippah), 눈에 띌 만큼 지나치게 큰 십자가 등이 금지되었다.

그러나 이후에도 계속 논란이 되는 본질적인 것은 종교적 표현의 자유 문제이다. 개인을 개체로서 존중하고 평등성을 구현하려는 프랑스의 의도와 달리 특정 종교에 대한 부정적 묘사는 더욱 증가했고, 문화적 차이에 대한 공식적 표현에 대한 관용은 보다 위축되었다. 그러다보니, 특정 종교에 대한 극단적 표현이나 강한 정체성을 갖게 하는 경우도 적지 않게 나타났다. 실제 히잡착용 논쟁이 1989년 시작된 이후 2000년대 와서 적지 않은 무슬림 여학생들이 오히려 자신들의 무슬림 정체성을 보다 강하게 갖게 되었다고 한다.[51] 엄밀히 보면, 이들이 거부하는 것은 프랑스의 문화적 규범일 뿐이지 프랑스의 정치적 · 법적 체계를 거부하는 것은 아닐 것이다.[52]

공적 영역에서의 종교적 표현의 자유를 둘러싼 이러한 모습들은 상호문화주의의 문화적 다양성 관리 방식을 곤경에 빠뜨리곤 한다. 상호문화주의는 상호 대화와 소통을 강조하기 이전에 소수집단

51) 박단, "현대 프랑스 사회의 인종주의-민족전선의 이민정책과 신인종주의", 한국서양사학회, 『서양사론』, 제70호 (2003), pp.60-65.

52) 빠뜨릭 시몽 · 발레리 살라 팔라, "아직 우리가 모두 다문화주의자인 것은 아니다: 강경한 통합과 온화한 차별반대 사이에서 흔들리는 프랑스", Vertovec and Wessendorf(2014), pp.188-192.

의 종교적 정체성을 인정하고 공존하려는 노력부터 시작해야 하는 것은 아닌지 논란 속에 있다.

3. 상호문화교육의 발전

당연하겠지만, 상호문화주의는 교육의 문제를 포괄한다. 상호문화주의가 견지하고 있는 정치 · 경제 · 사회적 대책의 가장 근원적인 모색은 상호문화교육에 있기 때문이다.[53]

상호문화교육은 고유한 특성을 가지고 있는 다양한 문화들이 보편적 가치를 벗어나지 않는다면 가능한 있는 그대로 존중하도록 하는 교육을 해야 한다. 그래야 상호문화주의에서 강조하는 열린 대화와 소통이 수월해진다. 나아가 상호문화교육은 각 문화의 정체성이 우열관계에 있지 않도록 유의하면서 상호교류될 수 있도록 시간과 공간을 만들고 촉진해야 한다. 더 나아가 상호문화교육은 문화간 어울림 속에서 공유되는 새로운 정체성에 주목하고, 이것이 문화간 상승효과로 이어지도록 해야 한다.[54]

이러한 기본적인 역할에 더하여 상호문화교육의 발전을 위한 구체적이면서도 긍정적 교육활동은 계속 모색되어야 할 것이다. 다음의 몇 가지는 교육현장에서 주의해야 할 실천적 과제로 제기된다.[55]

53) 알프레드 홀츠브레허, 정기섭 외4인 옮김, 『상호문화교육의 이해: 교사를 위한 교수-학습방법』 (성남: 북코리아, 2014); 장한업(2014) 등 참조.

54) 압달라-프렛세이(2010), pp.108-109.

55) 압달라-프렛세이(2010), pp.110-112.

첫째, 규범주의적 성향이 남용되지 않도록 해야 한다. 규범 자체는 필요하며 나쁜 것이 아니다. 하지만, 열린 대화와 소통을 위해서는 가급적 규범 보다는 차이에 가치를 부여하는 교육이 중요하다. 다양성은 그 자체의 특성으로 인한 차이에 가치를 부여하는 의미를 담고 있다. 그런 의미에서 다양성은 다원주의와는 달라야 한다. 다원주의는 개인이나 여러 집단이 기본으로 삼는 원칙이나 목적이 서로 다를 수 있다는 점을 인정하는 태도이다. 자칫 다원주의도 일종의 규범이 될 수 있다. 다양성은 단순히 구분되는 여러 개체들의 총합이 되어서는 안된다.

둘째, 온정적 간섭주의도 자제되어야 한다. 온정적 간섭주의는 자칫 상대에게는 동정이나 지시로 받아들여질 수 있다. 상호문화적 활동의 목적은 일종의 경계지대(borderlands)[56]를 만들고, 그속에서 서로 존중하는 관계를 형성하여 서로가 서로에게 건강한 다양성을 배우려는 데 있다. 다양한 교류가 일어나고 관계가 형성되는 절충지대이자, 서로가 주체가 되는 쌍방향적 공간을 의미하는 경계지대에서 온정적 간섭주의는 의도치 않은 오해를 가져올 수 있다.

셋째, 문화가 쉽게 전체 민족화(民族化)로 간주되지 않도록 해야 한다. 상호문화적 활동은 자칫 문화의 내용을 음식, 공예품, 무용, 축제 등처럼 눈에 쉽게 띄는 분야로 한정하여 민족화시킬 수 있다. 그것은 또다른 일반화와 고정화를 초래할 수 있다. 일부 문화가 전체 민족화로 쉽게 단정되면 국민정체성과 같은 자기 규정적 인식

56) Gloria Anzaldua, *Borderlands: The New Mestiza* (San Francisco: Spinsters/Aunt Lute, 1999), p.3.

이 확산될 수 있다.[57] 시대착오적 오류를 범할 가능성도 크며 문화의 역동성을 찾기도 어렵게 된다.

넷째, 비교는 신중하게 이루어져야 한다. 비교는 기존의 고정관념을 고착시키고 오히려 새로운 고정관념을 만들어낼 가능성이 크다. 특히 비교에 의한 이분법적 시각은 불균형을 심화시키고 상대를 사물화해 버리는 위험성이 있다. 고정관념에서 벗어나 정체성을 유동적으로 파악하기 위해서는 다양한 관점에서 상대의 행동과 발달을 파악하는 태도가 길러져야 한다. 비교가 장애물이 되지 않도록 유의해야 한다.

부연하면, 상호문화주의는 주류 문화와 이주민 문화 모두를 대상으로 하는 간(間)문화적 지식을 어떻게 확대할 것인가에 초점을 두어야 한다. 따라서 다른 문화 사이의 관계를 동적인 측면에서 인식하는 것이 필요하다. 동시에 공적 영역에의 참여를 통해 대화와 소통 및 상호이해의 증진을 추구해야 하며, 이를 위해 합리적 대화 능력을 함양해야 한다. 아울러 상호 대화와 소통은 보편적 가치와 같은 건강한 정체성이 기준이 되어야 한다. 정의, 평등, 인권과 같은 보편적 가치를 중심으로 할 때, 소수집단의 권리를 보호하고 다양한 집단의 참여를 더욱 보장할 수 있는 것이다.[58] 상호 대화와 소통은 '다양성과 통일성 간의 정교한 균형과 상호공존'도 놓치지 않아야 한다.[59] 상호문화주의도 궁극적으로는 다문화시대의 문화적 다양성을

57) E. Gellner, *Nations and Nationalism* (Oxford: Blackwell, 1983).

58) A. Gutmann, "Unity and Diversity in Democratic Multicultural Education: Creative and Destructive Tensions", J. A. Banks, ed., *Diversity and Citizenship Education: Global Perspectives* (San Francisco: Jossey-Bass, 2004) 참조.

어떻게 관리하여 다문화주의가 관심갖는 '여럿이 이루어진 하나'(E Pluribus Unum)와 같은 새로운 사회통합성을 추구할 것인가를 고민하는 이념이기 때문이다. 여기서 새로운 사회통합성이란 다양한 관점이나 신념체계, 관심영역 등이 다름의 인정과 공존의 차원을 넘어 상호 열린 대화와 소통을 통해 이루어내는 또다른 차원의 정체성을 말한다.

V. 다문화주의와의 상호보완을 위해

상호문화성이란 개별성을 지닌 개별 문화 사이에 공통된 보편성이 존재한다는 의미를 내포하고 있다. 단순한 문화접촉이나 교류의 차원을 넘어 개별 문화 속에 있는 보편적 특성과 문화 사이에 존재하는 내적 연관성을 드러내는 개념이 상호문화성이다. 따라서 상호문화주의는 보편적이고 공유되는 가치체계와 그 소통에 관한 접근이다. 한 집단의 고유한 문화적 배경을 넘어 다른 문화와의 대화와 소통을 통한 상호작용을 추구하는 시각이 상호문화주의이다.

자연히, 상호문화주의는 개인이나 집단의 특성보다 그들 사이의 상호관계에 주목한다. 상호관계에 주목할 때도 상호주관성의 관점이 중시된다. 상호주관성에 기반하여 서로가 공유하는 새로운 정체

59) James A. Banks, 모경환 외 역, 『다문화교육입문』, 제5판 (파주: 아카데미프레스, 2016), pp.49-52.

성을 찾아내고, 그것을 통해 서로에게 다양성이 힘이 되도록 한다. 따라서 상호문화주의의 요체는 의사소통에 있다. 원활한 의사소통을 위해서는 개방성, 지위에서의 동등성, 대화 결과에 대해 열려있는 태도, 대화 수단의 다양한 모색, 상대에 대한 기대 등이 필요하다.

다른 문화에 대한 현상학적 이해, 문화 간의 상호작용적 관계, 공유가능한 문화성의 창출 등은 상호문화주의가 기반하는 원리이다. 이러한 요소들은 다양한 문화를 적극적으로 이해하고 교류하며 포용하겠다는 윤리적 의지와 실천이 기반되어야 한다. 인간을 존중하는 윤리성이 전제되고 이질성이 차이로 변질되지 않도록 하는 윤리성이 지켜져야 한다. 공적 영역에서의 종교적 표현의 자유 논쟁 속에 소수집단의 종교적 정체성을 인정하고 공존하려는 노력도 상호문화주의가 고민해야할 과제이다.

끝으로 지적하려는 것은 상호문화주의와 다문화주의와의 관계성이다. 다문화정책은 다문화시대의 문화적 다양성을 어떻게 관리할 것인가에 관한 대책이다. 양자는 다문화정책의 기조가 되는 두 이념이다. 다문화주의의 초점이 '다름의 인정과 공존'에 있다면 상호문화주의의 중점은 '상호 열린 대화와 소통'에 있다는 점이 접근방식의 차이이다. 물론 각각의 이념이 대두된 기원도 다소간의 차이가 있지만, 두 이념이 새로운 사회통합성을 위한 다양한 문화의 관리방안이라는 점에서는 유사하다. 양자는 모두 다문화시대의 커다란 이념적 자원이다.

이러한 점에서 양자는 다문화주의냐, 상호문화주의냐 하는 대립적인 관계를 넘어 상호보완적 관점에서 다문화시대의 이념적 자원으로 인식되어야 한다. 양자의 상호보완적 모색을 통해 다문화교육은 보다 정교해질 것이다.

제4장 다문화교육의 방향과 접근

Ⅰ. 다문화교육의 의미와 내용

다문화사회란 민족, 인종, 성, 연령, 계층, 지역 등 여러 요인으로 인한 문화적 다양성 속에서 어디까지를 문화집단으로 인정할 것인가, 또 공존을 위해 어떻게 제도화할 것인가를 놓고 긴장과 갈등이 나타나는 사회를 말한다. 다문화정책이란 문화적 이질성을 둘러싼 긴장과 갈등을 관리해가는 대책이다. 다문화교육이란 문화적 다양성에 대해 보다 잘 이해하고 인정하며 공존하고 소통해나가도록 이끄는 교육적 노력이다. 다문화교육은 다문화사회의 안정과 다문화정책의 효과를 위해 보다 근원적으로 접근하는 의미가 있는 것이다.

학술적으로 다문화교육이란 용어는 인종간·민족간 갈등을 교육으로 해결하고자 1970년대 미국에서 등장했다. 이후 다문화교육은 여러 차원의 다양성을 포괄하면서 여러 양상으로 전개·발전해 왔다. 그러다보니 다문화교육은 한 마디로 정의되지 않으며, 그 특성 또한 명료하게 이해되지 않는다. 때로는 다문화교육의 범주가 인종이나 민족으로 제한되기도 하지만, 동시에 다문화교육은 인종과 민족 이외의 문화, 종교, 언어, 사회계층, 젠더, 장애 등 여러 차원의 다양성에 접근하기 위해 가장 빈번하게 사용되기도 한다. 그래서 크리스틴 슬리터(Christine E. Sleeter)와 칼 그랜트(Carl A. Grant)는 다문화교육을 넓은 의미에서 '우산과 같은 개념'(an umbrella concept)이라고 표현하기도 한다.[1] 여러 차원의 다양성에 접근한다는 점에서 다문화교육은 제임스 뱅크스(James A. Banks)의 표현처럼, "교육에 중대한 변화를 추구하는 하나의 개혁운동"으로 간주되기도 한다.[2]

이상의 내용을 정리하면, 다문화교육은 "인종, 민족, 문화, 종교, 언어, 사회계층, 젠더, 장애 등 여러 차원의 다양성을 잘 이해하고 인정하며 공존하고 소통해나가도록 교육에서 중대한 변화를 추구하는 일종의 개혁운동"이라고 할 수 있다.

앞 3장에서 정리한 틀로 표현하면, 다문화교육은 다문화정책의 두 기조인 다문화주의와 상호문화주의의 방향성을 상호보완적으로 추진해야 한다. 이러한 관점에서 보면, 다문화교육은 "다양한 문화들이 서로의 다름을 인정하고 공존하며 상호 열린 대화와 소통을 이루도록 하는 교육"이 된다. 아주 간단히 말하면, "더불어 살기 위한 여러 교육적인 노력"이라고도 할 수 있다.

다문화교육의 내용도 현실에서 다양하게 나타난다. 그것은 다문화교육의 목적이나 유형, 혹은 범주라는 말로 표현된다. 뱅크스는

---

1) Christine E. Sleeter & Carl A. Grant, *Making choices for multicultural education: Five approaches to race, class, and gender*, 5th ed. (Hoboken: Wiley, 2007), p.28.

2) James A. Banks, 모경환 외 옮김, 『다문화교육 입문』, 제5판 (파주: 아카데미프레스, 2016), p.15.

다문화교육의 목적을 여섯 가지로 분류한다.[3] 그것은 ① 개인들로 하여금 다른 문화의 관점을 통해 자신의 문화를 바라보게 함으로써 자기 이해를 증진시키는 것, ② 학생들에게 문화적 · 민족적 · 언어적 대안들을 가르치는 것, ③ 모든 학생이 자문화, 주류 문화, 타문화가 공존하는 사회에서 살아가는 데 요구되는 지식, 기능, 태도를 육성하는 것, ④ 소수 인종, 민족 집단이 그들의 인종적 · 신체적 · 문화적 특성 때문에 겪는 고통과 차별을 감소시키는 것, ⑤ 학생들이 전 지구적(global)이고 평평한(flat) 테크놀로지 세계에서 살아가는 데 필요한 읽기, 쓰기, 수리적 능력을 습득하도록 돕는 것, ⑥ 다양한 인종, 문화, 언어, 종교 집단의 학생들이 자신이 속한 문화 공동체, 국가적 시민 공동체, 지역 문화, 그리고 전 지구적 공동체에서 제 구실을 하는데 필요한 지식, 태도, 기능을 습득하도록 도와주는 것 등이다.

마가렛 깁슨(Margaret Alison Gibson)은 다문화교육의 유형을 다섯 가지로 구분한다.[4] 그것은 ① 소수집단 학생 교육, ② 문화차이 이해교육, ③ 문화 다원주의 교육, ④ 두 문화교육, ⑤ 일상적인 인간 경험으로서의 다문화교육 등이다. 각각의 주요 내용은 다음 〈표 4-1〉과 같다.

3) Banks(2016), pp.18-24.

4) Margaret Alison Gibson, "Approaches to multicultural education in the United States: Some concepts and assumptions", *Anthropology and Education Quarterly*, 7-4 (1976), pp.7-18.

〈표 4-1〉 깁슨의 다문화교육 유형과 주요 내용

유형	주요 내용
소수집단 학생 교육	• 소수집단 학생에게 동등한 학습 기회 제공 • 주류집단의 문화가 지배하는 학교에서 소수집단 학생이 겪는 어려움에 주목 • 소수집단 학생과 가정을 변화시키기보다 학교 문화 개선에 초점 • 소수집단 학생의 학업성취 향상
문화차이 이해교육	• 모든 학생에게 문화 차이와 다양성의 가치 교육 • 주류집단으로의 동화와 소수집단의 분리에 반대 • 인종차별과 편견감소 및 사회정의 증진에 기여 • 다수집단과 소수집단에 속한 모든 학생 대상 • 문화차이 이해, 다양성 존중, 차별과 편견 감소
문화 다원주의 교육	• 소수집단 학생의 권한 강화 및 문화 다원주의 보존·확장 • 한 사회 내에서 문화 다양성을 유지하는 것은 특정 소수집단의 생존을 위해 필수 • 소수집단의 문화 보호 및 권한 증대 • 주류집단 구성원의 권한 약화 및 변화
두 문화교육	• 학생이 두 개의 문화 속에서 성공적으로 생활하도록 교육 • 동화 및 융합의 관점에 반대 • 소수집단 학생을 대상으로 자신이 속한 문화와 그 외의 문화 속에서 성공적으로 살아갈 수 있는 능력 배양
일상적인 인간 경험으로서의 다문화교육	• 모든 사회구성원에게 한 사회의 다양한 문화를 충분히 누릴 수 있는 역량 강화 • 종족 정체성에 따라 획일화하지 않고 다른 종족집단 학생들 사이의 차이점과 유사점 탐색 • 소수 문화와 주류 문화의 이분화된 도식에 반대 • 모든 학생이 자신이 발휘할 수 있는 문화적 역량의 범위 인식 및 문화 다양성을 충분히 누릴 수 있도록 돕기

출처: 신재한 외 3인, 『다양성과 차이를 존중하는 다문화 수업 설계의 이론과 실제』 (파주: 교육과학사, 2014), pp.25-26.

〈표 4-2〉 슬리터와 그랜트의 다문화교육 유형과 주요 내용

유형	주요 내용
소수집단 학생들을 위한 교육	• 능력 및 인종·종족 특성이 다른 소수집단 학생들을 주류 사회에서 효과적으로 성공할 수 있도록 돕기 • 소수집단 학생들이 가정 문화와 학교 문화의 차이로 인해 학교에서 어려움을 겪고 있기 때문에 학교가 문화적 차이를 먼저 수용 • 소수집단 학생들에게 주류집단 학생들과 동일한 인지적 기능과 지식 교육 • 소수집단 학생들의 문화적 차이를 반영한 교수방법 사용
인간관계 접근	• 모든 학생들을 대상으로 소수집단에 대한 편견과 고정관념을 감소시키고 이질집단 학생들 사이의 긍정적 감정 증진 • 모든 학생들에 대한 긍정적인 감정, 집단 정체성 증진, 소수집단 학생들의 자부심, 고정관념 감소, 편견과 차별의 제거와 관련된 교육활동에 초점 • 개인간 차이와 유사성, 다양한 집단의 사회적 기여, 소수집단에 대한 정확한 정보 등 교육 • 타자에 대한 수용을 돕기 위한 협동학습, 역할놀이, 직접 및 간접경험을 활용하여 정의적 영역의 변화 강조
단일집단 접근	• 소수집단 학생들에게 자신의 집단을 존중하고 사회적 지위를 향상시키는 데 필요한 지식과 신념 교육 • 소수집단을 다수집단에 적응시키기보다 주류사회 변화 강조 • 토론 및 자기성찰의 방법을 통해 주류집단의 시각과 다른 소수집단의 관점에서 현상을 인식할 기회 제공
다문화교육	• 학교가 다양성을 수용하고 학생들에게 동등한 교육기회 제공 • 인종, 언어, 문화, 성, 장애, 사회계층 등과의 관련성에 초점 • 억압받는 집단에 대한 편견과 차별 감소, 모든 집단의 동등한 기회 보장, 사회정의를 위한 행동, 집단간 동등한 권력 분배, 모든 학생들에게 도움이 되는 방향으로 학교교육과정 개선 • 학교교육 전반에 다양성 반영
다문화 사회 정의교육	• 학생들이 인종, 계층, 성, 능력 등에서 소수집단에 속한 사람들의 이익을 위해 사회적 행동에 참여하도록 준비 • 억압 및 사회 구조적 불평등에 대한 문제를 직접적인 교육 내용으로 포함 • 다문화교육 접근법을 사회적 행동의 차원으로 확장

출처: 신재한 외 3인(2014), pp.26-27.

슬리터와 그랜트는 다문화교육의 유형을 다섯 가지로 구분한다.[5] 그것은 ① 소수집단 학생들을 위한 교육, ② 인간관계 접근, ③ 단일집단 접근, ④ 다문화교육, ⑤ 다문화 사회 정의교육 등이다. 각각의 유형과 주요 내용은 위 〈표 4-2〉와 같다.

크리스틴 베넷(Christine I. Bennett)은 다문화교육의 범주를 네 가지로 구분한다.[6] 그것은 ① 평등 교육, ② 교육과정 개혁, ③ 다문화적 역량, ④ 사회정의 교육 등이다.

필자는 다문화교육의 범주를 ① 인간관계론적 접근, ② 인종·민족·국가 등에서의 탈(脫)경계적 접근, ③ 사회정의론적 접근, ④ 세계시민론적 접근으로 구성하고, 각 접근의 바탕에는 보편적 가치 혹은 인간의 존엄성이 기반되어야 한다고 본다([그림 4-1] 참조). 인간관계론적 접근이란 사람들 사이의 사회적·정신적 유사성에 주목하게 하여 공통된 인간성을 확인하도록 하는 것을 말한다. 탈경계적 접근이란 인종·민족·국가 등에서의 자기중심성, 배타성, 우월성 등을 벗어나도록 하는 것을 뜻한다. 사회정의론적 접근이란 인정과 분배 혹은 재분배 등을 통한 사회구조적 불평등과 부정의의 해소를 위해 인식하거나 참여하도록 하는 것을 말한다. 세계시민론적 접근이란 지구적 연대로서의 세계시민사회와 세계시민으로서의 책임성을 자각하도록 이끄는 것을 의미한다.

---

5) Sleeter & Grant(2007).

6) Christine I. Bennett, *Comprehensive Multicultural Education: Theory and Practice*, 6th ed. (Boston: Allyn & Bacon, 2007), pp.4-10.

[그림 4-1] 필자의 다문화교육 범주

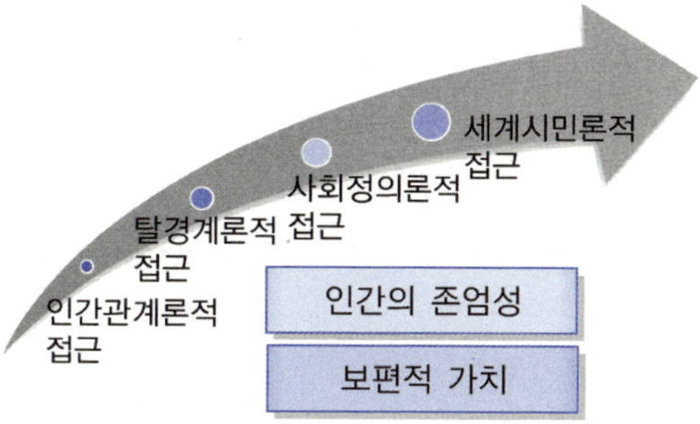

끝으로 다문화교육의 접근 단계와 관련하여 주목할 것이 있다. 뱅크스는 다문화 교육과정 개혁을 위한 접근 수준으로 ① 기여적 접근, ② 부가적 접근, ③ 변혁적 접근, ④ 사회적 행동 접근을 제시한다([그림 4-2] 참조).[7] 기여적 접근은 영웅, 공휴일, 개별적인 문화적 요소에 초점을 맞추어 다문화교육에 접근하는 단계이다. 부가적 접근은 교육과정의 구조는 변화시키지 않은 채 내용, 개념, 주제, 관점을 교육과정에 더하는 단계이다. 변혁적 접근은 학생들이 다양한 민족 집단 및 문화 집단의 관점에서 개념, 이슈, 사건, 주제를 바라볼 수 있도록 다문화교육 과정을 변화시키는 단계이다. 사회적 행동 접근은 학생들이 중요한 사회문제들과 관련하여 결정을 내리고 문제 해결에 도움이 되는 행동을 취하는 단계이다.

뱅크스가 지적한 위의 네 수준은 분명 다문화 교육과정 개혁을 위한 접근법이다. 하지만, 우리는 이를 다문화교육의 동역(同役)이라는 관점에서도 보아야 한다. 다시 말해, 모두가 사회적 행동 접근

7) Banks(2016), pp.91-95.

을 할 수 있는 것이 아니라는 점에서, 누구는 기여적으로 누구는 부가적으로, 또 누구는 변혁적으로 다문화교육의 역할을 하는 것이 실은 모두가 함께하는 다문화교육이 되는 방법이다.

[그림 4-2] **뱅크스의 다문화 교육과정 개혁을 위한 접근**

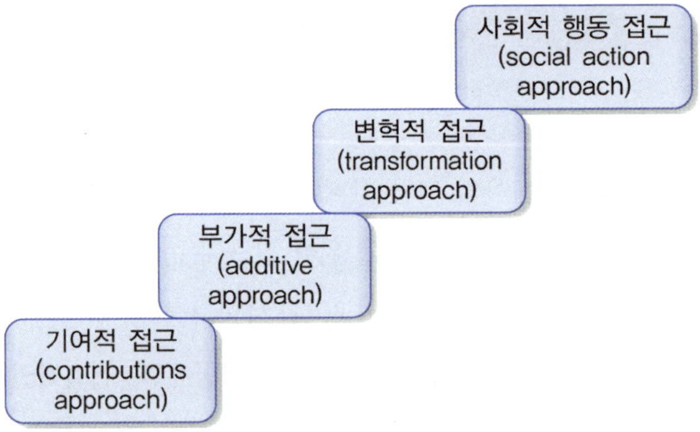

Ⅱ. 다문화교육의 방향: 샤를리 에브도 테러 사건의 교훈

다문화교육의 방향을 제시하기 위한 방법은 여러 가지가 있을 것이다. 한국사회의 다문화 추세에 관한 통계에 주목할 수도 있고, 국내외 다문화정책 흐름이나 학교 교육과정 및 교과서의 변화에 초점을 둘 수도 있다. 여기서는 2015년 1월에 프랑스에서 일어났던 샤클리 에브도(Charlie Hebdo) 테러사건을 되돌아보면서 다문화교육이 주목할 방향에 대해 큰 틀에서 생각해보고자 한다.

당시 프랑스 파리에서 두 명의 무슬림 테러리스트가 샤를리 에브도라는 프랑스 잡지사에 총격을 가했다. 샤를리 에브도는 이슬람뿐만 아니라 유대교, 천주교, 기독교 등 종교 및 극우 정치인에게 비판적인 기사와 만평을 싣는 주간신문이다. 범인들은 샤를리가 성자 무함마드에 대한 조롱 섞인 풍자를 담은 만평으로 이슬람교를 모독했기 때문에 응징했다고 했다. 이 테러를 계기로 프랑스에서 '나는 샤를리다'(Je suis Charlie)라고 외치며 추모집회가 열렸고, 그 열기는 세계로 확산되었다. 이는 표현의 자유가 테러에 의해 굴복되어서는 안된다는 의지를 나타낸 것이다. 하지만, 동시에 '나는 샤를리가 아니다'(Je ne suis pas Charlie)는 구호도 나왔으며, 이 역시 이슬람뿐만 아니라 세계로 퍼져갔다. 그렇다고 이들은 이슬람 극단주의 테러를 옹호하거나 표현의 자유 자체를 부정하는 사람들이 아니었다.

샤를리 에브도 테러사건을 다문화주의의 실패와 연관지어 말하는 사람도 있다. 사회의 문화다양성을 존중하고 소수집단과 소통하려는 가치 자체가 정말 실패한 것일까? 이 사건을 단순히 표현의 자유를 둘러싼 이분법적 문제로 본다면, 다문화교육과 관련해 논할 것이 별로 없어 보인다. 하지만, 샤를리 테러사건은 현대 다문화사회의 자유주의와 공동체주의에 동시에 교훈을 말하고 있다. 그것이 바로 다문화교육이 주목해야 할 방향이다.

먼저, 자유주의의 관점에서 보자. 다문화교육이 주목할 첫째 교훈은 '공동체적 자유주의'를 추구해야 한다는 점이다. 많은 사람들이

동조한 '나는 샤를리다'는 외침은 표현의 자유라는 원칙을 보호해야 한다는 일반적 의미이다. 샤를리 에브도의 '모든' 표현방식에 공감한다는 뜻은 결코 아니다. 프랑스에는 6,600만의 인구가 있다. 그중 7%가 넘는 500만명 이상의 무슬림이 거주하고 있다. 이들 상당수는 프랑스에서 하층민이다. 이들에게 절대 종교인 이슬람에 대한 조롱은 마지막 남은 자존심마저 짓밟히는 상처이기도 했다. 그렇다면, 자유주의는 표현의 자유를 지키되 공동체를 위한 세련된 자유주의가 되어야 한다. 그 세련된 자유주의의 대한 고민이 바로 공동체적 자유주의이다.

공동체적 자유주의는 자유・자율・자결에 기반한 개인권(individual rights)과 공동체가 갖는 공동선(common good)의 가치를 조화시키는 사조이다. 이번 사건으로 인해 언론이 자신의 주장을 하기도 전에 테러를 의식해 스스로를 검열하려 든다면, 그것은 언론의 올바른 모습이라 할 수 없다. 하지만, 다문화시대에 세계의 다양한 이웃들과 함께 살아가는 방법도 고민해야 한다. 다문화교육은 개인권과 공동선을 함께 존중해야 한다.

다음, 공동체주의의 관점에서 보자. 다문화교육이 주목할 둘째 교훈은 '여럿이 이루어진 하나'(E Pluribus Unum)를 중시해야 한다는 점이다. 이는 미국의 국가적 이상(理想)이기도 했지만, 의미론적으로는 '새로운 사회통합성'을 뜻한다. 이는 다양한 관점, 신념체계, 관심영역 등이 다름의 인정과 공존을 바탕으로 상호 열린 대화와 소통을 통해 이루어내는 또다른 차원의 정체성을 말한다. 과거의 획일화나 전체화라는 의미의 사회통합성과는 대비된다.

프랑스나 캐나다 퀘벡주의 다문화정책 기조는 상호문화주의이다. 이번 사건을 계기로 프랑스는 상호문화주의에서 중시하는 상호 열린 대화와 소통을 강조하기 이전에, 다문화주의에서 강조하는 다름의 인정과 공존의 진정한 의미를 재점검해야 한다. 물론, 미국이나 캐나다 연방에서 표방하는 다문화주의도 다름의 인정과 공존을 넘어 상호 대화와 소통을 통해 새롭게 공유되는 정체성을 모색하지 않는다면, 극단적 상대주의나 무(無)가치주의로 빠질 위험성이 크다는 점을 잊지 말아야 한다. 이러한 의미는 인도 태생의 영국 정치이론가인 비쿠 파레크(Bhikhu Parekh)가 지적한 '상호적 다문화주의'(interactive multiculturalism)와 일맥상통한다.[8] 다문화교육은 상호문화주의와의 상호보완적 관점에서 여럿이 이루어진 하나로서의 새로운 사회통합성을 어떻게 추구할 것인가를 늘 고민해야 한다.

Ⅲ. 다문화교육의 접근 1: 학교의 경우

프랑스 샤를리 에브도 테러사건을 돌아보면서, 다문화교육이 '공동체적 자유주의'와 '여럿이 이루어진 하나'의 가치를 보다 중시해야 한다는 점을 지적했다. 두 가치를 학교 현장에 비추어보면서 다섯 가지 접근을 생각해보고자 한다.

8) Bhikhu Parekh, *Rethinking Multiculturalism: Cultural Diversity and Political Theory* (Cambridge: Harvard University Press, 2000).

그것은 ① 본질인 공존과 소통을 함께 이루자, ② 교실에서부터 '여럿이 이루어진 하나'를 이루자, ③ 일상에서의 다문화 수용성을 높이자, ④ 경계와 경계지대를 구분하자, ⑤ 학생들 개개인을 다문화 행위자(actors)로 이끌자 등이다.

1. 본질인 공존과 소통을 함께 이루자

다문화주의와 상호문화주의의 상호보완성을 감안하면, 다문화교육의 본질은 다름을 인정하고 공존하면서 서로가 열린 마음으로 대화하고 소통하도록 하는 데 있다. 단순화해보면, 다문화주의는 기본적으로 '다름의 인정과 공존'을 강조한다. 미국이나 캐나다 연방 등이 정책 기조로 삼고 있다. 상호문화주의는 기본적으로 '상호 열린 대화와 소통'을 중시한다. 프랑스를 비롯한 유럽과 캐나다 퀘벡주 등이 정책 기조로 삼고 있다. 다문화사회의 해법으로 다문화주의와 상호문화주의는 대립되어 있는 것처럼 보이지만, 다문화교육은 이 둘의 해법을 함께 추구해야 한다.

'다름의 인정과 공존'은 그 효과가 긍정적일까? 부정적일까? 다름의 인정과 공존은 그 자체로 좋은 말이다. 하지만, 상호문화주의에서 말하는 것처럼 '상호 열린 대화와 소통'으로 나아가지 못한다면, 다름의 인정과 공존의 효과는 부정적이다. 자칫 서로를 인정하기도 전에 "나는 나, 너는 너"란 인식이 고착될 것이다. 반면에 대화와 소통을 부르짖으면서도 정작 상대를 인정하고 공존하려는 진정성이 없으면, 그 소리는 공허할 것이다. 본질을 놓치지 않아야 하는 이유다. 그것이 공동체적 자유주의를 실현하는 길이다.

2. 교실에서부터 '여럿이 이루어진 하나'를 이루자

이 말을 반대로, 또 나누어서 생각해보자. '여럿 없는 하나'는 고립주의나 전체주의화로 갈 가능성이 크다. 반면에 '하나되지 않는 여럿'은 오합지졸(烏合之卒)화될 것이다. 물론 여기서 말하는 '하나'는 과거에 말하던 전부가 획일화되거나 똑같아지는 의미가 아니다. 다문화시대의 '하나'는 함께 연대하면서도 각각을 존중하는 '무지개 팽이'와 같은 형태를 지칭한다.

여럿이 이루어진 하나를 교실에서부터 이루기 위해서는 일차원적으로는, 무엇보다 학생들로 하여금 자아에 대한 존중감을 갖도록 해야 한다. 다음은 재미와 즐거움을 통해 스스로가 삶을 만족할 수 있는 자족감을 갖게 해야 한다. 이는 단순히 현실에 만족하고 감사하자는 의미가 아니다. 그것은 '심오한 놀이'를 지칭하는 deep play를 말한다. 완전한 몰입을 통해 생활의 의미를 찾고 희열을 느낄수 있는 활동이 있다면 삶이 보다 안정될 것이다. 이어 자신의 소속에 대한 건강한 소속감을 갖게 해주어야 한다. 할 수 있다면, 일차원적 수준을 넘어서 이차원적 수준으로 가면 좋을 것이다. 이차원적으로는, 스스로의 역량을 믿는 자신감을 키워주어야 하며, 가족과 친구들로부터 신뢰를 받도록 이끌어주어야 한다. 마지막으로는 학교와 가정 등에서 필요한 존재라고 느끼는 존재감을 갖도록 하는 것이 중요하다. 이상의 항목을 자존감, 자족감, 소속감, 자신감, 신뢰감,

존재감으로 줄여 말할 수 있다.

이 여섯 가지 욕구를 기반으로 한다면, 여럿이 이루어진 속에서도 건강한 개인을 이루기에 수월할 것이고, 거꾸로 건강한 개개인이 새로운 통합성을 지닌 여럿을 이루는 데도 기여할 것이다.

3. 일상에서의 다문화 수용성을 높이자

우리는 정치를 논할 때 거시담론에 초점을 두는 경우가 많다. 다문화교육도 마찬가지다. 다문화교육의 한계를 다문화정책과 사회구조의 탓으로 돌리기 이전에 일상에서부터 다문화 수용성을 높이도록 해야 한다. 그래야 다문화정책과 사회구조 변화의 토양이 튼튼해질 것이다. 다문화 수용성은 특히 학교 다문화교육의 초점이 되어야 한다. 성인으로서 만날 사회의 전 단계로서 초·중·고교는 가치와 심성에 초점을 두어야 할 필요가 상대적으로 크기 때문이다. 다문화 상황에 대해 민감하게 이해하고 잘 수용하여 더불어 지내는 능력을 갖도록 이끌어주는 것이 학교 다문화교육에서 필요하다.

다문화 수용성은 "나와 다른 사람과 그들의 다양한 문화에 대해 민감하게 느끼고 받아들이면서 조화롭게 소통하는 능력"이다. 다문화 수용성을 위해서는 개개인 차원의 다문화 감수성을 높이는데 주력해야 한다. 물론 다문화 수용성이나 다문화 감수성이 용법상 명확히 구분되지 않을 수 있다. 굳이 나누자면, 다문화 수용성은 사회적 맥락에서, 다문화 감수성은 개인적 맥락에서 더 적합하게 사용될 수 있다. 이렇게 구분한다면, 둘의 관계는 상호적이다.

2016년 3월 여성가족부는 '2015 국민 다문화수용성 조사' 결과를 발표했다.[9] '국민 다문화수용성 조사'는 다양성, 관계성, 보편성이라는 세 차원에서 총 여덟 가지의 구성 요소를 중심으로 한국 다문화 수용성 진단도구(Korean Multicultural Inventory: KMCI)를 만들었다.[10] 다문화 수용성의 세 차원과 여덟 가지 구성 요소는 〈표 4-3〉와 같다.

다양성, 관계성, 보편성의 세 차원은 사상사적 · 역사적 근거를 바탕으로 하고 있다.[11] 다양성의 철학은 헬레니즘시대, 스토아 철학에서 기원했으며, 역사적으로 다양성의 영향이 단일성보다 강했다. 사회는 언제나 관계성 속에 이루어져 왔으며, 그것이 사회의 속성이다. 자연법이나 로고스사상에서부터 오늘의 세계인권선언에 이르기까지 역사가 지속적으로 확인하고 있는 것은 바로 보편성이다. 때문에 다양성, 관계성, 보편성은 지금의 다문화교육을 구성하는 전체

9) 여성가족부, 『국민 다문화수용성 조사 연구』(서울: 여성가족부, 2015.11). 참고로 2011년에는 성인, 2012년에는 청소년을 대상으로 다문화 수용성 조사가 있었다. 앞으로 3년 주기로 다문화 수용성을 지속적으로 조사할 예정이라고 한다. 금번 조사에서 나타난 주요 특징은 ① 연령대가 낮을수록 다문화사회에 수용적이었다. 청소년뿐만 아니라 성인에서도 젊은 연령층일수록 다문화에 수용적이었다. ② 주요 선진국에 비해 우리 국민의 다문화 수용성은 낮은 편이었으며, ③ 다문화교육 · 행사, 이주민 관련 자원봉사 · 동호회 등 활동에 참여한 경험이 있을수록 다문화 수용에 긍정적이었다. ④ 취업 경쟁이나 생활공간 공유 등 외국인 · 이주민과 현실적인 이해관계가 있는 경우 다문화 수용성이 낮게 나타났다. 청소년의 경우도 성인 보다는 수용성 지수가 높지만, 이러한 경향은 유사했다. 이주민과의 교류 행동 의지나 거부 · 회피 정서 및 고정관념 · 차별 항목에서의 수용성은 높은 편이었지만, 출신국에 따른 이중적 평가나 이주민에 대한 일방적 동화를 기대하는 항목에서의 수용성은 상대적으로 낮았다.

10) 여성가족부(2015.11), p.28.

11) 제러미 리프킨, 이원기 옮김, 『유러피언 드림: 아메리칸 드림의 몰락과 세계의 미래』(서울: 민음사, 2005).

이념이 되어야 한다.

〈표 4-3〉 다문화 수용성의 차원과 구성 요소

	차원	구성 요소	주요 측정내용
다문화 수용성	다양성	① 문화개방성	다양한 배경의 이주민 유입·정주 인정
		② 국민정체성	국민이 되는 자격기준에 대해 다양성 인정
		③ 고정관념 및 차별	외국인 및 이주민에 대한 고정관념과 차별
	관계성	④ 일방적 동화 기대	이주민의 우리 문화 동화 및 순응 기대
		⑤ 거부·회피 정서	이주민 접촉상황에서 비합리적인 부정적 정서
		⑥ 상호교류 행동 의지	이주민과의 친교관계를 맺고자 하는 의지
	보편성	⑦ 이중적 평가	경제개발 수준, 문화적 배경 등에 등급을 둠
		⑧ 세계시민 행동 의지	인류애와 같은 보편적 가치추구 및 실천의지

출처: 여성가족부(2015.11), p.28.

다문화교육의 실천을 위해 멀리서 방안을 찾기보다는 위 세 차원의 여덟 가지 구성 요소의 지수를 높이도록 실천하는 것이 현실적이며, 총체적으로도 다문화 수용성의 총지수를 높이는 외형적 접근이 된다. 여덟 가지 구성 요소를 학교 다문화교육의 실천 사항으로 바꾸어 표현해보면, 다양성 영역의 실천으로는 ① 다양한 배경의 이주민 유입·정주 인정, ② 국민이 되는 자격기준에 대해 다양성 인정, ③ 외국 이주민에 대한 고정관념 및 차별 주의 등이 있다. 관계성 영역의 실천으로는 ④ 이주민의 우리 문화 동화 및 순응 기대 경계, ⑤ 이주민 접촉상황에서 비합리적인 부정적 정서 갖지 않기, ⑥ 이주민과의 친교관계를 맺고자 하는 의지 등이 있으며, 보편성 영역의 실천으로는 ⑦ 경제개발 수준·문화적 배경 등으로 등급을 나누지 않기, ⑧ 인류애와 같은 보편적 가치 추구 및 실천 의지 등이 있다.

다문화 감수성을 위한 개인적 맥락에서는 일상의 관계나 다양한 소재에서 다문화적 요소가 발견되고 실천되도록 하는 것이 효과적이다. TV 드라마·예능, 영화, 여행, 체험활동, 이야기 등이 있을 것이다. 필자는 일상에서의 다문화 감수성을 높이자는 의미를 "Finding Multicultural Spirit in All Things"로 표현한다. 또한 다문화 감수성을 높이기 위해서는 흔히 언급하는 역지사지(易地思之)를 보다 단계화하고 구체화해야 한다. 그것은 입장바꿔 생각해보고(易地思之), 입장바꿔 느껴보고(易地感之), 입장바꿔 행동해보아서(易地行之), 입장바꿔 알게되는(易地知之) 단계적이고 통합적인 접근이 필요하다. 이를 개인적으로는 '易地4(four)之'라고 표현한다.

4. 경계와 경계지대를 구분하자

교실에서 의도치 않은 경계(borders)가 생기지 않도록 조심해야 한다. 공개적으로 "방과후 다문화 모여"라든지, "다문화캠프에 참석하라"든지 하는 표현은 금물이다. 불편한 예시가 다문화 학생들을 구별해내어 다른 친구들과 경계가 지어버리는 일이 없도록 조심해야 한다. 역설적으로 보면, 가장 좋은 사회는 '다문화'가 강조되지 않으면서 자연스럽게 어울리는 사회다. 경계는 서로를 분리하여 관계를 나누며, 때론 대립하고 갈등하게 한다.

하지만, 경계지대(borderlands)는 다양한 교류가 일어나고 관계가 형성되는 절충지대이자, 서로가 주체가 되는 쌍방향적 공간이다. 미국의 여성주의 이론가인 글로리아 안잘두아(Gloria Anzaldua)는 문화적 경계와 경계지대를 구분하면서, 문화적 경계는 약화시키되 경계지대의 문화는 강화시켜야 한다고 주장했다.[12] 학교에서는 다문화 친구들이 분리되는 경계를 조심해야 한다. 대신, 교실을 경계지대로 만들어 학생들이 서로의 문화를 절충하면서 서로에게 배우는 쌍방향적 공간이 되도록 해야 한다.

교실을 하나의 경계지대라고 보면, 주의해야 할 것이 있다. 규범주의적 가치가 남발되지 않아야 하며, 온정적 간섭주의도 자제되어야 한다. 특정 문화와의 비교도 신중히 언급되어야 하며, 눈에 보이는 일부 문화적 특성을 가지고 전체 민족화로 일방화하거나 고정화하지 않도록 주의해야 한다.

5. 학생들 개개인을 다문화 행위자(actors)로 이끌자

좋은 교실은 물론 좋은 학생이 만들기 쉽다. 하지만, 주의할 것이 있다. 선생님은 '좋음'을 고정화하거나 해당 학생만 소지한 그 무

12) Gloria Anzaldua, *Borderlands: The New Mestiza* (San Francisco: Spinsters/Aunt Lute, 1999), p.3

엇으로 간주하지 않아야 한다. 학생의 일부 특성을 가지고 해당 학생에 대한 관념을 일반화하거나 고착화해서도 안된다. 첫 수업시에 좋은 학생이 둘째 수업시에는 전혀 다른 모습일 수 있다. 학생 자신도 여러 인격을 가지고 있다. 좋은 학생은 대체로 선생님의 희망적 사고(wishful thinking)가 깔려 있다. 좋은 교실은 특정 좋은 학생이 주도하길 바라는 것도 일방적 기대일 수 있다. 그것은 마치 좋은 국가를 만들기 위해 좋은 시민을 양성하고자 했던 과거 프랑스의 공화주의 모델이 보여주었던 공과(功過) 중에서 과오를 답습하는 것에 가깝다.

선생님은 모든 학생들을 최대한 좋은 학생으로 볼 수 있어야 한다. 각각의 학생이 지닌 좋은 면을 부각하고 성장시켜야 한다. 모든 학생들 각각의 좋은 면들이 교실을 위해 함께 행위하도록 최대한 이끌어야 한다. 그것이 학생을 다문화 행위자로 만드는 길이다.

Ⅳ. 다문화교육의 접근 2: 다문화 시민성의 모색

다문화교육의 또다른 핵심은 다문화 시민성을 모색하는 것이 되어야 한다. 그래야 다문화시대의 덕목이라 할 수 있는 다문화 공존을 이루기 수월할 것이다. 다문화 시민성의 모색을 위한 네 가지 접근은 [그림 4-3]처럼 제시하고자 한다.

[그림 4-3] **다문화 시민성의 모색**

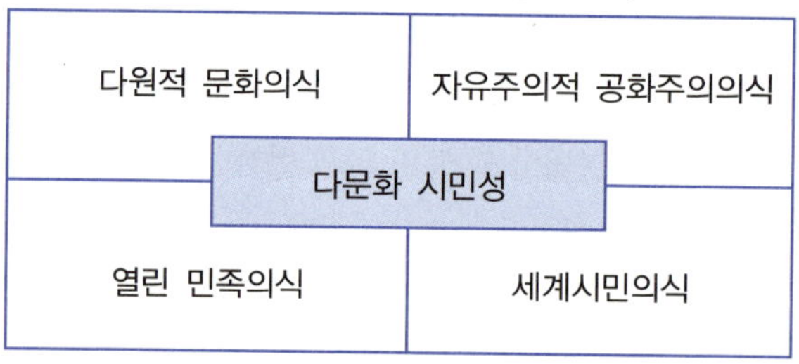

1. 다원적 문화의식

첫째, 다원적 문화의식이 필요하다. 이는 한 사회 내에서의 다양한 문화와 정체성의 공존에 대한 기본적인 인식과 추구를 의미한다. 여기에는 문화와 문화 정체성에 대한 인식, 문화간 대화의 합리성 인식 등이 필요하다.

문화란 특정 집단의 고정된 속성이 아니다. 다양한 집단이 역동적으로 상호작용한 결과 생겨난 산물이다. 자연히 문화적 정체성은 서로 다른 문화 간의 관계 속에서 형성되며 그 관계에 따라 재형성되는 과정에서 끊임없이 변모하는 것이다. 주목할 것은 문화의 변형과정이 정치적이기 십상이라는 점이다.[13] 그것은 근대 이후 국가와 국민의 형성에 발맞추어온 국민만들기의 역사에서 잘 드러난다. 따라서 문화와 문화적 정체성에 대한 인식과 함께 다원적 문화의식에서 필요한 것은 문화간 대화의 합리성인 것이다.[14]

문화의 변형과정이 정치적이라는 점에서 문화간 상호작용은 또한 이중적이다.[15] 다양한 문화들의 상호작용이란 한편으로는 각자의 정체성을 유지·발전시켜가는 다양화 혹은 분화의 과정이며, 다른 한편으로는 공통의 문화를 형성해가는 융합 혹은 통합의 과정이다. 여기서 다원적 공존을 위해 필요한 것은 문화간 상호작용이나 간문화주의 못지 않게 문화간 대화의 합리성이라는 점이 재확인된다.

문화간 대화의 합리성이 무엇이냐에 대해서는 많은 논지가 필요할 것이지만, 무엇보다 형식이나 절차의 면에서 의사소통의 합리성을 위한 이상적인 담론의 규칙과 함께, 내용의 면에서 다양한 문화의 지평들을 포괄하는 개념 체계가 확보되어야 할 것이다.[16]

---

13) Henry Louis Gates, Jr., "Pluralism and Its Discontents", *Profession*, 92 (1992), p.37.

14) 장원순, "다문화적 시민교육의 성격과 방법", 한국사회교과교육학회, 『사회과교육연구』, 제11권 2호 (2004), pp.198-199; 천선영, "'다문화 사회' 담론의 한계와 역설", 한·독사회과학회, 『한·독사회과학논총』, 제14권 2호 (2004 겨울), pp.375-377.

15) Bhikhu Parekh, *Rethinking Multiculturalism: Cultural Diversity and Political Theory* (Cambridge: Harvard University Press, 2000).pp.219-224.

16) 장원순(2004), pp.198-199; 유홍림, "담론윤리와 토의민주주의: 하버마스의 재구성적 정치이론", 『현대 정치사상 연구』 (고양: 인간사랑, 2003), pp.177-211.

2. 자유주의적 공화주의의식

둘째, 자유주의적 공화주의의식이 필요하다. 일상에서의 다문화주의나 문화의 변형과정이 정치적이라는 점에서 정치영역과 유리된 시민성은 취약할 수밖에 없을 것이다.[17] 흔히 공화주의라 하면 자유롭고 평등한 사람들이 모여 공통의 가치공동체를 추구하는 사상을 말한다. 그것은 공동체에 대한 열정과 책임 있는 참여를 강조한다는 점에서 자유주의에 입각한 개인주의적 전통과 대비되기도 한다. 자유주의적 공화주의는 이 두 전통을 결합하고 있다. 상호의존적인 공동의 기반을 중시하면서도 공적 헌신을 당연시하여 요구하지 않으며, 공동체의 문화적 동질성을 추구하지도 않는다. 인식론적으로는 개인적 선호를 존중하면서, 제도적으로는 개인의 자율성과 다양성을 보장하는 정치체의 구성에 초점을 둔다. 이런 점에서 자유주의적 공화주의는 다수집단이나 소수집단 모두에게 법·제도를 통한 사회신뢰 형성과 그를 통한 사회통합 추진의 기초가 될 수 있을 것이다. 자유주의적 공화주의의식은 소수집단에게도 주류 제도와 정치과정으로부터 소외되지 않도록 하는 사회의식의 토대가 될 수 있을 것이다.[18]

다문화 공존을 위해 자유주의적 공화주의의식은 몇 가지 내용으로 구성되어야 한다. 그것은 다양성을 보장하기 위한 정치제도의 필요에 대한 인식, 공적 심의를 위한 정치적 평등과 자유 인정, 법·

17) 곽준혁, "다문화 공존과 사회적 통합", 대한정치학회, 『대한정치학회보』, 제15집 2호 (2007), pp.23-41; 김남국, "다문화 시대의 시민: 한국사회에 대한 시론", 한국국제정치학회, 『國際政治論叢』, 제45집 4호 (2005), pp.111-117.

18) 곽준혁(2007), pp.35-36.

제도를 통한 상호 신뢰 형성과 그에 기초한 사회적 통합성 중시 등을 들 수 있다.[19]

첫째, 다양성을 보장하기 위한 정치제도의 필요에 대한 인식은 기본적으로 인종·민족·문화적 정체성이 아니라 다양성이 보장되는 정치제도를 통해 새롭게 형성된 정체성을 추구하는 것을 의미한다. 그 이외의 차이는 개인의 선택으로 보며, 다문화 공존을 위해 필요한 정치공동체에 대한 소속감은 정치제도를 통해 새롭게 구축되는 상호 신뢰로 충족시켜가게 된다.

둘째, 공적 심의를 위한 정치적 평등과 자유 인정은 개인의 자유 실현과 자율성 확보를 위한 기초이며, 다수와 소수의 모든 시민들이 공적 심의를 통해 합의를 이루어낼 수 있게 하는 기본 조건이 된다. 물론 자유주의적 공화주의가 모든 시민의 정치참여를 정치적 이상으로 간주하지는 않는다. 그보다 그 이전에 더 중요하게 보는 것은 모두의 정치참여를 위한 평등과 자유의 정치적 원칙과 함께 민주적 심의를 위한 동등한 기회부여이다. 자연히 공동선(common good) 보다는 공유된 선(shared good)을 시민적 덕성으로 간주하게 된다.

셋째, 법·제도를 통한 상호 신뢰 형성과 그에 기초한 사회통합성 중시는 다문화주의에 대한 도전을 극복하기 위해서도 중요한 요소이다. 이는 다문화 공존을 위한 제도적 틀을 법·제도를 중심으로 고민하고, 그를 통한 상호 신뢰를 사회통합의 근거로 제시한다는 점에서 의미가 있다. 주의할 것은 여기서 말하는 사회통합성이 동질성

19) 곽준혁(2007), pp. 35-36.

을 의미하는 것이 아니라는 점이다. 그것은 법·제도에 기초한 통합성을 의미하며, 사회적 연대의 침해를 막는 차원에서의 통합성을 지칭한다.

3. 열린 민족의식

셋째, 열린 민족의식이 필요하다. 이는 그동안 다문화주의가 국민만들기에도 활용되어 왔으며, 다문화주의의 강조점이 여전히 국내라는 경계와 사고에 머물러 있었다는 점에서 중요하다.[20] 열린 민족의식은 과거의 민족국가 또는 민족주의 중심의 사고를 세계화와 다양화의 추세에 맞추어 재구성하려는 의도를 갖는다. 배타적 민족주의나 다양한 문화적 권리를 경계하는 국가주의적 주장은 다문화 공존의 기초가 될 수 없다.

오히려 논란이 되는 것은 민족이나 민족주의 자체의 존폐론이다. 민족국가와 민족주의가 초래한 부정적인 역사와 논리적 속성을 근거로 폐기를 주장하는 입장과 현실적인 실체로서 민족과 민족주의 정서를 존치시켜야 한다는 입장이 대립한다. 그러나 결론부터 말하면, 다문화 공존을 위한 시민성의 기초로서 민족의식은 필요하다. 오히려 과거의 부정적 역사를 넘어설 수 있도록 민족의식을 잘 인식하도록 하려는 문제의식이 더 필요할 것이다.

민족주의와 관련해서 다양한 개인과 집단이 공존하기 위해서는 공통의 정체성과 상호 신뢰가 필요한데, 민족적 정체성 이외의 그

20) 양영자, "분단-다문화시대 교육 이념으로서의 민족주의와 다문화주의의 양립가능성 모색", 한국교육과정학회, 『教育課程研究』, 제25권 3호 (2007), p.39.

어떤 사회적 정체성도 이를 제공하지는 못했다는 평가가 있다.[21] 사실 민족주의는 정치적 주체로서 인민을 정당화시키며 새로운 정치적 연대감을 형성함으로써 인민주권의 의미를 구현하는 데 기여한 측면이 있다. 또한 민족의식은 집단적인 책임성을 갖도록 하는 민주적 심의와 결정과정에 긍정적으로 작용할 수 있다.[22] 나아가 민족의식을 개개인의 자율적 선택을 가능하게 하는 문화적 맥락의 하나로 이해함으로써 민족성을 문화적 정체성의 발현으로 존중할 수 있을 것이다.[23] 물론 민족주의는 개인의 자율성을 풍부하게 해주고 사회적 연대의 기초가 될 수 있지만, 반면 전체주의를 지향하게 되면 개인의 자유를 침해하고 특정 집단의 독점적 지배를 유발할 수 있다.

양면성을 가진 이러한 민족주의 가치를 다문화시대에 단순히 폐기처분해야 할 대상으로만 치부한다면, 소속감이나 정체성의 상실과 같은 또다른 폐해가 있을 수 있다. 민족과 민족주의가 그릇된 개념이었다기보다는 그러한 가치를 잘못 선동하고 폐쇄적으로 가두어 버린 야욕에 더 큰 책임이 있는 것이다. 열린 민족의식은 다문화시대에 걸맞는 글로벌한 공존과 소통의 가치로서 새롭게 자리매김해야 한다.

열린 민족의식은 다문화 공존의 틀이 될 수 있다. 문제는 민족의식이 열린 의식을 추구해서 기본적으로 사회적 연대에 기여할 수

21) David Miller, *Citizenship and National Identity* (Cambridge: Polity, 2000), pp.81-96.

22) Liah Greenfeld, "Nationalism and Modernity", *Social Research*, 63-1 (1996), pp.3-40; Craig Calhoun, *Nations Matter: Culture, History, and the Cosmopolitan Dream* (London: Routledge, 2007), pp.27-49, 147-167.

23) Yael Tamir, *Liberal Nationalism* (Princeton: Princeton University Press, 1993).

있도록 해야 한다는 점이다. 여기서 '열린'의 진정한 의미는 "자기를 지키며 타인에게 문을 여는 것"이며,[24] 자민족 중심의 배타성과 폐쇄성을 버리는 것이다.

4. 세계시민의식

넷째, 세계시민의식이 필요하다. 이는 열린 민족의식과도 일맥상통하면서 글로벌한 가치로 한 걸음 나아간 시민성의 요소이다. 이는 자칫 국가경계 내에 머물 수 있는 다문화주의의 초점을 세계차원으로 확대하는 의미가 있다. 세계시민의식이란 지구적 연대로서의 세계시민사회와 세계시민으로서의 책임성을 자각하는 것을 의미한다.

세계시민사회는 시민사회의 세계적 확장으로서 국가경계를 뛰어넘는 새로운 집합적 정체성을 의미한다. 여기에는 과거의 배타적·폐쇄적 민족국가와 민족주의가 다양한 문화와 정체성의 시대에는 적절하지 않다는 전제가 깔려 있다. 세계정체이론에서 볼 수 있듯이 교류, 공론장 형성, 일정한 규범의 공유, 일정한 역할의 제도화 등을 통해 세계시민으로서의 정체성을 만들어 나가고, 이를 통해 일정한 세계시민적 연대가 가능할 것이다. 이러한 세계시민사회는 새로운 사회정의의 차원에서 민족국가의 경계를 뛰어넘는 새로운 정치적 영역과 정체성의 원칙이 될 수 있을 것이다.

물론 이러한 세계시민사회의 주장은 아직 운동적 성격이 강하다. 실제로 운동적 성격을 대체할만한 제도성을 갖추고 있는 것도

24) 마르코 마르티니엘로, 윤진 옮김, 『현대사회와 다문화주의: 다르게, 평등하게 살기』 (파주: 한울, 2002), p.164(역자후기).

아니다. 그러나 분명한 것은 세계시민사회의 의식을 다문화 공존을 위한 틀로서 추구해야 한다는 점이다. 세계시민사회는 운동적 성격의 여부와 관계없이 지나친 효율성과 이윤만을 추구하는 '일차적 세계화'를 견제하는 역할을 해야 하기 때문이다.[25)]

세계시민사회는 세계화로서의 결과물이 아니라 현상으로서의 세계화를 견제하는 윤리적 가치로서 긴요한 의미가 있다. 세계시민의식은 국가와 지역의 맥락으로부터 세계차원에서의 인권, 평화, 관용 등의 가치와 문화로 확장한 것이며, 사회정의를 지켜가기 위한 연대의 영역이자 또다른 책임성의 문제인 것이다.

여기서 한 가지 논란이 있을 수 있다. 그것은 세계시민의식을 위해 민족성이나 애국심과 같은 정체성을 버려야 하는지에 관한 것이다. 일반적으로 다양한 정체성이나 문화공동체에 대한 애착을 가지면 민족이나 국가에 대한 정체성이 흐려진다는 생각을 할 수 있다. 다문화 정체성의 연구에 따르면,[26)] 문화적 애착심이 없는 시민보다는 소속 공동체의 문화에 명료하고 사려깊은 애착심을 가진 시민이 국가에 대한 반성적 정체성을 형성할 가능성이 높다고 한다. 그러한 시민들은 세계공동체의 시민으로서의 책임성을 자각할 가능성도 더 클 것이라고 한다. 또다른 연구에 의하면,[27)] 세계시민성을 둘러싸고 있는 풍부한 다문화적 기초가 서구로부터 파생되어 전체

25) 설규주, "세계시민사회의 대두와 다문화주의적 시민교육의 방향", 한국사회과교육연구학회, 『사회과교육』, 제43권 4호 (2004), pp.34-35.

26) Banks(2016), p.61.

27) R. Falk, "The Making of Global Citizenship", Bart Van Steenbergen, ed., *The Condition of Citizenship* (London: Sage Publications, 1994), p.140.

화하는 문화 정체성에 종속되는 것을 막아줄 수 있다고 한다. 세계시민의식이 다문화적 다양성의 기초가 된다는 주장이다.

이상에서 다문화 시민성의 네 가지 접근으로 다원적 문화의식, 자유주의적 공화주의의식, 열린 민족의식, 세계시민의식을 지적했다. 다문화적 시민은 우선 다양한 문화공존에 대한 의식을 가지고 있어야 한다. 이어 자유와 평등과 참여에 기초한 공적 심의 및 법·제도를 기반으로 한 사회적 신뢰와 통합성을 중시해야 한다. 나아가 자기가 속한 공동체에 정체성을 가지면서도 열린 민족의식을 바탕으로 세계시민으로서의 책임의 범주를 확장해가야 한다.

V. 함께하는 다문화교육

다문화교육은 기본적으로는 다양한 문화적 배경을 가진 사람들에게 인종, 민족뿐만 아니라 문화, 종교, 언어, 사회계층, 장애 등 여러 차이와 더불어 살아가는 역량을 길러주는 교육이며, 이를 위해 모두에게 공평한 교육의 기회를 갖도록 교육과정을 바꾸어가려는 개혁운동이기도 하다.

가수 노을의 '함께'라는 노래가 있다. 가사 중에 "복잡한 세상을 해결할 수 없다 해도 (중략) 언젠가는 좋은 날이 다가올거야. (중략) 함께 숨쉬는 마음이 있다는 것. 그것만큼 든든한 벽은 없을 것같아. 그 수많은 시련을 이겨내기 위해서"라는 대목에서 생각해보자. 다문화교육이 복잡한 세상을 해결할 수 있는 전가의 보도(傳家寶刀)처럼 이해된다면 그것은 대단한 착각일 것이다. 다문화교육은 더 좋은 사회, 혹은 덜 나빠지는 사회를 꿈꾸며 함께하는 것에 대한 믿음과 희망이 본질이다.

그러기 위해 우리는 함께하지만, 서로 존중하고 절충하는 공간을 두어야 한다. 함께는 온전한 일치가 아니다. 고슴도치가 서로의 가시로 인한 상처를 주지 않으며 함께하는 거리를 찾듯이, 우리는 개인간 서로의 적절한 거리를 두면서 조정하고 이해하는 지대를 찾아야 한다. 중국의 논어에 표현되는 和而不同(화이부동)이나 외교무대에서 자주 언급되는 求同存異(구동존이) 처럼 함께하되 같음을 구하지 않으며, 같음을 추구하되 다름이 존재하도록 해야 한다.

그러면서도 우리는 함께의 정신과 가치를 잊지 않아야 한다. 마이클 샌델(Michael Sandel)과 같은 공동체주의자들이 표현하듯이, 우리 누구도 자기 내포(內包, not self-contained)적 존재는 없다. 아프리카 반투족의 UBUNTU(우분투)라는 표현처럼, 우리 모두는 '네가 있기에 내가 있다', 다시 말해, 너로 인해 내가 되고, 나로 인해 너가 된다.

끝으로 우리는 다문화교육을 함께하는 동반자가 되어야 한다. 뱅크스의 구분을 놓고 표현해보면, 우리는 때로 다문화교육을 위해 기여적인 역할이나 부가적인 역할에 그치는 경우도 있고, 혹은 변혁적인 역할이나 사회적 행동 역할에까지 이르는 경우도 있을 것이다. 하지만, 이러한 네 단계를 낮은 수준에서 높은 수준으로 보지 말고, 모두가 자기 분량이나 여건에 맞게 다문화교육을 위해 함께하는 역할로 인식해야 한다.

이러한 의미에서 다문화교육은 다문화 공존을 위해 '함께하는 교육'이라 할 수 있다. 함께하는 다문화교육만큼 힘이 되는 것을 없을 것이다.

제2부

다문화주의의 적용

제5장 다문화시대와 인권의 보편성
: 북한의 '우리식 인권론'을 중심으로

Ⅰ. 다문화시대와 인권의 보편성

다문화시대의 다양성, 관계성, 보편성은 다문화사회의 시대적 가치로 중시되어야 할 것들이다. 다양성이 단일성보다 힘이 있다는 믿음과 기대가 없다면 다문화시대를 뒷받침하기 어렵다. 철학적으로 다양성의 가치는 헬레니즘 시대의 변화에서 뚜렷하게 찾아볼 수 있다. 당시 알렉산드로스 대왕의 전쟁과 대제국 건설, 이후 상업·무역의 발달로 동·서의 문화간 융합은 헬레니즘 문화로 지칭될 만큼 세계사적이었다. 사회내 가족해체, 인적·물적 자원의 이동, 문화유입·접변은 정치사·문화사적으로 그리스 문화와 오리엔트 문화가 융합된 세계주의적인 예술, 사상, 정신을 만들어낸 것이다.

관계성도 마찬가지이다. 사회는 이미 '관계적'이다. 어느 누구도 홀로 존재할 수는 없다. 모두는 소속된 공동체에 기반해 각자가 규정되고 상호관계를 맺어간다. 개인이 홀로 존재한다면 사회의 형태도 윤리·도덕의 가치도 필요없게 된다. 사회나 윤리·도덕은 이미 관계성을 전제로 한 것이다. 다문화시대가 된다는 것은 그 어느 때보다 그 관계성의 동심원이 넓어지고 다차원적으로 확장된다는 의미가 있는 것이다.

여기서 다문화시대에 다양성과 관계성만 중시된다면 어떤 상황이 벌어질까 짚어보아야 보편성의 의미가 선명해질 것이다. 다양성만 강조되고, 관계성만 치중되는 형태와 가치는 극단의 파편화와 극심한 상대주의 혹은 무(無)가치주의로 치달을 가능성이 크다. 그렇게되면, 다문화 공존을 위한 다문화주의나 더불어 살고자 하는 다문화교육은 필요없게 된다. 그래서 보편성이 중요하다. 다양한 문화와 가치, 상호작용과 관계의 진정한 의미는 보편적 가치에 기반할 때 찾아진다. 대단히 혼합적인 헬레니즘시대에 스토아 철학은 모든 인간이 똑같이 이성(logos)을 가진다는 보편성 아래 만민평등사상이나 사해동포주의와 같은 세계주의로 나아갈 수 있었다.

보편성의 기반은 존엄한 인간의 권리인 인권이다. 인권은 인류가 역사 속에서 정치·사상사적으로 확인해온 보편적 가치의 가장 기본적 산물이다. 하지만, 다문화시대뿐만 아니라 현실에서 인권은 개념, 그 자체로 존재하지 않는다. 상대주의적으로 해석하고 실천하면서, 일종의 인권간 '부딪힘' 속에 실재한다.

인권으로 대변되는 인간 보편성 혹은 보편적 가치는 다문화교육의 기반이 되어야 한다. 그러려면 위에서 의미한 것처럼 인권의 보편성의 개념, 해석, 실천이 탐구되고 적용되어야 한다. 그래야 현실에서 휘둘리지 않는 인권의 보편성의 실천적 준거들이 찾아질 것이다. 그것은 동시에 다문화교육에 주는 시사점이 되기도 할 것이다.

이러 의미에서 이 장에서는 인권 보편성의 세 가지 논의에 근거하여 북한의 '우리식 인권론'을 비판적으로 평가하고 다문화교육에 주는 시사점을 찾아보고자 한다. 굳이 북한의 인권관을 대상으로 삼는 것은 우리의 다문화 담론이 처한 특수성 때문일 것이다. 우리나라의 경우, 복지국가로서의 경험이 일천한 탓에 다문화교육과 실천현장에서 역차별 논란이나 경제 현실적 접근이 쉽게 제기되며, 또한 남북한 분단으로 인해 이념 및 북한·통일문제를 보는 시각의 대립과 갈등이 다문화교육의 가치와 효과를 압도해버리는 특수성이 나타나고 있다.[1] 북한의 인권문제 역시 이러한 특수성의 영향을 많이 받는다는 점에서 이 장에서 인권의 보편성이 갖는 개념, 해석, 실천의 문제를 적용해보는 대상으로 삼게 된 것이다.

북한의 심각한 인권 상황이 제기된 것이 물론 어제 오늘의 일은 아니다. 유엔인권위원회에서는 2003년부터, 유엔총회에서는 2005년부터 북한의 심각한 인권상황을 개선하기 위해 북한인권결의안(UN Resolution on the Situation of Human Rights in the DPRK)을 매년 채택하고 있으며, 북한 인권문제는 국내외적으로 늘 부각되고 있다.[2]

국제사회의 우려와 요구에 북한은 '우리식 인권론'을 주장하면서 맞서고 있다. 인권에 대한 문화상대주의적 관점을 앞세우면서 인권을 집단주의적이며 계급주의적으로 설명하고 있다. 북한은 인권

1) 이종두·백미연, "한국의 특수성과 다문화정책", 윤인진·황정미 엮음, 『한국 다문화주의의 성찰과 전망』(서울: 아연출판부, 2014), pp.201-233.

2) 북한의 인권문제는 북한 내에서 발생하는 인권문제로만 국한되지는 않는다. 북한의 인권문제는 모든 북한 사람과 그 가족, 친인척의 인권과 관련된 현상을 포괄한다. 구체적으로는 북한에 살고 있는 사람들의 인권, 남한과 제3국에 있는 탈북자의 인권, 이산가족·납북자·전쟁포로와 같은 남북간 인도적 문제 등 크게 세 부분으로 구성된다. 서보혁, "북한인권법 제정 문제에 대하여", 『코리아연구원 현안진단』, 제249호 (2014.2), p.1.

을 국가의 자주권과 직결시켜 놓고 있으며, 그에 따라 국제사회의 인도주의적 개입의 정당성 자체를 부정하고 있다.

이렇게 보면, 북한 인권문제는 결국 국제사회에서 요구하는 인권의 보편성 문제를 북한이라는 '특수한' 상황에 적용하는 데서 나타나는 논리적 대립과 이념적 갈등을 주된 축으로 하고 있는 것이다. 국제사회는 앞으로도 계속해서 인권의 보편성을 근거로 북한의 인권 개선을 권고해 갈 것이며, 북한은 자기식의 특수성을 논리화하여 대립할 것이다. 그 사이에서 보편적 인권의 실체와 적용에 대한 논쟁, 보편적 인권의 대북 접근방식에 관한 시각차, 국제사회의 대북 인도적 개입의 방법과 정당성에 관한 논란은 지속될 것이다.

북한의 인권문제를 둘러싼 이러한 대립과 갈등의 문제는 우리 사회에서 이념갈등의 한 축이 되어 있어서, 북한 인권문제에 대한 인식과 접근방식에서도 일정한 차이를 나타내고 있다. 대체로 보수 진영은 북한 주민들의 자유권에 주된 관심을 두고, 북한에 대한 비판과 압박을 주요 방법으로 삼고 있으며, 북한인권법 제정과 같은 법적 접근을 우선시하고 있다. 진보 진영은 북한 주민들을 위한 사회권과 생존권에 초점을 두고, 대북 교류와 지원을 주요 방법으로 채택하고 있으며, 북한 인권문제 제기가 가져올 부정적 여파를 우려하고 있다.[3)]

문제는 이러한 일정한 차이가 다문화교육의 논점에서도 고스란히 되풀이되면서 인권이 갖고 있는 보편성의 원리와 다문화교육이 갖는 교육적 본질이 흐려질 가능성이 있다는 점이다. 북한 인권문제

3) 서보혁(2014.2), pp.3-4.

를 둘러싼 기본적 인식과 접근방식의 논점은 다문화교육의 틀에서 도 반복될 가능성이 크기 때문이다.

이 장은 다문화교육에서 북한의 인권문제는 당연히 제기되어야 하며, 그 절대적인 근거는 인권이 갖는 본질적인 특성인 '인권의 보편성'이어야 한다고 본다. 그 이유는 첫째, 인권의 보편성을 형식적으로 이해하게 되면, 북한의 '우리식 인권론'의 논리성 자체를 고정화하여 받아들이게 될 가능성이 크기 때문이다. 그렇게 되면, 다문화교육에서 북한 인권문제에 대해 언급할 여지가 없어지게 될 것이다. 둘째, 인권의 보편성에 대한 진지한 이해에 기반하지 않는다면, 북한의 '우리식 인권론'이 주장하고 있는 근거들 간에 숨어 있는 종합적인 연관성의 오류를 간과하게 될 것이기 때문이다. 종합하면, 다문화교육은 북한 인권문제를 둘러싼 논리적 대립이나 이념적 갈등의 연장선에서 이루어져서는 안된다. '인권의 보편성'에 대한 진지한 이해가 북한 인권문제의 인식과 접근을 둘러싼 대립과 갈등을 융합해가는 논리적 근거가 되어야 하며, 그에 기반한 교육적 함의가 다문화교육의 기초가 되어야 할 것이다.

이러한 의미에서 이 장에서는 '인권의 보편성'에 대한 세 가지 논의에 기초하여, 북한의 '우리식 인권론'을 비판적으로 평가하고, 다문화교육 실천에 주는 시사점을 제시하고자 한다. 이를 통해 다문화교육에서 북한 인권문제가 언급될 때, 가이드라인의 역할을 하는 논점을 설정하고자 하며, 다문화교육의 효과성을 제고하는 데 기여하고자 한다.

Ⅱ. 인권의 보편성: 세 가지 쟁점

오늘의 인권 개념은 고대의 자연법(natural law) 사상과 그에 기반한 근대의 자연권(natural rights) 사상에 기초하고 있다. 자연법은 자연의 이치에서 유추된 정의(正義)의 권리로서 우주·자연이나 인간·사회를 지배하는 보편적·불변적 법칙을 의미했으며, 인간성은 동일하다는 관념을 바탕으로 만인평등이라는 철학적 기반을 만들어 주었다. 자연권 사상은 이를 토대로 절대적이고 양도 불가능한 선험적 권리로서의 자연권 개념을 발전시키면서 인권 개념의 초석이 되었다.[4)]

오늘날 인권 개념은 상식적인 수준에서는 분명한 주류 담론으로 자리잡고 있으며, 하나의 행동원칙과 규범으로서 국제사회에서도 받아들여지고 있다. 하지만, 인권의 본질과 범위 등에서 완전한 합의가 이루어진 것은 아니다. 인권의 기원, 내용, 기준, 개입 등은 여전히 논쟁의 대상이다. 아래에서는 인권의 보편성을 둘러싼 인식적 쟁점으로서 문화상대주의, 국가주권, 인도적 개입의 문제를 살펴보고자 한다.

1. 인권의 보편성과 문화상대주의

인권(human rights)이란 사람이 사람이기 때문에 갖는 인간으로

4) 이봉철, 『현대인권사상』 (서울: 아카넷, 2001), pp.105-130. “인권과 자연법·자연권 전통(제5장)” 참조.

서의 권리이다. 인권은 모든 사람이 사회구성원으로서 갖는 권리와 의무보다 근본적이다. 모든 사람에 대해 보편적으로 존중하고자 하는 행위의 기준이나 규칙으로서의 규범적 산물이 인권이기 때문이다.

그러나 인권은 요구되는 행동의 '옳은 것'(right)이라는 도덕적 의미에만 국한되지 않는다. 인권은 무엇인가에 대해 갖게 되는 '특수한 자격'(right)이라는 정치적 의미를 동시에 갖는다.[5] 그 이유는 바로 인권이 갖는 보편성과 역사적 맥락 때문일 것이다. 두 가지 'right'가 갖는 도덕적·정치적 의미로 인해 인권은 개인과 국가에게 도덕적·정치적 정당성의 기준이 되며, 국내적·국제적 표준이 되고 있다. 인권은 서구의 지적 전통과 역사적 경험에 따른 산물이지만, 동시에 이러한 규범적 정당성과 표준화에 따르는 실천적 구속력의 확장은 인권의 보편성을 구성하는 또 하나의 가치가 되는 것이다.

인권이 기반하고 있는 지적 전통은 대체로 자연법과 자연권, 그리고 자유주의이다.[6] 이들 전통에서 중시하는 것은 이성, 선험적 규범, 자율적 개인이다. 인간은 이성을 가진 자율적 존재이기 때문에 존중되어야 할 평등한 권리를 지니는 것이다. 물론 자연권과 달리 인권을 설명하는 여러 사회사상들은 권리의 선험성을 반드시 전제하지는 않는다.[7] 예컨대, 공화주의 관념은 공동체 구성원들의 심의를 통해 권리 체계가 형성되고 변형될 수 있다고 보며, 보수주의 관

5) Jack Donnelly, 박정원 옮김, 『인권과 국제정치: 국제인권의 현실과 가능성 및 한계』 (서울: 오름, 2002), pp.50-51.

6) 이봉철(2001), pp.105-197. "인권과 자연법·자연권 전통(제5장)", "인권의 자유주의 전통(제6장)" 참조.

7) 김비환, "현대 인권 담론의 쟁점과 전망", 김비환 외, 『인권의 정치사상』 (서울: 이학사, 2010), pp.28-35.

념은 권리 자체를 특수한 공동체의 역사적 진화 과정을 통해 점진적으로 확립된 것으로 본다. 맑스주의 관념은 권리를 특정한 역사적 발전 단계에 있는 특정한 경제·사회적 구조 속에서 나타난 투쟁의 산물로 간주한다. 이상의 관념들에서 인권은 사회적으로 구성된 실체로 간주되는 것이다.

하지만, 이들 사조들이 인권의 보편성과 대비되는 특수성에 기반해 있다고 단정할 수는 없다. 제2차 세계대전 이후 인권이 전면에서 제도화되면서부터 권리의 선험성은 전쟁의 참상을 근거로 상식선에서 당연시되고 있다. 한 걸음 더 나아가, 위에서 언급한 공화주의나 보수주의, 맑스주의 관념은 인권과 결합되는 새로운 형태를 만들거나 시민사회와 국가를 매개하는 중심 역할을 하면서 인권 담론의 실현 가능성을 증진시키는 또 하나의 근거가 되어야 한다는 요구을 받고 있다.[8] 이렇게 보면, 인권이 갖는 보편성은 우리가 개인의 자율성과 존엄성과 평등성을 선험적 가치로서 지켜가야 한다는 최소한의 타당성에 기초한 실체라고 할 수 있다.

보편성의 이러한 의미는 인권이 실제 단계적으로 발전되어온 역사적 맥락에서 확인할 수 있다. 프랑스의 법학자 카렐 바삭(Karel Vasak)이 정리한 인권의 3세대론은 이를 잘 보여준다.[9] 그는 제1세대 인권을 시민적·정치적 권리(civil and political rights), 제2세대 인

8) 김비환 외, 『인권의 정치사상』에 수록되어 있는 홍원표, "인권 문제와 보수주의(3장)", 곽준혁, "공화주의와 인권(4장)", 최형익, "칼 맑스의 정치경제학 비판과 사회권 사상(7장)" 참조.

9) Karel Vasak, ed., *The International Dimensions of Human Rights* (Westport, Conn.: Greenwood Press, 1982); 아래의 인권의 3세대론에 대한 정리는 유홍림, 『현대 정치사상 연구』 (고양: 인간사랑, 2003), pp.316-318.

권을 경제 · 사회 · 문화적 권리(economic, social, and cultural rights)로, 제3세대 인권을 연대의 권리(solidarity rights)로 규정했다.

1세대 인권은 17~18세기 영국, 미국, 프랑스혁명과 연관된 혁명론에 기초하며, 2세대 인권은 19세기 초 이후의 사회주의 전통에 기반한다. 3세대 인권은 20세기 후반 국민국가의 발흥과 쇠퇴과정 속에서 형성되었다. 1세대 인권론은 자유주의적 개인주의와 자유방임주의의 영향 아래 적극적 권리(rights to)의 형태보다는 소극적 권리(freedom from)의 형태로 인권을 규정한다. 2세대 인권론은 대체로 계급지배와 식민지적 착취를 용인하는 자유 개념과 자본주의적 발전 논리에 대항하는 성격을 나타내면서 사회적 평등을 실현하기 위한 국가의 적극적 역할을 요구하는 형태로 인권을 나타낸다. 3세대 인권론은 국민국가의 능력과 범위를 초월하는 문제들에 대해 전체 인류 차원에서의 대응을 제기하는 형태로 인권을 전개한다. 이상의 시민적 · 정치적 권리, 경제 · 사회 · 문화적 권리, 연대성의 권리는 근대 사회의 출현 이후 다양하게 전개되어온 혁신적 정치운동의 중심 이념으로서 인권 사상 및 세계인권선언을 구성하는 핵심 개념들이다.

인권의 3세대론은 복잡한 역사과정을 단순화하는 한계가 있지만, 인권의 내용을 구분해보면서 인권론의 역사적 맥락을 이해하는 데 도움을 준다. 또한 이러한 모델은 서구에서 이미 완결된 인권이라는 개념이 비서구로 확장되는 일종의 헤게모니적인 개념이 아니라는 점을 보여준다. 다시 말해, 인권의 보편성은 서구식의 보편주의를 지칭하는 것이 아니라, 그동안 보편적 보편주의를 지향해왔으며, 앞으로도 계속 지향해가야 한다는 것을 뜻한다.

때로 각국의 역사적 특수성이나 문화적 고유성을 내세워 인권 적용의 문화상대주의(cultural relativism) 혹은 특수주의(particularism)가 제기된다. 하지만, 문화상대주의의 입장은 자칫 인권을 부정하거나 인권 침해를 정당화하기 위한 논리로 빠질 수 있다. 각국의 역사적 특수성이나 문화적 고유성에 관한 단일한 해석이 존재하지도 않을 것이며, 그런 요소들은 대체로 각국 정치세력들의 정치적 의도와 필요에 따라 자의적으로 해석되고 활용될 소지가 많다. 인권의 보편성을 특수주의의 시각에서 해석하고 이행해야 한다는 주장은 진정성의 관점에서 상당히 경계해야 하는 것이다.[10)]

문화상대주의는 인권의 보편성의 실천과정에서 이해의 폭을 넓히는 접근방식으로 간주되어야 한다. 문화상대주의는 상대를 이해하기 위한 방법론의 일환이라는 점이 강조되어야 하는 것이다. 그렇게 될 때, 인권의 본질이 인간의 삶 속에서 다양하게 실천되는 데 있다는 점과, 사람의 개별적 특수성에 대해 열린 자세를 갖게 하는 상대적 보편성의 가치로서 문화상대주의의 의미가 바르게 논의될 수 있을 것이다.[11)]

물론 인권의 보편성이 모든 문화권에 승인되고 수용되는가 하는 실제의 문제는 다른 차원의 논의일 것이다. 잭 도널리(Jack Donnelly)의 지적을 보면, 인권의 실제는 개념, 해석, 실천의 세 차원으로 구분된다.[12)] 맨 위의 수준에 '개념'이 자리하고 있지만, 바로 그 아래

10) 김비환(2010), pp.40-42.

11) 박용조, "인권의 보편성이 사회과 인권교육에 주는 시사", 한국사회교과교육학회, 『사회과교육연구』, 제13권 1호 (2006), pp.84-86.

수준의 '해석'에 따라 인권의 개념은 어느 정도의 해석적 다양성을 가질 수 밖에 없으며, 맨 아래의 세부적인 수준에서는 '실천'되는 데 있어 상당한 정도의 다양한 여지가 있는 것이다. 도널리는 이러한 의미에서 인권의 보편성을 각 문화권에 따른 수정과 보완의 가능성을 인정하는 약한 상대주의(week relativism)의 관점에서 이해할 것을 제안하는 것이다.[13] 여기서 확인할 것은 해석과 실천의 영역으로 내려가면서 각 수준에서의 다양성이 있을 수 있지만, 해석과 개념의 영역으로 올라가면 분명 존재하는 것이 바로 인권의 보편성 개념이라는 점이다.

인권의 보편성을 둘러싼 이러한 사상적 · 역사적 맥락 못지 않게 생각해보아야 할 것은 인권의 전통을 정당화할 수 있는 근거일 것이다. 이에 관한 여러 주장과 논쟁이 있겠지만,[14] 여기서는 인권을 정당화하는 근거로서 최소주의(minimalism) 윤리와 중첩 합의(overlapping consensus) 관점에 주목하고자 한다.[15]

최소주의 윤리란 평화적인 질서와 안정이라는 정치적 관심 위에서 구성원들 간의 상호 공정한 최소한의 조건으로서 인권이 제기되고 정당화된다는 의미이다. 최소주의 윤리는 이미 언급한 '최소한의 타당성'이란 의미와도 유사하다. 1948년 유엔총회에서 채택된 세계인권선언은 최소주의 윤리 혹은 최소한의 타당성이라는 차원에서 그간의 역사적 경험을 통해 축적된 보편적 이상이 집합된 결정체라고

12) Donnelly(2002), pp.75-76.

13) Donnelly(2002), p.74.

14) 김비환(2010), pp.36-48.

15) 유홍림(2003), pp.319-328.

할 수 있다.

중첩 합의 관점이란 규범을 정당화하는 방식의 차이를 넘어 인간 상호 간의 행동에 적용되어야 하는 규범으로서 모두가 합의할 수 있는 형태로 존재하는 것이 인권이라고 보는 관점이다.[16] 여기에는 다양한 문화적 · 종교적 · 철학적 전통 사이의 합의뿐만 아니라 인류의 비극적인 역사적 경험을 되풀이하지 않고자 하는 정서적 공감과 의지로 구성된 '확장된 중첩 합의'[17]를 포괄한다.

종합하면, 인권의 보편성은 서구의 지적 전통과 역사적 경험 위에서 발생했지만, 서구를 넘어 전세계적인 수준에서 그 규범적 정당성과 실천적 구속력을 주장하고 확장해갈 수 있다는 데 의의가 있다. 개인의 자율성과 존엄성과 평등성을 선험적 가치로서 지켜가야 한다는 최소한의 타당성에 기초한 실체이면서, 나아가 사람들 간에 일종의 상호 이해와 인정의 과정을 통해 역사적으로 확인되고 실현되어가는 보편적 존중의 규범으로서의 의미를 인권의 보편성이 갖고 있는 것이다. 이러한 의미에서 '도덕적 보편주의'가 강조되기도 한다.[18] 하지만, 북한 인권문제를 보는 데는 '도덕적 보편주의'보다

16) 중첩 합의는 존 롤스(John Rawls)가 자신의 정의관을 정당화하기 위해 언급한 것이다. 그에 따르면 중첩 합의는 합당한 포괄적 교설들(reasonable comprehensive doctrines)을 수용하는 시민들이 특정한 정치적 정의관을 일반적으로 지지하면서 생겨난다. John Rawls, *Political liberalism* (New York: Columbia University Press, 1993), pp.38-39.

17) 김비환(2010), p.48.

18) 장은주, "인권의 보편성과 인도적 개입의 정당성: '북한 인권 문제'의 올바른 해법을 위한 철학적 토대의 모색과 관련하여", 장은주, 『인권의 철학: 자유주의를 넘어, 동서양이분법을 넘어』 (서울: 새물결, 2010), pp.366-369; 악셀 호네트, "보편주의는 도덕적 함정인가?", 악셀 호네트, 문성훈 외 옮김, 『정의의 타자: 실천철학 논문집』 (파주: 나남출판, 2009), pp.326-328; 윌리엄 J. 탤벗, 은우근 옮김, 『인권

는 선험적 가치에 기반하면서 최소주의 윤리와 중첩 합의 관점에서 상호 이해와 인정의 과정을 확장해가는 것이 보다 현실적이라고 본다.

2. 국가주권과 인권

1648년 베스트팔렌조약 이후 국가주권은 국제질서의 기초로서 역할하고 있다. 주권성은 국민국가체제 아래에서 지금까지 국제관계를 규율해온 또 하나의 정당한 규범적인 원리이자 권리였다. 지난 3세기에 걸쳐 국가주권의 이념은 내적으로는 국민통합을 이루고 외적으로는 주권적인 권한을 행사하는 정당한 근거였으며, 이를 바탕으로 자국의 영토, 국민, 자원은 물론 자국 내의 여러 문제들에 대해서도 배타적인 관할권을 행사했다. 이 때문에 주권국가의 국내 행위에 다른 국가들이 간섭하지 않는다는 내정불간섭은 주권성에 버금가는 국제관계에서의 의무였다. 동시에 주권성을 존중하는 것은 국제평화를 유지하는 하나의 수단이자 규범이기도 했다. 자연히 국가주권의 문제는 대체로 한 국가 내부에서 통치의 정당성을 확보하는 문제로 간주되었고, 이로 인해 국제관계에서 인권은 대개가 배제되었다. 기본적으로 인권은 자국의 영토 안에서 자국의 국민을 대우하는 방법을 규율하기 때문이었다.[19]

인권이 국제관계에서 화두가 된 것은 대체로 제2차 세계대전 이후이다. 물론 지금도 국제사회에서 인권의 보편성에 대한 주장은

의 발견: 어떤 인권이 보편적인가 도덕적 제국주의와 도덕적 상대주의 넘어서기』 (파주: 한길사, 2011) 참조.

19) Donnelly(2002), pp.62-63.

주권성이 갖는 규범적 지위와 긴장관계에 있다. 인권 사상은 주권성의 범위를 넘어설 때, 힘에 기반한 현실 정치나 문화상대주의와 쉽게 부닥치게 되기 때문이다.[20)]

그러나 제2차 세계대전 이후 지금까지의 짧은 기간 국제관계에서 인권이 차지하는 지위는 근본적으로 변화했다. 많은 주권국가들에 의해 국제인권의 실체가 인정되고 있고, 다양한 인권 이슈가 실천되고 있으며, 인권 관련 NGO도 수적으로나 내용적으로 성장하고 있다. 국제인권규범들과 체계가 국제사회에 자리하면서 과거와 달리 주권국가 내의 개인에게도 합당한 권리를 규율하고 있다. 물론 완전하다고는 할 수 없지만, 오늘날 인권은 국제사회의 규범 내에 통합된 도덕적 정당성의 기준으로 자리잡고 있는 것이다.[21)]

국가주권과 인권의 관계에서 나타나는 이러한 변화를 감안하되, 동시에 우리가 늘 염두에 두어야 할 것은 주권성과 인권의 관계에서 전제해야 하는 논점들이다. 그것은 인권의 보편성을 국제관계로 더욱 확장하기 위한 근거이기 때문일 것이다.

무엇보다, 국가주권은 인권 존중이라는 한계 안에서 타당하고 존중받을 수 있어야 한다.[22)] 물론 단순히 전제될 수 있는 문제는 아니겠지만, 자국민의 인권을 제대로 보호하는 민주적인 정부라야 주권의 정당성이 정당해질 것이다. 이러한 전제 밖에서는 주권성이 정당하게 제한될 수도 있다는 것이 인권과 국가주권의 관계에서 설정

20) 유홍림(2003), pp.315-316.

21) Donnelly(2002), pp.64-65.

22) 장은주(2010), pp.379-380.

되는 규범이다. 국제사회의 많은 국가들이 세계인권선언을 비롯한 여러 국제인권규범과 체계를 승인한 것은 이미 내정불간섭과 같은 주권성이 인권침해의 문제와 관련해서는 권한이 제한적이라는 점을 인정한 것이다.

그러나 그렇다 하더라도, 인권의 개선은 주권성과의 관계에서 점진적 방식을 추구해야 할 것이다. 그것은 주권 역시 고유한 규범적 의미를 분명히 가지고 있으며, 기본적으로 해당 정권의 민주성, 정부와 국민들의 상대적 관계성, 국민들이 가지고 있는 '자존감'[23] 등과 같은 주권국가의 복합성과 고유성이 있기 때문일 것이다. 또한 마사 너스바움(Martha C. Nussbaum)이 지적한 것처럼, 인권 이념이 정당화되는 차원과 실현되는 차원이 다르기 때문이기도 할 것이다.[24] 다시 말해, 인권의 보편적 가치에 대해 정당화하는 것처럼, 인권의 구체적이고 역사적인 실현 과정의 다양성과 자율에 대해서도 기본적으로는 존중할 수 있어야 한다는 의미이다.

이러한 점에서, 인권의 보편성을 훼손하지 않으면서 동시에 인권의 실현을 위한 국민국가적 형식을 지속적으로 견제해가는 것도 국가주권과 인권과의 관계에서 중요하다.[25] 이는 결국 인권이 보호하고자 하는 개인의 권리를 위해서는 그 권리가 구체적으로 실현될

---

23) 존 롤스, 장동진 외 역, 『만민법』(서울: 이끌리오, 2000), pp.61-63. 롤스는 주권의 규범적 차원을 각 국민국가의 국민들이 누리는 자존감의 문제로 파악할 것을 제안한다. 국가의 국민들이 국민으로서 자신들이 가지는 자존감의 문제에 더 깊은 관심을 가질 수 있다는 점에서 롤스는 국제관계에서 이러한 점을 최대한 보장해 주어야 한다고 주장한다.

24) Martha C. Nussbaum, *Frontiers of Justice: disability, nationality, species membership* (Cambridge: Harvard University Press, 2007), p.255.

25) 장은주(2010), pp.384-385.

수 있는 공동체적 형식이 동시에 전제되어야 하기 때문일 것이다. 물론 공동체적 형식에 대한 고민이 자칫 집단적 권리 우선주의나 극단적 정치현실주의로 흐르지 않도록 주의해야 한다.[26] 특히 정치현실주의자들은 모든 정치생활에서 권력과 안보를 최고의 가치로 보기 때문에 보편적 도덕원리가 국가의 행위에 적용될 수 없다고 본다.[27] 그러나 국제관계에서 보면, 국가이익이 국가의 유일한 최종적 의무는 아니며, 오히려 국가가 국제관계에서 일정한 도덕적 목적과 행위를 추구하고 있는 것도 사실이다. 정치현실주의는 필요하지만, 동시에 정치현실주의의 속도를 제어하기 위한 역할은 도처에서 볼 수 있으며, 또한 존재해야 하는 것이다.[28]

3. 인도적 개입과 국가주권

인권의 보편성을 많은 국가들이 승인하면서 인권을 침해하는 국가주권에 대해 외부의 국가나 국제사회가 인도적으로 개입하는 것은 일종의 도덕적 의무를 다하는 가치의 문제로 이해되고 있다.

26) Donnelly(2002), pp.68-71.

27) Robert Gilpin, "The Richness of the Tradition of Political Realism", Robert O. Keohane, ed., *Neo-Realism and Its Critics* (New York: Columbia University Press, 1986); Hans Morgenthau, *Politics Among Nations*, 2nd ed. (New York: Alfred A. Knopf, 1954) 참조.

28) 위르겐 하버마스(Jürgen Habermas)가 제안한 법적 평화주의에 기반한 국제법의 입법화는 정치현실주의를 제어하기 위한 하나의 대안이 될 수 있을 것이다. 그는 인권의 보편성을 일방적 강요나 도덕주의적인 폭력 없이 실질적으로 담보해 낼 수 있는 길은 세계적 수준에서 민주적 법치 질서의 틀을 갖추어가는 것이라고 본다. 자연히 그는 세계시민법을 민주적 법치국가 이념의 한 귀결이라고 본다. 하버마스, 황태연 역, 『이질성의 포용: 정치이론연구』 (서울: 나남출판, 2000), p.234. 특히 제7장("200년의 역사적 시간차에서 본 칸트의 영구평화 이념") 참조.

그러나 개입의 문제는 국가주권과의 관계에서 생각보다 복잡하고 그 차원도 다양하다.

여전히 권리의 주체로서의 개인 자체를 인정하지 않고 신분이나 출신에 따라 개인에게 서로 다른 권리를 부여하는 국가도 있다. 하지만, 많은 국가들이 인권의 보편성을 주장하고 있는 것과 달리, 실제 인권의 이념을 온전하게 실현하면서 자국민의 인권을 보호하고 있는 국가는 없을 것이다. 그만큼, 관점에 따라서 국가별 인권 상황을 정도의 문제로 환원해 버릴만한 여지가 분명히 있는 것이다.

국제사회에서 인권은 기본적으로 강대국의 이해관계를 포장한 명분으로 작용할 가능성이 많다. 그렇게 되면, 인권은 규범적 가치라기보다는 정당성이 상실된 일종의 패권에 가깝게 된다. 그렇다 보니, 인권의 보편성과 인도적 개입의 정당성 자체를 부정하는 주장도 있다. 서구 강대국의 패권 아래에서 인권의 보편성은 보편주의로 가장한 특수주의일 뿐이며, 인도적 개입 역시 제국주의적인 물질적 이익을 추구하기 위한 이데올로기적 명분이 된다고 보는 것이다.[29)]

도덕적으로는 인도적 개입이 정당화된다 하더라도, 그것이 국제법상으로 국가주권을 뛰어넘는 분명한 권한이 있는 것도 아니다. 유엔헌장 제2조 7항은 불간섭주의 원칙을 확인하고 있으며, 제2조 4항은 무력사용 금지를 규정하고 있다. 물론 실제에서는 소말리아사태, 르완다사태, 코소보사태, 리비아사태 등 외부 행위자의 개입이 계속

29) 보다 직접적으로 이매뉴얼 월러스틴(Immanuel Wallerstein)은 인권이 갖는 보편성을 "유럽적 맥락에서 비롯되어 전지구적인 보편적 가치가 되기를 열망하면서 제시되는 일련의 원칙들과 윤리적 견해들"을 의미하는 '유럽적 보편주의'라고 지적한다. 이매뉴얼 월러스틴, 김재오 옮김, 『유럽적 보편주의: 권력의 레토릭』 (파주: 창비, 2008), p.56.

발생한다.

그렇다 보니, 인도적 개입의 문제에서 더 빈번한 논쟁의 대상이 되는 주제는 인도적 개입이 정당화되는 경우나 근거에 관한 것이다. 그간 인도적 개입의 여러 사례분석을 통해 개입의 정당성을 갖추기 위한 조건이 여럿 제시되었다.[30] 그 중 하나만 예를 들면, 사이먼 캐니(Simon Caney)는 다섯 가지 조건을 정리했다. 그것은 ① 인도적 개입의 목적이 사람의 고문, 살인, 감금 또는 노예화되지 않을 권리뿐만 아니라 어느 정도의 생활수준을 보장받을 권리도 포함하는 근본적인 권리를 보호하는 것일 때, ② 이러한 목적을 충족할 수 있는 효과적인 방법일 때, ③ 바람직하지 않은 효과를 가지지 않을 때, ④ 적법한 실체에 의해서 수행될 때, ⑤ 간섭을 주도하는 권위에 과도한 비용이 부과되지 않을 때 등이다.[31]

캐니가 제시한 이상의 내용은 국가주권과의 관계를 감안해 주권성 훼손을 최소화하면서 인도주의적 효과를 최대화하려는 조건들이다. 하지만, 현실에서 인도적 개입을 앞두고 이러한 조건에 대한 세심한 검토가 이루어지고 있는가에 대해서는 의문이다. 오히려 이러한 조건들은 사례연구의 결과 혹은 사후적인 근거일 경우가 많기 때문이다. 이러한 의미에서 우리는 인도적 개입과 국가주권과의 관계에서 전제해야 할 인식에 보다 우선 초점을 두어야 할 필요가 있을

30) 사이먼 캐니, "인도적 간섭과 국가주권", 앤드류 볼즈 엮음, 김한식 · 박균열 옮김, 『국제정치에 윤리가 적용될 수 있는가』 (서울: 철학과 현실사, 2004); 필립 모로 드파르주, 문경자 옮김, 『내정간섭』 (서울: 한울, 2000); 최의철, 『인도주의 개입: 이론과 실제』 (서울: 백산자료원, 2004) 참조.

31) 캐니(2004), pp.244-248.

것이다.

무엇보다 국제사회의 인도적 개입의 문제는 그 자체로 분명한 자기 확인적인 의미가 있다.[32] 국제사회에서 여러 국가들이 이미 인권의 보편성을 승인했다. 그런 점에서 보면, 단지 우리 국가가 아니라는 이유로 다른 국가 주민들의 인권침해 상황을 외면한다면, 그것은 보편적 관점에서의 도덕적 의무를 부정하는 것이 된다. 보편적 관점에서 인도적 개입이 갖는 도덕적 의무를 계속해서 확인해가는 것은 인도적 개입 자체가 보편주의를 가장한 특수주의라든지 이데올로기적 명분이라든지 하는 비판에서 벗어날 수 있는 길이 될 것이다. 인권의 보편성은 역사 속에서 계속 확인되면서 형성되어온 '보편적' 보편주의의 이념이기 때문이다.

국제사회의 인도적 개입은 인간 존엄성의 보호와 증진이라는 진정한 보편주의의 전제 위에 설 때만 그 정당성을 계속 유지할 수 있다.[33] 인권의 보편성이 지닌 본성은 특정한 강제수단을 통해 관철시켜내야만 하는 절대적 보편성이 아니다. 강압적인 수단을 동원하여 실현하는 인권 이념은 기본적으로 인권이 추구하는 규범적 취지에 벗어나는 것이다.

인도적 개입이 진정한 보편주의에 기반할 때, 제국주의적인 인권 보편주의를 비판할 수 있을 것이다. 동시에 인도적 개입이 인간 존엄성의 보호와 증진이라는 보편성에 근거할 때, 국가 내부적인 수준을 넘어 국제적인 수준에서 공동의 노력을 추구할 수 있을 것이

32) 장은주(2010), p.362.

33) 장은주(2010), pp.369-371.

다. 나아가 인도적 개입이 보편적 보편주의 위에 설 때, 이질적인 문화나 관점을 상호 이해하기 위한 지속적인 대화를 추구해갈 수 있을 것이다.

인도적 개입의 문제는 또한 다차원적인 관련 법체계의 재구성을 통해 실현해가야 한다.[34] 인도적 개입은 충분히 규범적 정당성을 갖는 것이 되어야 하며, 정당한 개입을 위한 법체계는 지속적으로 고민되어야 한다. 이 경우, 주의해야 할 것은 폭력적 도덕주의에 대한 경계일 것이다. 다시 말해, 강대국이나 서구 국가의 인권을 부정하고 위협하는 사람들에 대한 반(反)인권적 수단이나 폭력의 사용을 정당화하는 논리의 설정은 언제나 조심해야 한다.

끝으로 인도적 개입의 문제와 관련하여 최근의 동향으로서 보호책임(Responsibility to Protect: R2P)에도 주목해야 한다.[35] 보호책임은 유엔이 2011년 리비아사태 등에 개입할 때 사용되었다. 국가가 자국 시민을 보호하지 않거나 할 수 없는 경우, 국제사회가 그 책임을 맡아야 한다는 원칙으로 2000년대 이후 일반화되었다. 인종청소, 반인도 범죄가 벌어지고 있음에도 해당 국가의 국내 사정이라는 이유로 국제사회가 방치했다는 반성에서 나왔으며, 유엔 결의안에도 인용되고 있다. 물론 보호책임을 둘러싼 논란은 여전하며, 실제 법적 규범으로 자리잡았다고 보기도 어렵다.[36] 하지만, 우리는 국제공동체가 보호책임의 2차 주체가 되어 있으며, 범세계적 차원 및 지역

34) 호네트(2009), p.329.
35) 이규창 외 3인, 『보호책임(R2P) 이행에 관한 연구』(서울: 통일연구원, 2012) 참조.
36) 이규창(2012), pp.85-89.

적 차원의 긴밀한 협력, 특히 유엔과 각종 지역기구의 협력이 계속 모색되고 있다는 점에 주목해야 할 것이다.

이상에서 인권의 보편성과 문화상대주의, 국가주권과 인권과의 관계, 인도적 개입과 국가주권과의 관계 등의 쟁점을 짚어보았다. 이러한 인식적 논의에서 확인하고자 하는 것은 첫째, 보편적 인권의 기계적 적용이나 문화적 상대주의의 지나친 강조는 실질적인 인권 논의에서 바람직하지 않다는 점, 둘째, 인권적 관점에서 출발해서 인권의 실현을 위한 국민국가적 형식에 대해서도 규범적으로 검토해야 한다는 점, 셋째, 인도적 개입의 정당성을 확보하려는 지속적인 논의와 함께 국제 인권 이념의 실현을 위한 다차원적인 관련 법체계의 재구성이 지속되어야 한다는 점 등으로 정리할 수 있다. 아래에서는 이러한 세 가지 인식적 논의를 기본 틀로 하여 북한의 인권관을 비판적으로 검토해보고자 한다.

Ⅲ. 북한의 '우리식 인권론': 비판적 검토

북한의 인권관은 한 마디로 '우리식 인권론'이라고 할 수 있으며, 그 내용은 강한 문화상대주의와 이분법적 사고, 국권이자 자주권으로서의 인권 인식, 체제안보적 관점에서의 인도적 개입 인식으로 압축할 수 있다.[37]

37) 이하 내용은 김수암, "문화상대주의, 주권원칙과 북한 인권", 서울대학교 국제문

1. 강한 문화상대주의와 이분법적 사고

흔히 '우리식 인권론'이라고 지칭되고 있는 북한의 인권관은 철저히 강한 문화상대주의 시각에 기반해 있으며, '서방식' 인권론과 뚜렷이 구분짓는 이분법적 사고를 나타내고 있다.

북한의 인권 개념이 '우리식 인권론'으로 자리하게 된 것은 1990년대 중반부터이다. 사회주의권 붕괴 이후 국제사회가 북한 인권문제에 대해 지속적으로 문제제기를 하자, 이에 북한은 '우리식 인권론'으로 대응하기 시작했다.[38]

'우리식 인권'이란 용어는 1995년 6월 24일자 『로동신문』에 게

제연구소, 『세계정치』, 제27권 1호 (2006), pp.153-288; 김원식, "북한인권 담론의 규범적 논거들에 대한 검토: UN의 개입에 관한 국내 시민사회 담론을 중심으로", 북한연구학회, 『북한연구학회보』, 제10권 1호 (2006), pp.75-95; 이동윤 · 백종은, "인권문제에 대한 북한의 인식과 정책적 대응: 외부압력에 대한 내부 변화의 한계", 『21세기정치학회보』, 제18집 1호 (2008), pp.185-204: 이무철, "북한 인권문제와 '인도적 개입': 주요 쟁점과 비판적 평가", 평화문제연구소, 『통일문제연구』, 제22권 1호 (2010), pp.153-189; 이무철, "'북한 인권문제'와 북한의 인권관: 인권에 대한 북한의 시각과 정책에 대한 비판적 평가", 북한대학원대학교, 『현대북한연구』, 제14권 1호 (2011), pp.144-187 참조.

38) 북한은 적어도 1950, 1960년대까지는 인권의 보편적 권리를 표방하고 있었다고 볼 수 있다. 1957년 조선로동당출판사에서 펴낸 『대중정치용어사전』에 의하면, 인권은 "정치, 경제, 문화 등등 온갖 사회활동 분야에 있어서 사람으로서 마땅히 가져야 할 자유, 평등의 권리"라고 일반적으로 정의되어 있다. 그러나 주체사상의 확립과 맞물리면서 인권의 개념도 사회권, 발전권, 계급권에 기초한 성격을 명확하게 드러내었다. 1970년 사회과학출판사에서 출간한 『정치용어사전』에 따르면, 인권은 "인민이 응당 가져야 할 정치적, 경제적, 문화적 및 사회적 제반 권리"로서, "튼튼한 물질적 조건에 의해 담보"되며 "계급적 원쑤들에게는 철저한 독재를 실시"하는 것이라고 규정되었다. 주체사상이 체계화된 이후인 1992년 출간된 『조선말대사전 2』는 인권을 "사람이 사람으로서 마땅히 가져야 할 권리 곧 사람의 자주적 권리"이며, "사회적 존재로서의 사람의 인권은 그의 정치생활, 경제생활, 문화생활 등 사회생활에서 표현"된다고 정의했다. 사회과학출판사 편, 『조선말대사전 2』 (평양: 사회과학출판사, 1992), p.1696.

재된 "참다운 인권을 옹호하여"라는 글에서 구체적으로 등장했다.[39] 이 글에서 북한은 김일성 주석이 1994년 미국 『워싱턴 타임즈』 기자단과의 만남에서 "인민이 좋아하면 그것이 공정한 인권기준"이라고 언급한 것을 제시하면서, 인권의 절대적 기준을 "인민이 좋아하고 그들의 요구와 리익에 부합되는 것"이라고 규정했다. 그러면서 "사람중심의 철학사상인 주체사상을 구현한 우리식 인권론은 우리 인민의 지향과 요구를 반영한 자주적인 인권론이며 올바른 가치관과 생명관에 기초한 과학적인 인권론"이라고 주장했다. 이에 따르면, 북한은 인권이 보편적 가치라는 점을 부인하지는 않았지만, 절대적인 인권 기준은 없으며, 단지 자신들에게 맞는 자신들의 인권 기준이 있다는 점을 강변한 것이다. 강한 문화상대주의 시각에서 자신들의 인권 기준을 설정한 것이다.

이후 북한은 우리식 인권 개념을 지속적으로 강조했다. 예를 들어, 2001년 3월 2일자 『로동신문』에는 "지구상의 모든 나라들은 각이한 전통과 민족성, 서로 다른 문화와 사회 발전 역사를 가지고 있으며 매개 나라의 인권 기준과 보장 형태도 해당 나라의 구체적 실정에 따라 서로 다르다"고 규정했다. 2010년 3월 21일자 『로동신문』에는 "세계의 모든 나라들에 꼭 같이 맞는 유일한 '인권기준'이란 있을 수 없다. 사상과 리념, 신앙과 제도상 차이가 있고 경제, 문화발전수준과 지향이 각이한 조건에서 나라마다 인권기준이 다르기 마련이다."라고 못박았다.[40]

39) 승재순 · 로영, "참다운 인권을 옹호하여", 『로동신문』, 1995.6.24.

40) 리현도, "제국주의자들의 '인권옹호' 타령은 침략과 간섭의 수단", 『로동신문』, 2010.3.21.

이렇듯, 북한은 인권 기준이 나라의 조건에 따라 인민들의 지향과 요구를 반영하여 설정되어야 한다는 논리를 계속 강조하고 있다. 인권에 대한 문화상대주의적 관점에 입각해 있는 북한의 논리에서 보면, 서방 국가들이 강요하고 있는 인권 기준은 자신들의 실정에 맞지 않은 '서방식' 인권론일 뿐이며, 자신들의 '우리식 인권론'과는 철저히 이분화되는 것이다.

자연히, 북한은 서방의 개인주의 생활 양식 자체를 비판한다. 대신 집단주의를 중시하는 인권관을 중심으로 인권을 규정하고 인권의 범주를 설정한다. 북한은 집단주의적 사회가 와해될 때 실업, 빈궁, 범죄, 사회악 등으로 인해 인권이 유린된다고 본다. 범죄와 사회악을 막는 것이 인권의 본질이며, 외부위협으로부터 안보를 지키는 것이 중요한 인권의 의무가 되는 것이다. 그렇다보니 외부위협으로 인해 발생될 인권유린으로부터 인민을 지키려는 자신들의 방식을 외부세계가 비판하는 것에 대해 무엇보다 강하게 반발하는 것이다.[41]

집단주의에 기초해 '우리식 인권론'을 설정하면서 북한은 자신들의 인권 개념이 서방의 다원주의와 양립되는 것을 철저히 경계한다. 북한은 우리식 사회주의가 집단주의에 기초하고 있다는 점을 전제하고, 인민대중의 통일을 생명으로 하는 사회주의 사회는 사상에서의 자유화, 정치에서의 다당제, 소유에서의 다양화라는 다원주의와 양립할 수 없다는 점을 분명히하고 있는 것이다.[42]

---

41) 김정일, "사회주의에 대한 훼방은 허용될 수 없다", 『김정일선집』, 제13권 (평양: 조선로동당출판사, 1998), p.361.

42) 김정일, "사회주의건설의 력사적교훈과 우리 당의 총로선", 『김정일선집』, 제12

그러나 북한이 강한 문화상대주의 시각에 기초해 '우리식 인권론'을 강조하고 있지만, 국제적으로 공인된 인권 기준을 전면적으로 부정하고 있다고 볼 수는 없다. 북한은 현재 시민적·정치적 권리에 관한 국제규약, 경제적·사회적·문화적 권리에 관한 국제규약, 아동권리협약, 여성차별철폐협약, 장애인권리협약 등 5개 국제인권협약에 가입해 있다. 협약 가입 당사자로서 북한은 국제인권규약에 따라 국가보고서를 제출하기도 하고 관련 위원회의 심의를 받기도 한다.

이런 점에서 보면, 인권문제에 대한 북한의 태도는 상당히 이중적이다. '우리식 인권론'으로 국제사회의 인권론에 강하게 반발하면서도, 국제적으로 공인된 국제인권규범을 인권 기준으로 수용하는 측면도 있으며, 선택적으로 국제인권 가치를 수용하거나 국내법규를 개정하는 등의 모습도 보이고 있기 때문이다. 이는 북한이 인권문제를 기본적으로 국가주권 차원으로 인식하면서도 체제유지와 대외관계의 긴장완화, 경제문제 해결 등을 위해 강경책과 유화책을 병행 추진하는 것으로 볼 수 있다.[43]

2. 국권이자 자주권으로서의 인권관

북한의 인권관에서 두드러지는 또 하나는 국가주권을 우선시하여, 인권은 국권이며 국가의 자주권을 떠난 인권이란 있을 수 없다

권 (평양: 조선로동당출판사, 1997), p.283.

43) 이동윤·백종은(2008), pp.185-205.

는 점을 강조하고 있는 것이다. 이러한 논리는 위에서 인용한 1995년 6월 24일자 『로동신문』의 글 "참다운 인권을 옹호하여"에서 다시 확인할 수 있다. 북한은 국권을 잃으면 인민대중의 인권이 유린당하게 되기 때문에 국가의 자주권을 떠난 인권은 없으며, 자주권을 상실한 인민은 그 어떤 인권에 대하여서도 말할 수 없다고 경고하고 있다. 인권은 국권이자 자주권이라고 못박고 있는 것이다. 이러한 점에서 북한은 인권이 국경을 넘어선 가치이며 인권에 대한 간섭은 내정간섭이 아니라는 국제사회의 주장을 제국주의자들의 강도적인 논리라고 비판한다. 진정한 인권은 그 나라가 자기 인민들에게 사회생활의 모든 분야에서 마땅히 누려야 할 권리를 담보 보장해줄 때 실현되는 것이라며, 인권은 국권이란 논리를 재확인하고 있다.[44)]

물론 이러한 논리는 기존의 여타 사회주의권의 주장과 유사하다. 북한의 경우, 사회주의권 붕괴 이후 이러한 주장을 더욱 강하게 하고 있는 모습이며, 국제사회의 인권 개선 요구에 대해서도 주권

44) 관련된 부분을 인용하여 소개하면 다음과 같다. "력사와 현실은 인민대중의 인권을 지키자면 나라와 민족의 자주권을 견결히 수호해야 한다는 것을 보여주고 있다. 나라와 민족이 예속되면 인민대중도 노예의 처지를 면할 수 없고 국권을 잃으면 인민대중도 인권을 유린당하게 된다. 국가의 자주권을 떠난 인권이란 없다. 그런데도 제국주의자들은 '인권옹호'의 간판을 들고 다른 나라의 자주권을 마구 유린하고 있다. 그들은 지금 '인권을 국경을 넘어선 보편적 가치'이며 '인권에 대한 간섭은 내정간섭이 아니다'라는 강도적인 론리를 들고 나오고 있는데 이것은 사실상 흑백을 전도한 론리이다. 인권은 하늘이 주는 행운도 아니고 더욱이 국제기구나 다른 나라가 주는 선사품도 아니다. 진정한 의미에서 인권은 그 어떤 외세의 '압력'이나 '훈시'에 의해서가 아니라 매개 나라가 자기 인민들에게 정치, 경제, 문화 등 사회생활의 모든 분야에서 마땅히 누려야 할 권리를 법적으로, 제도적으로, 물질적으로 담보 보장해줄 때 실현된다. 인권이자 국권이며 국권이자 자주권이다. 자주권을 상실한 인민은 그 어떤 인권에 대하여서도 말할 수 없다." 승재순 · 로영(1995.6.24).

우선과 내정불간섭 원칙을 내세워 맞서고 있다.

북한은 여전히 서방국가들이 인권문제 제기를 통해 내정에 간섭하여 자신의 체제를 전복하려고 한다는 인식을 갖고 있다. 모든 국가들은 민족자결권을 갖고 있기 때문에 인권문제는 국가의 자주권문제이며, 인권문제가 올바르게 해결되기 위해서는 국가의 자주권이 철저히 고수되어야 한다는 주장을 계속해서 견지하고 있는 것이다.[45)]

3. 인도적 개입에 대한 체제안보적 인식

국가주권과 내정불간섭의 원칙에 기반해 북한은 국제사회의 인도적 개입의 문제에 관해서도 철저하게 체제안보적 관점에서 인식하고 있다. 북한은 국제사회의 인권개입정책이 기본적으로 북한의 제도를 고립압살하려는 정치적 활용론의 연장선상에 있다고 간주하면서, 특히 미국의 인권압력에 대해 가장 적대적 자세를 취하고 있다.

북한은 근본적으로 미국이 미국식 인권과 민주주의를 세계에 전파하여 국제사회를 미국식으로 세계화하려는 전략을 가지고 있다고 본다. 미국이 자신의 가치관, 도덕관, 생활양식을 유일한 기준으로 삼아 전 세계를 미국식 문명으로 만들어 자신의 독점적 지배질서를 확립하려 한다고 간주하는 것이다.[46)]

45) 조택범, "제국주의의 반동적 '인권' 공세를 짓부셔버려야 한다", 『로동신문』, 2009.10.28.

46) 김정일, "혁명과 건설에서 주체성과 민족성을 고수할데 대하여", 『김정일선집』,

이러한 전제 아래 북한은 자연히 미국이 북한인권에 대해 운운하는 것을 모략적인 중대한 주권침해이며 체제안보를 흔드는 위협행위로 간주하는 것이다. 북한은 미국이 자신의 독점적 세계 지배질서를 확립하기 위해 인권문제를 정치화하고 있으며, 인권문제를 반미 자주국가들에 대한 정권교체, 제도전복, 침략전쟁 등을 합리화하는 구실로 삼고 있다고 비난한다.[47)]

북한은 미국의 인권 연례보고서에서 자신의 인권 상황을 비판하는 것에 대응하여 종교와 인종차별, 총기류 범람, 폭력과 마약범죄 등 미국 내에서 벌어지고 있는 인권침해 사례와 이라크 포로학대, 팔레스타인문제 등 대외적으로 일어나고 있는 인권유린 모습을 지적한다. 이러한 점을 들어 북한은 미국이 내세우는 세계의 경찰국가 역할은 그럴듯한 명분일 뿐이라고 비판한다.[48)] 자연히 미국 의회의 『북한인권법』 제정에 대해서도, 그것은 북한의 자결권을 침해하는 내정간섭일 뿐만 아니라 북한을 전복시키려는 공공연한 시도라고 보는 것이다. 이러한 점에서 북한은 미국의 세계지배전략이 변하지 않는 한 자신의 핵문제 해결 요구는 한갓 몽상에 지나지 않는다고 맞서고 있다.[49)]

북한의 이러한 인권관은 인도적 개입이 추구하는 개인의 자유

제14권 (평양: 조선로동당출판사, 2000), pp.329-333.

47) 리학남, "제국주의자들의 '인권보호' 타령을 반대 배격해야 한다", 『로동신문』, 2009.3.22.

48) "인권유린의 원흉-미국", 『로동신문』, 2009.3.13; 림동춘, "력사의 징벌을 받아야 할 세계 최대의 인권유린자", 『로동신문』, 2006.4.28; 리현도, "미국의 '인권옹호' 타령은 기만이다", 『로동신문』, 2009.1.19.

49) 『조선중앙통신』, 2004.7.27.

권이나 생존권을 정치성으로 호도하고 개인에 대한 안보위협성을 부각시켜 체제안보를 우선적으로 지키려는 의도를 가진 시각인 것이다.

이상의 논의를 중심으로 북한의 '우리식 인권론'을 종합해보면, 북한은 강한 문화상대주의 시각에 입각해 서방식 인권론과 구분되는 이분법적 사고를 가지고 있으며, 국가주권과 내정불간섭 원칙을 내세워 인권을 국권이자 자주권으로 간주하고 있다. 외부세계의 인도적 개입에 관해서도 철저히 체제안보적 관점에서 북한 인민과 체제를 전복하려는 위협행위로 간주하고 있다.

Ⅳ. 다문화교육에 주는 시사점

아래에서는 이상에서 비판적으로 검토해본 북한의 '우리식 인권론'을 인권의 보편성과 문화상대주의, 국가주권과 인권, 인도적 개입과 국가주권 등의 관점에서 평가하면서 다문화교육에 주는 함의를 제시하고자 한다.

1. 인권의 보편주의와 역사성

인권은 북한의 주장처럼 강한 문화상대주의에 기반할 것도 아니지만, 선험적 · 초월적 기초에 의해서만 정당화되는 절대적 가치도 아니다. 그보다는 인간이 지닌 선험적 가치로서의 자유와 평등을 지켜내려는 보편주의에 기반하고 있고, 역사적 맥락 속에서 그 내용과 범위가 확장되면서 나타난 역사성의 실체가 인권인 것이다. 인권의 보편성은 주어지거나 발견된 그 무엇이 아니라 사상적 · 역사적 과정에서 보편적 가치를 확인하면서 획득해낸 노력의 결과인 것이다.

이렇게 보면, 인권에 관한 담론들이 보다 다양하게 모색되고 논의될 때, 인권의 보편성은 그 실천의 외연이 보다 확장되는 의미를 갖게 된다. 다문화교육에서 북한의 인권문제에 관한 접근은 이러한 점에서 정치적 문제 이전에 보편성에 관한 규범적이고 도덕적인 문제를 담아야 한다. 모든 인간이 지닌 자유의 존엄성과 권리의 평등성을 계속해서 확인해가는 작업이 전제되어야 하는 것이다.

이러한 점의 중요성은 제2차 세계대전 종전 이후 인권에 대한 그간의 논의가 1948년 세계인권선언으로 귀결된 과정에서 재확인할 수 있다. 당시 인권선언의 초미의 관심은 어떻게 하면 전쟁의 참상을 되풀이하지 않을까 하는 것이었다. 각국 대표들이 합의가 가능했던 것은 바로 인권을 둘러싼 정치성이나 당위적 인권론이 아니라 전쟁을 통한 비극적인 경험에 대한 반성이었다. 마찬가지 이유로 다문화교육에서 북한 인권문제는 개인이 갖는 보편적 가치에 기반하여 앞으로 되풀이되지 않아야 할 참상에 대한 규범적 · 도덕적 접근으로 다루어져야 할 것이다.

다문화교육을 통해 인권의 보편성이 지닌 보편주의와 역사성에 대한 이해가 잘 이루어진다면, 우리는 북한 주민들을 인식하는 데도 우월성이나 차별성에 기초한 시각으로 보는 것을 경계하게 될 것이다. 북한 주민들 역시 인간의 자유와 평등을 누려야 할 존엄한 존재로 인식하게 된다면, 우리는 북한 주민들을 서로 이해하고 인정하는 과정을 통해 인권의 보편성을 함께 확인해가야 할 대상으로 볼 수 있게 될 것이다.

다문화교육을 통해 보편적 인권의 대상으로서의 '같음'을 북한 주민에 대한 우리의 인식에서 발견하게 된다면, 비로소 '다름'에 대한 관용도 보다 높은 차원에서 이해할 수 있을 것이다. 그 높은 차원이란 '다름에 대한 상대적 보편성'을 의미하는데, 그것은 문화상대주의의 진정성을 이해할 때처럼, 북한 주민들과의 같음에 대한 공통성과 다름에 대한 다양성이 획일주의적인 이분법적 사고나 무가치주의에 기반하지 않고 북한 주민들을 보편적 인권에 기반해 생각해 보려는 접근시각의 방법이 되어야 한다는 뜻이다.

이러한 접근시각의 방법이 공유된다면, 북한 주민들 역시 인권의 보편성을 확보해가야 할 동등한 대상이라는 같음에 기초해서 체제적인 구조와 환경에 따른 다름을 명확히 구분해갈 수 있을 것이다. 그렇게 될 때, 북한 주민들의 인권에 반하는 지배구조와 문화적 관성에 대한 비판뿐만 아니라 북한 주민들의 인권 개선을 위한 문제의식을 더 민감하게 가질 수 있을 것이다. 동시에 북한 인권문제 해결을 위한 보다 다양한 논의와 접근방법들을 상정해 볼 수 있을 것이며, 북한의 변화에 대한 미래지향적인 인권적 사고도 가능하게 될 것이다.

종합하면, 다문화교육은 인권의 보편성의 의미를 명확히 반영하여야 한다. 무엇보다 인간에 대한 존엄성과 평등관은 지적·역사적 체험의 결과로 획득된 것이라는 점을 전제로, 보편적 인권이 북한 주민의 삶 속에서도 실현되어야 하는 가치로 인식하도록 해야 할 것이다. 북한 주민들에 대한 인권의 적용은 고정불변한 절대적 보편성을 단순히 적용하려는 그 무엇이 아니라, 북한 주민들의 삶에 대한 문제의식과 인권 개선을 위한 계속된 실천 속에서 또다시 확인되어야 할 보편주의이기 때문이다.

2. 실천적 인권 가치의 적용과 평가

당연하겠지만, 보편적 인권관을 기계적으로 적용하거나 문화적 상대주의를 지나치게 강조하는 것은 실효적인 인권 논의에서 바람직하지 않을 것이다. 북한이 인권 기준과 관련해 이분법적 논리를 계속해서 고집하고, 한국과 국제사회도 북한의 문화적 상대성을 전혀 고려하지 않은 채 인권 기준을 기계적으로 적용만 하려 한다면, 북한의 인권 개선을 위한 대화와 타협의 여지는 더욱 좁아질 수밖에 없다.[50] 하지만, 이런 이유 때문에 북한의 '우리식 인권론'을 보편적 인권관에 기초해 평가하고 인식조차 하지 않는다면, 그것은 북한 인권문제에 대한 문제의식을 막아 버리는 일이 될 것이다.

북한이 문화적 특수성의 근거로 내세우는 것은 바로 생존권이다. 자주권도 생존권을 위해 내세우는 논리로 볼 수 있다. 북한이 생존권의 중요성을 그들의 특수성으로 내세우는 것은 얼핏보면 이해

50) 이무철(2011), pp.168-169.

가 된다. 그들의 말처럼, 나라가 존립해야 주민으로서 존재할 수 있을 것이기 때문이다. 하지만, 무엇보다 생존권 우선이라는 원칙이 자유권에 대한 유보를 동시에 의미하는 관계라면, 그것은 받아들일 수가 없다.

다문화교육은 이 점을 분명히해야 하며, 다음의 근거들이 강조되어야 할 것이다. 생존권 혹은 경제적·사회적 권리를 위해 자유권 혹은 시민적·정치적 권리를 유보하려는 것은 오산이다. 국제인권규약의 정신은 사회적 비용을 요구하는 경제적·사회적·문화적 권리에 대해서는 점진적 접근을 용인하지만, 시민적·정치적 권리에는 그러한 유보를 인정하지 않는다.[51] 왜냐하면, 시민적·정치적 권리의 실현은 생존권을 해칠만한 특별한 사회적 비용의 지출을 필요치 않으며, 사회권에 대해서는 오히려 해당 국가의 특수한 조건이나 일정한 권리의 부재 상황을 반영하여 국제사회가 지원을 해야 한다고 보기 때문이다. 세계의 인권사상은 시민적·정치적 권리가 즉각 보장될 수 있어야 한다고 보는 것이다.

생존권 우선 원칙이 수용될 수 없는 것은 근본적으로 자유권의 보장 없이는 생존권이나 사회권도 보장될 수 없기 때문이다. 북한의 경우, 예컨대 생존권을 보장하기 위해서는 이동권이 무엇보다 필요하다는 점에서 보면, 이동을 위한 자유권의 침해가 결국 경제적이고 사회적인 권리의 침해를 확대하고 있다고 볼 수 있다. 결국 생존권과 사회권의 보호와 신장을 위해서 자유권은 동시에 보호되고 신장되어야 하는 것이다.

51) 미셸린 이샤이, 조효제 옮김, 『세계인권사상사』 (서울: 길, 2005), pp.351-375.

생존권 우선 원칙이 타당하지 않은 또다른 이유는 집단의 생존권이나 자위권을 명분으로 자유권을 유보한다는 것 자체가 독재정권의 정당성을 용인하는 결과로 이어지기 때문이다. 북한의 경우, 시민적·정치적 권리의 보장이 경제적 발전에 장애가 된다는 명확한 증거를 찾아내기가 어렵다. 오히려 북한 주민들이 진정으로 원하는 요구를 알아내기 위해서라도 자유권이 보장되어야 한다. 북한이 주장하는 문화적 특수성도 실은 그 실체 자체를 규정화하기가 불가능할 뿐만 아니라 상황에 따라 달리 해석될 소지가 다분하다.

북한은 외부의 위협에 대항하여 주권을 먼저 보호하는 것이 북한 주민에게 평화권을 부여하는 의의를 갖는 것으로 설명하지만, 북한의 경우 이 역시 온당하지 않다. 평화권은 그런 소극적인 의미로만 규정되지 않기 때문이다. 개인의 기본권을 보장하지 않는 상황에서는 평화 자체가 무의미할 수 있기 때문이다. 진정한 평화권은 외부의 간섭과 침략에 맞서서도 확보해야 하지만, 동시에 개인에 대한 국가의 인권침해에도 맞서서 보장되어야 하는 것이다. 인권을 명분으로 평화를 파괴해서도 안되겠지만, 동시에 평화를 명분으로 국내의 인권침해가 용인되어서도 안되는 것이다.[52)]

다문화교육은 이러한 점들에 근거해서 보편적 인권이 문화적 특수성과 결코 배타적인 관계에 있지 않다는 점을 강조해야 한다. 생존권과 자유권은 동시적 접근이 필요하며, 평화권과 기본권 역시 함께 보장되어야 한다.

---

52) 서보혁, "국제 평화권 논의와 북한인권", 북한인권연구센터 편, 『북한인권 이해의 새로운 지평』(서울: 통일연구원, 2012), pp.233-234.

이렇게 보면, 북한의 인권 상황은 숙명적인 특수주의에 속해 있다고 할 수 없다. 오히려 북한의 인권 상황에 담겨야 할 보편적 인권의 요소를 확인하고 적용해가는 데서 인권의 실천적 가치가 찾아져야 할 것이다. 그렇기 위해서 우리는 다문화교육을 통해 인권의 보편성에 근거한 북한의 인권관을 종합적으로 평가할 수 있어야 할 것이다.

3. 북한의 수단화된 국가주권론

내정불간섭에 기초한 주권존중의 원칙은 국제사회에서 지켜져야 할 규범이다. 하지만, 국가주권은 인권의 적용을 위해 노력할 때 그 정당성이 부여된다. 북한은 국가주권이라는 개념 속에 개인에게 국가에 대한 요구만 할 뿐 개인의 가치와 권리 자체를 인정하지 않고 있다. 개인의 가치는 국가주권을 지키기 위한 수단에 불과하다.

이러한 점을 확인하기 위해서는 북한에서 말하는 개인, 사회적 존재, 또 사회생활의 실체가 무엇을 의미하는지가 먼저 파악되어야 한다. 그것은 모두 한마디로 철저한 집단주의로 귀결된다. 북한은 사회주의 사회를 전체 인민의 공통된 목적과 이해관계를 가지고 함께 투쟁해 나가야 하는 집단주의 사회로 규정하고 있다. 집단주의를 떠난 개인의 요구는 개인주의적 탐욕으로 전환하게 마련이어서 집단의 다른 성원들의 자주적 요구를 침해하고, 집단의 단합과 협력을 저해하게 된다고 간주한다. 참다운 인간생활은 집단주의에 기초한 사회주의에서만 훌륭히 실현된다고 보는 것이다.[53)]

북한이 주민들에게 요구하는 국가주권 수호의 방법론은 이러한 내용에 기초해서 평가되어야 한다. 북한은 국가주권을 지켜가기 위해 인민대중이 수령과 당의 지도를 철저히 구현할 것을 철칙처럼 요구한다. 그리고 그렇게 하는 것이야말로 인민대중의 자주적 권리를 보장하는 유일한 길이라고 주장한다. 이렇게 보면, 북한에서 갖는 인권의 가치는 사실상 무의미하다. 개인에게 요구되는 것은 수령에 대한 절대충성이며, 그 댓가로 보장받는 것은 국가의 자주권 수호일 뿐이기 때문이다. 북한이 주장하는 '인권은 곧 국권'이라는 주장 역시 결국은 체제안보적 관점에서 국가에 대한 충성을 요구하고 있을 뿐이다. 권력의 횡포에서 비롯되는 인권침해를 막는 국가의 의무와 역할에 대해서는 전혀 설명하지 못하고 있기 때문이다.[54] 다문화교육은 이러한 점이 분명하게 직시될 수 있도록 역할해야 한다.

국가주권을 존중하는 원칙과 함께 인권 역시 국제적으로 승인된 것이다. 국가주권의 정당성을 위한다는 명분으로 인권의 가치가 유보되거나 부정되어서는 안될 것이다. 주권이 갖는 권한에 대해 전통적 방식으로 접근하게 되면, 국가에 의해 자행되고 있는 비극적인 사태에 대해서 정당한 대처가 불가능하게 될 수 있다. 그렇게 되면, 자칫 인권의 보편성 자체를 부정하는 결과를 가져올 수 있게 된다. 이러한 점에서 대내적인 주권은 인권을 보호하고 증진시킨다는 조건 아래에서만 정당성을 유지할 수 있게 되는 것이다. 대외적인 주권 역시 해당 국가가 자국 국민의 인권을 보장한다는 전제 아래에서

53) 김정일, "사회주의는 과학이다", 『김정일선집』, 제13권 (평양: 조선로동당출판사, 1998), pp.457-458, 471.

54) 이무철(2011), p.171.

만 규범적으로 성립할 수 있게 되는 것이다. 이러한 이유 때문에 인권에 대한 국가주권의 우위론은 규범적으로 보편화되고 정당화되기 어렵다.

북한이 처한 정치·경제적 상황과 문화적 특수성으로 인해 국가주권과 인권 간에 우선순위가 조정될 수도 있을 것이다. 하지만, 유념할 것은 이러한 형편이 인권의 희생을 정당화해서는 안된다는 점이 다문화교육에서 강조되어야 한다. 위에서도 언급했듯이, 자유권과 사회권은 상호보완적인 관계에 있다. 국가주권은 시민적·정치적 권리의 담보 없이 주민들의 경제와 복지에 관한 권리를 제대로 보장할 수 없기 때문이다. 국가주권이 먼저 설정된다 하더라도 인권규범의 실현을 위한 조건이 갖추어져야 한다. 정치적 권위의 형성이 민주적이어야 하며, 정당한 국가는 자유적이고 복지국가여야 한다는 적어도 세 가지 조건이 필요한 것이다.[55] 그것은 이러한 조건들이 모두 사회구성원들의 도덕적 평등과 모든 시민의 정치적 평등 및 자율성을 기초로 하기 때문이다. 이러한 점에서 보더라도, 북한이 주장하는 국가주권 우위론은 철저히 개인 인권의 희생을 전제로 수단화되어 있는 개념에 불과하다는 점을 확인할 수 있다.

4. 북한인권 개선을 위한 지속적 관심과 관여

북한 인권문제가 북한 내부에서 제기되거나 개선되기를 바라는 것 자체가 현실적으로 무리라는 점에서 북한인권 개선을 위한 지속

55) 유홍림(2003), p.331.

적 관심과 지혜로운 관여가 필요하다. 집단주의적인 사회주의체제 아래에서 북한 주민 개인의 인권은 집단의 권리나 국권의 하위개념으로 고착되어 있다. 실제 북한은 주민들의 시민적·정치적 권리를 보장할 수 있는 정치적 역량이나 정책적 여유도 없다. 정확히 말하면, 북한 주민들의 생존권을 보장할 수 있는 경제적 여력도 없다. 그렇다면, 우리가 직시해야 할 것은 북한인권 개선을 위해 지속적으로 관심을 갖고 지혜로운 관여를 해가는 길 밖에 없다.

다문화교육에서 분명히해야 할 것은 북한 인권문제를 둘러싼 여러 논란과 이견에도 불구하고 북한 주민들이 처한 인권 위기를 외면하는 것은 규범적으로 정당화될 수 없다는 점을 분명히 하는 일이다. 그것은 인권의 내적 논리에서 비롯되는 도덕적 의무이기도 하다. 북한의 주권을 존중해야 하고 남북한의 평화유지가 중요하다고 해서, 보편적 인권의 관점에서 북한 인권문제에 대한 문제제기와 비판 자체가 잘못된 것이라고 할 수 없다. 그보다는 단선적인 접근과 이분법적 결론을 가지고 북한 인권문제에 성급하게 접근하는 방식이 잘못일 것이다. 북한 인권문제에 대한 관심은 위에서 지적한 것처럼 보다 지혜롭고 종합적이며 비판적인 접근이 필요할 것이다.

기본적으로 북한 인권문제에 대한 관여는 국제사회 전체의 합리적인 절차와 토론에 따른 인도적 개입이라는 원칙 아래 민주적 관용의 방식에 의한 대화와 설득, 그리고 장기간에 걸친 점진적 개선을 추구하는 평화적 개입이 정당할 것이다. 무력사용에 의한 인도적 개입도 최후의 수단이 되어야 하며, 개입의 목표와 수단, 절차 등이 타당한지도 검토되어야 할 것이다.[56)] 북한처럼, 국제 인권레짐의 타당성과 효과성을 부정하는 경우, 국제기구나 시민사회 수준에서 북한의 협조를 얻어내려면 매우 점진적이고 단계적인 접근이 필요할 것이다.

사실, 북한 주민들의 인권을 보호해야 할 일차적인 주체는 북한 당국이다. 북한 스스로가 관련 국내법을 이행하고 국제인권조약에 가입해야 하며, 이미 가입한 국제인권조약은 제대로 준수해야 한다. 북한이 이미 가입하고 있는 국제인권협약에서 제시하고 있는 여러 가지 우려사항에 대한 해명도 이루어져야 자신의 주장이 호소될 수 있을 것이다. 결국 우리는 이러한 책임을 이끌어내기 위해 각종 국제기구나 시민사회조직 등을 통해 다방면으로 관여해야 하는 것이다.

북한인권 개선에 관한 관여에서 상당한 논란이 되는 주제는 북한인권법 제정문제일 것이다. 이는 다문화교육에서도 마찬가지이다. 북한인권법 제정과 관련해서, 북한 주민들의 자유권에만 관심을 두고, 북한을 대상화시켜 둔 채 비판과 압박 만을 주된 방법으로 해서도 안될 것이다. 동시에 북한 주민들의 생존권에만 관심을 두고, 북한과의 협력관계 유지에 급급해 북한 인권문제를 회피해서도 안될 것이다.[57] 북한인권 개선을 위한 관여는 기본적으로 법제정과 함께 실질적 남북교류를 통한 전략적 개입이 조화롭게 전개되어야 할 것이다.

동시에 유념할 것은 보호책임과 같은 최근의 논의에서 확인할

56) 이샤이(2005), p.599.

57) 서보혁(2014.2), pp.1-5.

수 있듯이, 인도적 개입의 정당성 논의나 법제정의 논란을 넘어서는 인권 이념의 규범적 확장을 위한 모색도 지속적으로 이루어져야 한다는 점이다. 다문화교육은 북한 인권문제를 대하는 인권 이념의 규범적 확대를 위한 논의에도 적극 관심을 두어야 할 것이다. 그것은 확장해가는 인권 이념의 규범성을 근거로 북한 인권문제를 보다 깊게 인식하고 관심을 두는 방법이 되기 때문이다.

5. 국내외적인 사회적 연대의 강조

인권 이념은 흔히 자유주의적 개인주의의 반영과 확대로 간주된다. 하지만, 인간으로서 갖는 개인의 권리는 사회적 연대를 통해서 동시에 보장될 수 있다는 점이 강조되어야 한다.

인권이 표방하고 있는 개인의 존엄성은 목적론적 존재를 당위로 하고 있지만, 그것은 철저한 개인주의를 전제로 하지 않는다. 근대가 형성되는 과정에서 자유주의는 개인주의를 바탕으로 했고, 그 덕분에 여러 영역에서 자율성을 확보할 수 있었으며, 평등성의 가치를 실현할 수 있었다. 그러나 자유주의가 극단화되는 경우, 그 폐해는 매우 컸다. 극단적 자유주의에 근거한 개인주의는 인적 · 제도적 관계망을 해체시키면서 공동체적 삶의 가치를 훼손했기 때문이다. 따라서 인권의 가치는 철저한 개인주의에 근거해서 정당화될 수 없는 것이다.

이러한 이유로 인권은 권리의 담론과 함께 책임에 따른 신뢰성이나 연대성의 차원도 포괄하게 된다. 인권이라는 문제의식은 개인과 집단의 삶에 총체적으로 개입될 수밖에 없는 것이며, 사회적 연대는 이러한 맥락에서 자연스럽게 부각되는 문제의식이다.

또한 특정 문화나 전통의 특수성이 강조될 때, 국제인권규범과 특정 문화나 전통이 대립되기만 해서는 접점을 찾기 어렵다. 그보다는 국제인권규범과 특정 문화·전통이 양립될 수 있는 여지를 찾도록 해야 한다. 이를 위해서는 국내외적인 사회적 연대의 역할이 필요하며, 국내외적 사회적 연대를 통해 특정 문화·전통의 정당화와 함께 사회적 합의를 이끌어내도록 노력해야 할 것이다.

다문화교육은 사회적 연대가 갖는 이러한 의미를 북한인권 개선을 위한 역할에서 주지시켜야 할 것이다. 북한인권 개선을 위한 실효적 방안을 마련하고 추진하는 데는 정부와 국제기구는 물론 국내외적으로 사회적 연대를 통한 접근 역시 필수적이다. 그것은 북한인권 개선을 위한 노력의 저변을 다지는 것이며, 인권 개선을 위한 접점을 넓히는 방법이기 때문이다.

6. 인권문화의 형성과 확장

인권문화 형성과 확장을 위해서는 인권을 기본적으로 개인주의와 이성, 이론과 합리주의의 틀에서 설명해야 하겠지만, 동시에 인간적 유대감과 감성 등에 호소하는 노력도 절실하다. 오히려, 과거의 경험에 대한 내러티브화 혹은 기억의 공유를 위한 노력은 인권의 가치를 철학화하는 것보다 더욱 인권문화 형성과 확장에 효과적일 수 있다. 그것은 과거의 고통에 대한 공유 자체가 지적 호기심의 대상이 아니라 모두에게 해당되는 실존적 주제이며, 가치 논증의 대상이 아니라 도덕적 신념의 실천에 관한 문제이기 때문이다.[58]

이러한 의미에서 실존적인 고통의 경험에 대한 공감이 확산되고 그 기억이 보편화된다면 인권문화의 형성과 확장에 기여하게 될 것이며, 그것은 다시 인권의 보편성을 넓혀가는데 바탕이 될 것이다. 인권문화는 특정 도덕률에 의해서가 아니라 감정의 진보와 공유에 의해서 형성되고 확장되는 것이다. 인권문화의 형성과 확장을 통해 우리는 타자와의 차이보다는 유사성에 먼저 주목하게 되며, 그 유사성에 기초해 타자에 대한 애정과 관심의 범위를 넓혀갈 수 있을 것이다.

다문화교육은 이러한 점에 주목하여 인권문화의 형성과 확산을 위해 북한인권 상황에 대한 감정과 기억의 공유에도 초점을 두어야 할 것이다. 북한과의 차이점에 먼저 주목하기 보다는 인간으로서 갖는 공통성에 우선 초점을 두고 접근하고, 그 공통성에 기초해 북한주민에 대한 이해의 폭을 넓혀갈 수 있도록 접근해야 한다. 북한인권 개선을 위해서는 이성뿐만 아니라 감성과 감정이입을 통한 기억과 공감의 확산에 호소하는 다문화교육도 필요한 것이다. 구체적으로 다문화교육은 아픈 상처에 대한 기억과 나쁜 상황에 대한 공감의 확산이 아니라 상처에 대한 용서와 치유를 통해 미래로 향할 수 있도록 하는 기억과 공감의 확산에 초점을 두어야 할 것이다.

58) 유홍림(2003), pp.337-339.

Ⅴ. 다문화교육의 확장을 위해

인권은 우리가 개인의 선험적 가치인 자율성과 존엄성과 평등성을 함께 지켜가야 한다는 최소한의 타당성에 기초한 실체이다. 인권은 역사적 경험과 발전과정을 통해 보편주의로 자리매김했으며, 이제는 국제사회에서도 하나의 도덕적 규범으로 역할하고 있다.

북한이 주장하는 '우리식 인권론'에서 인권의 보편성 자체가 부인되지는 않는다. 하지만, 북한은 인권의 보편성을 강한 상대주의적 관점에서 해석하고 적용하며, 서구식 인권론과 철저히 구분하는 이분법적 인식을 고집하고 있다. 그들은 인권을 국권이자 자주권으로 규정하면서 외부의 인도적 개입도 체제전복의 의도를 지닌 침략적인 내정간섭으로 간주한다.

인권의 보편성이 갖는 보편주의와 역사성의 관점에서 보면, 북한의 인권론은 분명한 문제가 있다. 무엇보다 생존권을 우선으로 하면서 자유권을 막고 있기 때문이다. 시민적·정치적 권리는 즉각 시행되어야 한다. 자유권의 보장 없이는 생존권과 사회권도 보장될 수 없기 때문이다. 북한이 집단의 생존권과 자위권을 명분으로 자유권을 유보하면서 결국 독재정권의 정당성을 용인하고 있는 것도 근본적인 문제이다. 북한이 주장하는 국가주권이라는 개념은 개인에게 국가에 대한 요구만 할 뿐 개인의 가치와 권리 자체를 인정하지 않고 있다는 점에서 보면, 개인의 가치는 철저히 국가주권을 지키기 위한 수단일 뿐이다.

다문화교육의 확장은 인권의 보편성에 기반해야 한다. 보편주의의 기계적 적용이나 특수주의의 함정에 빠지지 않는 종합적 관점에서 북한이 앞세우는 인권관의 오류와 실상에 대해 평가할 수 있도록 해야 한다. 북한인권 개선의 책임은 우선 북한당국에 있지만, 북한 스스로의 자구적 노력은 실현성이 거의 없다. 우리가 지속적으로 북한 인권문제에 관심을 갖고 지혜로운 관여를 추구해가는 수밖에 없는 것이 현실이다. 다문화교육을 통해 이를 위한 국내외의 사회적 연대의 중요성과 함께 인권문화의 형성과 확산이 필요하다는 점이 강조되어야 한다. 최근에는 보호책임의 논의에서처럼, 국가주권을 제약하는 국제규범의 흐름이 부각되고 있다. 주권이 갖는 정당성과 함께 이러한 규범에 기초해 인권 인식을 확장시켜나가는 다문화교육도 필요할 것이다.

북한의 인권 상황은 숙명적인 특수주의에 속해 있지 않다. 우리는 북한의 인권 상황에 담겨야 할 보편적 인권의 요소를 확인하고 적용해가는 데서 인권의 실천적 의미와 확장된 다문화교육의 역할을 찾아야 할 것이다.

제6장 다문화시대의 사회적응과 사회통합 : 북한이탈주민정책의 경우

Ⅰ. 다문화주의와 북한이탈주민

다문화시대의 사회적응과 사회통합은 이전 시대와 달라야 할 것이다. 지난 시절 이주민을 향한 사회적응과 사회통합이 주류사회 중심의 시혜적 접근이었다면, 다문화시대 이주민을 향한 사회적응과 사회통합은 소수집단 당사자를 중시하는 쌍방향적 접근이 되어야 한다. 보다 구체적으로 다문화시대의 사회적응이란 이주민이 이주사회와의 사회문화적 관계에서 상호작용을 이루어가는 과정이며, 다문화시대의 사회통합이란 사회내 다양한 관점이나 신념체계, 관심영역 등이 서로 어우러져 새로운 차원의 정체성을 만들어내는 상태이다. 그 정체성은 단일한 통합성을 의미하지 않으며, E Pluribus Unum이 의미하는 '여럿이 이루어진 하나'처럼 다양성 속의 통합성(unity within diversity)을 추구한다.

이런 의미에서 우리 사회에 들어오고 있는 여러 범주의 이주민을 향한 정책 방향을 모색하기에 앞서, 못지 않게 중요한 것은 다문화시대의 사회적응과 사회통합의 방향을 설정하는 일이다. 그 이후에 여러 범주의 이주민 관련 정책의 쟁점과 개선 방향을 찾는 것이

순서일 것이다. 이 장에서는 이런 의미에서 다문화시대의 사회적응과 사회통합의 형태와 내용을 정리한 후, 하나의 사례로서 북한이탈주민정책의 쟁점과 개선 방향을 논의하고자 한다.[1)]

남한에 입국한 북한이탈주민은 2016년 11월을 기점으로 3만명을 넘어섰다. 북한이탈주민의 사회적응과 정책에 관한 그간의 논의들도 북한이탈주민의 증가세 만큼이나 다양하게 이루어져 왔다.[2)] 위로부터의 혹은 일방적인 관점을 넘어 아래로부터의 혹은 쌍방향적인 관점에서의 논의가 이루어지고 있고, 정부 중심의 방안을 넘어 지자체와 지역 중심의 방안도 제시되었다. 남한사회 중심의 시각을 넘어 북한이탈주민 당사자의 시선으로 사회적응의 시사점을 제안한 연구도 있다. 큰 틀에서의 정책적 논의를 넘어 취업, 신변보호, 사법지원 등 세부적인 방안을 모색한 연구도 있다. 법·제도나 경제적 적응의 관점을 넘어 개인심리적 적응이나 사회적 지지망 형성에 관한 연구도 인상적이다.

이 장의 문제의식은 이러한 성과에 더하여 '다문화시대'라는 화두를 놓고 북한이탈주민정책을 고민해보려는 데 있다.[3)] 다문화시대

1) 여기서 북한이탈주민정책이라는 표현은 통일부 홈페이지의 자료마당 통계자료란에서 쓰고 있는 표현이다. 사회적응과 사회통합은 이주사회와 이주민의 쌍방향적인 입장에서 이루어져야 하는 과정이자 관계라는 점에서, 이 장에서는 지원정책이나 통합정책 보다는 북한이탈주민정책이란 표현을 사용한다.

2) 여기서는 북한이탈주민의 사회적응에 관한 최근 박사학위 논문의 참고문헌 및 관련 선행연구 목록을 방대하게 제시하고 있는 대법원 산하 사법정책연구원에서 출간한 연구보고서의 참고문헌을 중심으로 했다. 김명선, "북한이탈주민 남한사회문화적응 결정요인의 통합적 고찰: 자기 효능감, 사회적 지지, 경제적 적응을 중심으로", (단국대학교 대학원 박사학위청구논문, 2016.2); 사법정책연구원, 『북한이탈주민에 대한 사법적 지원 방안에 관한 연구』 (고양: 사법정책연구원, 2015) 참조.

의 사회적응과 사회통합에 걸맞는 북한이탈주민정책의 개선 방향을 모색하는 것은 다문화주의를 확장해 적용해보는 시의적인 의미가 있는 것이다.

이를 위해 이 장은 방법론적으로 두 가지를 지적하고자 한다. 첫째는 다문화주의의 관점에서 북한이탈주민정책을 검토하는 것이 타당한가 하는 점이다. 다문화주의의 관점은 엄밀히 이주민을 향한 정책적 고민이며, 우리 사회에서도 정책의 우선적인 관심은 결혼이주민이나 외국인노동자에 있다. 외형적으로 북한이탈주민정책은 민족주의와 동포애적 입장에 서있다. 법적으로도 북한이탈주민을 남한 국민과 동등하게 대우하기 때문에 이주민정책과 대비하여 공식적으로 법·제도적인 갈등 요인은 없으며, 실제 북한이탈주민을 적극 수용하고 있기 때문에 이주민정책을 둘러싼 사회갈등의 소지도 크지 않다. 북한이탈주민은 본질적으로 다문화 가족이 아니다.[4] 하지만, 사회 일선에서 북한이탈주민이 겪는 적응과 통합의 어려움에 주목하거나 북한이탈주민 5만명 혹은 10만명 시대를 맞는다면, 그것은 다른 문제가 될 수 있다.

---

3) 유사한 논지로 선행된 연구는 권숙도, "사회통합의 관점에서 본 북한이탈주민 정책방향 연구", 서울대학교 한국정치연구소, 『한국정치연구』, 제23권 1호 (2014), pp.101-126; 서유경, "현행 북한이탈주민 지원정책의 두 가지 근본문제와 다문화주의적 사회통합 해법", 대한정치학회, 『대한정치학회보』, 제21집 2호 (2013), pp.301-327; 허준영, "북한이탈주민 사회통합정책 방안 모색: 서독의 갈등관리에 대한 비판적 검토", 통일연구원, 『통일정책연구』, 제23권 1호 (2012), pp.271-300 등.

4) 통일부는 "북한이탈주민들이 상이한 문화와 체제 아래 생활하였다는 점에서 다문화적 성격을 일부 가지고 있지만 남북한 통합이라는 관점에서 볼 때 본질적으로 다문화 가족이라고 보기 어렵다"는 견해를 가지고 있다. 통일부, 『2017 북한이탈주민 정착지원 실무편람』 (서울: 통일부, 2017.6), p.12.

남북한사회는 기본 가치와 제도적 방식이 다르기 때문에 사회문화적으로 동질적이지 않은 부분이 적지 않다. 그렇다면, 남한사회에서 북한이탈주민이 느끼는 이질성의 기본 요소는 여타 이주민과 크게 다르지 않을 것이다. 때론 '외국인인 듯, 외국인 아닌, 외국인 같은', 마치 여타 이주민을 대하는 관심과 배려가 필요하다. 뒤에서 구체적으로 언급하겠지만, 다문화주의 관점은 북한이탈주민정책에 시사하는 바가 분명 있다.

둘째는 다문화주의 관점에서의 사회적응과 사회통합이 북한이탈주민에게 과연 바람직한가 하는 점이다. 북한이탈주민은 정치적 자유나 경제적 필요를 추구하면서 남한사회에 동화되길 원한다고 보는 것이 일반적이다. 하지만, 북한이탈주민의 내면에서는 다문화주의적 접근에 대한 기대가 없지 않다. 북한이탈주민이 생각하는 사회적응의 의미를 조사한 연구에 따르면, 그들은 적응을 "한국인과 동등한 위치에서 상호적 관계를 형성할 수 있는 지위의 확립이며, 이 과정에서 자신만의 기준과 정체성을 확립해가는 과도기적 단계"라고 정의하고 있다.[5)]

북한이탈주민은 남한사회에 수용되어야 할 일방적인 대상이나 계속 지원해야 할 동정의 대상이 아니다. 그들은 사회통합을 위해 함께 어우러져야 할 시민행위자(citizen actors)이다. 다문화주의 관점에서의 사회적응과 사회통합은 북한이탈주민에게도 필요한 것이다.

5) 여현철, "북한이탈주민들의 사회 적응에 관한 연구", 동양사회사상학회, 『사회사상과 문화』, 제18권 3호 (2015), p.353.

Ⅱ. 다문화시대의 사회적응과 사회통합

1. 사회적응과 사회통합의 의미

일반적으로 적응이란 일정한 조건이나 환경에 맞추어 잘 어울린다는 뜻이고, 사회적 의미로서의 적응이란 개인이 사회환경과 적절한 관계를 유지하는 상태 혹은 그렇게 되어가는 과정을 말한다.[6] 정리하면, 사회적응(social adaptation)이란 개인이 자신의 욕구와 사회환경 사이에서 조화를 이루고 만족을 느끼는 상태나 과정을 의미한다.

일반적으로 통합은 둘 이상의 조직이나 기구를 모아 합친다는 뜻이다. 사회통합(social integration)이란 사회내 다양한 집단 간의 조화롭고 안정된 관계를 형성하는 과정을 말하며, 이질적이고 다양한 사람들로 이루어지는 사회구성원이 정체성을 갖도록 통합하는 것을 의미한다.[7] 정리하면, 사회통합은 한 개인이 사회구성원으로서의 동등한 시민정체성에 기반하여 사회적 안정감과 소속감을 갖는 상태를 말한다.

얼핏보면, 사회적응과 사회통합은 여러 영역에서 이루어져야 하는 그 무엇이지만, 세부적으로 보면, 개인적 차원이나 사회구조적 차원도 있으며, 보편적이면서도 상대적인 기준을 갖고 있는 추상적이고 광범위한 개념이다.

6) "적응", "사회적응", (http://dic.daum.net, 2018.8.21. 검색)

7) "통합", (http://dic.daum.net, 2018.8.21. 검색); "사회통합", (https://ko.wikipedia.org, 2018.8.21. 검색)

주의할 것이 있다. 첫째는, 사회적응과 사회통합이 기존 사회구성원의 일방적인 기대가 될 수 있다는 점이다. 자칫 특정 사회의 모든 영역에서 이주민이 잘 동화되거나 원만히 포섭되는 과정이나 상태로 이해될 수 있다. 하지만, 정작 당사자의 관점에서 보면 평가가 다르다. 적응과 통합의 정도에는 개인차나 상대적인 부분도 있겠지만, 그 본질은 일방적인 것이 아니라 이주민과 기존 사회구성원과의 상호성에 있다. 이를 구별하지 않으면, 적응과 통합의 개념은 쉽게 동화나 포섭의 의미와 혼용될 수 있게 된다.

1997년에 제정된 「북한이탈주민의 보호 및 정착지원에 관한 법률」(이하 「북한이탈주민법」)의 목적은 제1조에 북한이탈주민이 "정치, 경제, 사회, 문화 등 모든 생활 영역에서 신속히 적응·정착하는데 필요한 보호 및 지원에 관한 사항을 규정"하기 위한다고 되어 있다. 법률적으로는 분명하지만, 마찬가지로 당사자의 입장에서 보면 평가가 다를 수 있다.[8)]

둘째는, 사회적응과 사회통합은 서로 연계되어야 한다는 점이다. 사회통합과 무관한 사회적응은 이주정책의 범위를 물리적 수용이나 정착지원에 국한한 것으로 간주하기 쉽다. 사회적응은 이주민을 수용하고 정착시킨 이후 이주사회에 잘 통합하도록 연계성을 갖춘 것이 되어야 한다. 일정 보호기간 이후의 지역사회와의 관계망 형성, 상호 이질적인 사회문화로 인한 갈등의 예방과 관리도 중시되어야 한다.[9)]

8) 서유경(2013), pp.8-11.

9) 허준영(2012), p.273.

적응과 정착에 초점을 둔 현재의 「북한이탈주민법」은 사회통합의 차원과 연계·확장되어야 한다. 기존 북한이탈주민정책이 사회적응과 정착지원을 관리하는 소극적인 성격을 보였다면, 향후의 정책은 사회 정착과 이후 지역사회와의 관계망 형성, 이질적인 사회문화간 갈등 예방과 관리 등을 통한 사회통합을 모색하는 적극적 성격으로 바뀌어야 한다.

2. 다문화시대의 사회적응과 사회통합

다문화시대의 사회적응과 사회통합을 북한이탈주민정책의 전제로 삼으려면, 그 기조와 목표 및 유형에 관한 논의가 있어야 한다. 다문화시대의 사회적응과 사회통합의 기조는 인종적, 민족적, 문화적으로 배경이 다른 사람들을 제한 없이 평등하게 사회 내로 포용하는 노력에 있어야 한다. 제한이 없다는 말은 사회적 필요에 따라 포섭하거나 배제하지 않는다는 의미이다.

이러한 기조 아래 다문화시대의 사회적응과 사회통합은 다음의 몇 가지 목표를 추구해야 한다.[10] 첫째, 다양한 집단 간의 이질성으로 인한 정치사회적 이해관계의 대립이나 문화적 균열이 방지되어야 한다. 둘째, 이주민이 주류문화와의 관계에서 소외되지 않고 공평하게 살 수 있어야 한다. 셋째, 이주사회는 이주민에게 평등한 기

10) 김창근, "다문화 공존과 다문화주의: 다문화 시민성의 모색", 한국윤리학회, 『윤리연구』, 제73호 (2009), pp.21-50; ____, "상호문화주의의 원리와 과제: 다문화주의의 대체인가 보완인가?", 한국윤리학회, 『윤리연구』, 제103호 (2015), pp.183-214.

회와 동등한 권리를 보장하는 동시에 기본적인 의무를 요구하여 이주민과 기존 구성원이 상호 차별되지 않도록 해야 한다. 넷째, 상호 인정과 공존 및 대화와 소통을 추구하는 사회공동체를 이루도록 해야 한다.

그러면, 어느 정도가 사회적응된 것이고 사회통합된 것인가? 물론 개인의 욕구나 기대, 노력과 만족 정도에 따라 다르게 나타나며, 그로 인해 적응과 통합에 대한 평가와 판정도 다를 것이다. 하지만, 기존의 연구를 바탕으로 유형화해 볼 수는 있다.

잘 알려진 것은 존 베리(John W. Berry)가 구분한 문화변용의 유형이다. 사실 베리는 사회적응이나 사회통합을 거론한 것이 아니며, 그의 의도는 문화변용(acculturation)에 있었다. 그는 문화변용을 문화집단 내에서 일어나는 개인의 심리적 변화로 지칭하고, 그 심리적 변화를 일종의 적응 상태로 유형화하여 설명했다. 바로 이러한 점에서 그의 문화변용의 유형을 사회적응과 사회통합의 유형에 원용해볼 수 있게 된다. 베리는 개인의 문화변용을 동화(assimilation), 분리(separation), 주변화(marginalization), 통합(integration)의 네 가지로 설명했다.[11)]

동화는 개인이 주류사회와의 관계는 유지하되, 모국의 문화적 정체성을 포기하는 유형이다. 분리는 개인이 주류사회와의 관계를 유지하지 않고 모국의 문화적 정체성을 유지하는 유형이다. 주변화는 개인이 주류사회와의 관계를 유지하지 않으며, 동시에 모국 문화

11) John W. Berry, "Immigration, Acculturation, and Adaptation", International Association of Applied Psychology, *Applied Psychology: An International Review*, 46-1 (1997), pp.5-34.

와의 접촉도 거부하는 유형이다. 통합은 개인이 주류사회와의 관계를 유지하면서, 동시에 모국의 문화적 정체성을 유지하는 유형이다. 물론 이러한 문화변용이 한꺼번에 나타나지는 않는다. 개인이 주류문화를 만나면서 나름대로의 접촉기, 갈등기, 해결기의 순서를 겪게 된다.

이러한 네 가지 유형을 사회적응과 사회통합의 경우에 원용해 보면, 첫째, 이주민이 모국의 문화적 정체성을 버리고 이주국가의 주류문화만 습득한다면 동화 현상이 나타날 것이다. 둘째, 이주민이 이주사회 구성원과의 교류나 접촉을 갖지 않고, 모국의 문화적 정체성을 유지하거나 혹은 이주사회의 하위문화로서 지속·유지시켜 간다면 분리 현상이 나타날 것이다. 이는 주류사회에 적응되지 못하고 격리 또는 고립되는 것이다. 셋째, 이주민이 모국의 문화적 정체성을 포기하거나 상실하고, 동시에 이주사회의 문화를 습득하려 하지 않거나 못하게 될 때 주변화 현상이 나타날 것이다. 넷째, 이주민이 모국의 문화적 정체성을 유지하면서, 동시에 이주사회의 문화적 정체성을 습득한다면 통합 현상이 나타날 것이다. 통합 현상은 출신사회와 이주사회의 문화들이 상호교류되어 병행적으로 유지되면서 이중문화의 정체성이 유지되고 통합적으로 사회적응이 이루어지는 이상적인 유형이다.[12)]

다문화시대의 사회적응과 사회통합이 추구해야 할 것은 통합의 유형이다. 다문화시대의 사회통합은 출신사회와 이주사회 간의 통

12) 김태원, "다문화현상에 대한 사회통합관점에서의 비판적 고찰", 영남대학교 민족문화연구소, 『민족문화논총』, 제44집 (2010), pp.395-399.

합적 적응을 통해 이주민과 이주사회 구성원들이 함께 성장해가는 상호작용의 과정이다. 이주민은 이주사회의 문화적 행동양식이나 가치체계를 일방적으로 수용하거나 동화하도록 요구받지 않아야 한다.

3. 다문화시대 사회적응과 사회통합의 정책 방향

다문화시대의 사회적응이나 사회통합은 동화에서 통합으로, 분리나 주변화에서 통합으로 나아갈 수 있도록 해야 한다. 통합의 방향은 다문화주의 모형(multicultural model)을 추구해가면서 차별적 배제 모형(differential exclusionary model)과 동화주의 모형(assimilationist model)을 경계해야 할 것이다.[13]

차별적 배제 모형이란, 특정 국가나 사회가 열악한 노동시장에서만 이주민을 받아들이고 국적이나 선거권 등은 물론 내국인과 동등한 수준의 복지와 같은 정치사회적 영역에서의 수혜를 제한하는 정책 방향이다. 내국인과 차별적 대우를 유지하면서 이주민의 영주 가능성을 막고, 인종적 소수자를 없애거나 최소화해 간다. 이주민에 대해 이방인 혹은 위협적 존재라는 시각을 갖고 있기 때문에 국가는 차별의 정당성을 강조하며 적극적으로 규제한다. 이 모형은 소수 인종집단과의 접촉을 배제하면서 사회갈등을 회피하고자 하지만 국가나 사회의 필요에 따라 차별적으로 포섭하는 경우와 대비되면서 반

13) 아래 내용은 S. Castles & M. J. Miller, *The Age of Migration: International population movements in the modern world* (New York: The Guilford Press, 2003), pp.171-201; 마르코 마르티니엘로, 윤진 옮김, 『현대사회와 다문화주의: 다르게, 평등하게 살기』 (파주: 한울, 2002), pp.72-79; 허준영(2012), pp.275-276 참조.

인도주의적 문제를 나타내며, 사회갈등이 표면화할 잠재성을 지니게 된다.

동화주의 모형이란, 특정 국가나 사회가 이주민에게 자국민화를 전제로 동화를 지원하고 정책적으로 자국민과 동등하게 대우하는 정책 방향을 말한다. 이주민은 출신국의 사회문화적 정체성을 포기하고 주류문화를 그대로 수용하면서 이주한 국가의 구성원과 차이가 없게 되어야 한다. 이주민은 주류사회에 동화되어야 한다는 전제 아래 국가는 이주민을 조건적으로 인정하며 사회보장 및 기회의 평등을 제한적으로 지원한다. 이 모형은 문화적으로 소수집단이 주류사회로 완전 동질화될 것을 추구하여 사회갈등을 해소하려고 하지만 현실에서는 사회적 분리나 배제 현상으로 인해 문화 간의 갈등과 충돌이 나타나며, 그로 인해 사회적 이질감이 증폭될 위험성이 있게 된다.

다문화주의 모형이란, 특정 국가나 사회가 이주민과의 공존을 추구하면서 자신의 문화를 지키려는 이주민의 노력을 인정하고 지원하는 정책 방향이다. 국가가 이주민의 다양한 문화, 언어, 습관 등의 가치를 인정하고 그에 대한 보존을 장려한다. 사회 내의 다양성 인정과 공존 및 이주민에 대한 상호 존중과 관용의 시각에서 적극적인 조치를 추진한다. 이 모형은 소수집단의 고유성을 인정하고 문화적 이질성과 공존하면서 사회갈등을 방지하려고 하지만 주류사회의 정체성을 약화시킬 수 있으며, 다양성을 인정하고 공존시키면서 주류집단 간의 갈등과 대립을 유발한 가능성이 높게 되기도 한다.

정리하면, 첫째, 이주민을 향한 관점은 일방이 아닌 통합적 시각이어야 한다. 그간 사회적응은 이주민이 '하여야' 하는 것이고, 사회통합은 이주민이 이렇게 '되어야' 하는 것으로 보는 요구나 정책이 있었다면 개선되어야 한다. 주류사회와 다수자는 그저 결정하거나 수혜만을 베푸는 주체가 아니다. 사회적응과 사회통합은 사회문화적으로 이주민과 이주사회가 함께 상호작용하면서 이루어내는 상태이자 과정이기 때문이다. 이주민이 주류사회와의 관계를 유지하면서, 동시에 출신사회의 문화적 정체성을 유지할 수 있도록 다문화주의 모형이 추구되어야 한다.

둘째, 이주민을 위한 실질적인 법·제도적인 배려가 모색되어야 한다. 무엇보다 동일한 인간 혹은 시민으로서의 권리가 우선 보장되어야 하며, 그 권리는 시민권, 경제권, 사회권, 문화권 등으로 확대되어야 한다. 물론 권리보장은 사회내 통합 능력의 신장과 연계되어야 한다. 혈연이나 인종과 같은 배타적 민족주의에 대한 의존을 넘어 인간으로서의 존엄과 보편적 가치에 기반한 사회통합을 지향해야 하며, 이를 사회정의론적으로 보장하고 배려하는 정책이 추진되어야 한다.

셋째, 다문화주의 모형은 상호적인 노력을 전제한다는 점에서 주류사회 및 다수자를 향한 국가의 정책적·교육적 지원도 이루어져야 한다. 사회적응과 사회통합의 성패는 이주민 못지 않게 주류사회와 집단의 이해와 관용이 중요하다. 이해와 관용의 폭이 넓어질 때, 이주민을 인정하는 방식의 변화를 가져올 수 있고 이주민의 사회심리적 적응도 수월해질 것이며, 국가의 정책 추진이 원활해질 것이다.

Ⅲ. 다문화시대 북한이탈주민정책의 쟁점

1. 북한이탈주민의 법적 지위와 대우

다문화시대 북한이탈주민정책의 첫째 쟁점은 이들의 법적 지위와 대우이다. 이는 그들이 다문화시대에 북한이탈주민인지 이주민인지 하는 지위의 문제이기도 하며,[14] 정책 타당성의 근거가 되기 때문이다.

「북한이탈주민법」에 따르면, 남한에 온 북한이탈주민이란 "군사군계선 이북지역에 주소, 직계가족, 배우자, 직장 등을 두고 있는 사람으로서 북한을 벗어난 후 외국 국적을 취득하지 아니한 사람"이다. 이는 대한민국 헌법 3조가 "대한민국의 영토는 한반도와 그 부속도서로 한다."고 명시한 것에 근거한다. 헌법상 휴전선 이북 지역도 대한민국의 영토이며, 북한이탈주민은 이미 대한민국 국민이다.

국제법적으로 보면, 남한에 온 북한이탈주민은 유엔이 정하는 난민 범주 중 국내유민에 해당한다.[15] 물론 이들이 서구에서 난민

14) 이우영, "북한 이탈주민 연구의 전환점: 서평(윤인진, 북한 이주민-생활과 의식 그리고 정착지원 정책)", 숙명여자대학교 다문화통합연구소, 『다문화사회연구』, 제3권 1호 (2010), p.134.

15) 1951년 체결된 「난민의 지위에 관한 조약」(Convention Relating to the Status of Refugees)과 1967년 체결된 「난민의 지위에 관한 의정서」(Protocol Relating to the Status of Refugees)에 의하면, 난민이란, "인종, 종교, 국적, 특정 사회집단에의 구성원 또는 정치적 의견을 이유로 박해당할 공포로 인해 국적국 또는 상주국 밖에 있는 국민 또는 무국적자로서 국적국의 보호를 받을 수 없거나 국적국의 보호를 받기를 원하지 않는 자"이다. 이에 따른 범주는 ① 조국이 아닌 제3국에 살고 있는 자, ② 자국 내에 살지만 고향이 아닌 안전한 지역으로 피해 살고 있는 국내유민(internally displaced person: IDP), ③ 타국에 살면서 난민으로 인정받고자 하

지위를 인정받는 사례도 늘고 있다. 하지만, 북한이탈주민은 남한에서 국제법적으로 국내유민을 보호하는 인도주의 차원에서의 보호 및 정착을 보장받을 권리가 있다.

이런 이유로 북한이탈주민은 헌법상 대한민국 국민으로서 별도의 국적취득 절차가 없으며,[16] 헌법상 자국 내에 있지만 안전한 곳으로 피해 있는 국내유민으로서 인도주의적 보호 및 정착지원을 받는다. 국내 입국 후 보호결정이 나면 「북한이탈주민법」에 따른 보호 및 지원이 이루어진다. 결혼이주민이나 외국인 노동자와 같은 여타 이주민과는 기본적으로 다른 지위를 갖는다. 노동권이나 복지권과 같은 법・제도적 평등의 문제가 따로 제기되지 않는다. 때문에 북한이탈주민은 정치적 이유나 경제적 어려움으로 북한을 떠나온 난민이지만, 여타 이주민과는 다르게 보아야 한다는 주장도 있다. 이는 북한이탈주민이 자발적인 이주민이지만, 이주한 곳이 언어와 민족정서를 공유하는 민족국가라는 점에서 특수하기 때문이다. 실제 국제사회에 접수된 북한이탈주민 난민 신청이 기각된 중요한 이유가 민족국가로서의 남한 거주 경력에 있기도 하다.[17]

는 자 등 세 가지 유형이 있다. 유엔은 난민들의 생명과 인권 보호를 위해 해당국과 관련국들에게 비차별(non-discrimination), 비처벌(non-penalization), 강제송환금지(non-refoulement) 등 세 가지 인권보호원칙을 준수할 것을 권고하고 있다. 서유경(2013), pp.4-5.

16) 국제법적으로는 북한이 남한과 함께 유엔에 공식 가입한 나라이기 때문에 북한국적이 인정된다. 우리나라는 남북관계를 1992년 남북기본합의서의 서문에 의해 "나라 사이의 관계가 아닌 통일을 지향하는 과정에서 잠정적으로 형성되는 특수관계"로 규정한다.

17) Voice of America의 보도(2014.6.24)에 따르면, 2013년도 한 해 북한이탈주민이 영국, 캐나다, 미국 등으로 난민 신청한 건수는 4백80여 건에 달하며, 이 중 승인된 것은 71건에 불과했다고 한다. 난민 신청의 다수가 남한에 정착한 이후에 신

하지만, 북한이탈주민이 실제 남한사회에서 겪는 이질감은 일반적으로 이주민이 겪는 것과 크게 다르지 않아 보인다. 오히려 이들은 북한의 사회구조를 기반으로 형성된 사회 정체성에 더하여, 난민이자 이주민으로서의 정체성을 가지며, 동시에 민족 정체성에 대한 기대도 갖는 복합적이면서 특수한 지위를 갖게 된다.[18)]

북한이탈주민의 사회적응과 사회통합의 일정 부분은 남한의 사회적 포용력과 직결된다. 사회적 포용력이 넓어지면 그만큼 그들의 사회적응과 사회통합은 수월할 것이다. 북한이탈주민이 갖는 특수한 성격 이전에 이들을 맞는 다수자의 인식 개선이나 포용력 증대가 우선되어야 한다는 점에서 이주민을 대하는 다문화주의적 접근이 필요하다.

2. 북한이탈주민의 복합적 정체성

다문화시대 북한이탈주민정책의 둘째 쟁점은 남한사회에서 이들이 갖는 복합적인 정체성이다. 북한사회에서부터 익숙해온 정체성도 있고, 남한사회에서 새롭게 갖게된 정체성도 있다. 동시에 남한사회가 이들에 대해 갖고 있는 정체성도 있다. 북한이탈주민들은 하나의 정체성으로 묶을 수 있는 존재가 아니다.

북한이탈주민은 우선, 북한사회에서 내재된 기본적인 사회문화

청한 것이었고, 남한에 거주한 경력 때문에 신청이 기각된 중요한 사유가 되었다. 엄태완, "북한이탈주민 지원정책의 방향 모색: 롤즈의 정의론을 중심으로", 『북한학연구』, 제11권 1호 (서울: 동국대학교 북한학연구소, 2015), p.11의 주11.

18) 김은경 · 허석재, "북한 이탈주민의 사회심리적 적응: 문화적응의 상호주의를 향하여", 한국민족연구원, 『민족연구』, 제41권 (2010), pp.98-104.

적 특성을 지닌다. 일반적으로 시장경제적 가치관보다는 사회주의적 가치관을 지니며, 개인주의보다는 집단주의 성향이 강하고, 개인주의적 도덕관보다는 집단주의적 도덕관을 지니고 있다. 합리적인 사고보다는 혁명적인 사고를 중시하며, 근대화적인 발전보다는 전통적인 발전을 추구하는 경향이 있다. 행복한 가족관계나 편리한 삶에 대한 가치보다는 국가의 발전과 평등의 가치를 더 선호하기도 한다.[19] 남북한 민족동질성에 기반하여 이들이 남한사회에 쉽게 동질화되리라는 기대보다는 북한사회에서 가져온 이러한 정체성과 가치관으로 인해 생각보다 사회적응에 어려움을 겪는다.

다음으로, 북한이탈주민은 남한으로 왔다는 공통점에도 불구하고 북한에서의 서로 다른 신분 배경이나 탈출 동기, 트라우마 등으로 인해 상호 간에 융화되기 쉽지 않은 특성을 갖고 있다. 상당수가 가족을 놓고 왔다는, 또는 조국을 버렸다는 죄책감과 고통을 안고 있다. 그러면서도 그간 억압당하고 소외당한 것에 대한 울분과 무력감이 있다. 심리적 외상이나 외상후 스트레스로 인한 개인적 후유증이 많으며 사회문제로 표출될 소지도 적지 않다.[20]

남한의 이중적인 태도는 북한이탈주민의 정체성을 더욱 복잡하게 만든다. 남한사회는 북한이탈주민을 대하는데 있어 민족적 차원이나 인권적 차원에서의 동질감이나 동정심을 가지고 있으면서도 북한에 대한 부정적인 태도를 그들에게 투영시키고 있다. '가난하다,

19) 채정민 · 이종한, "심리학적 관점에서의 남북한 문화이질성: 북한이탈주민의 심리적 적응을 중심으로", 한국사회문제심리학회, 『한국심리학회지: 사회문제』, 제10권 2호 (2004), p.83.

20) 김은경 · 허석재(2010), pp.101-104.

불쌍하다, 도와주어야 한다'와 같은 동정적 시선이 있는가 하면, 동시에 '나쁘다, 무섭다, 생떼질한다, 신뢰할 수 없다'와 같은 불신의 감정이 혼재되어 있다.[21)]

우리 정부나 사회가 북한이탈주민을 수용하는 속내에 있어서도 이중적인 부분이 있다. 명목상으로는 적극적으로 포섭하고 편입하는 것을 원칙으로 하고 있지만, 실제로는 차별적 포섭과 사회적 배제를 나타낸다.[22)] 북한이탈주민의 가치와 자격, 도구적 활용도에 따라 포섭과 편입의 정도가 다른 것이다. 북한이탈주민이 남한사회에서 지닌 사회적 연결망, 예컨대 지원단체의 영향력이나 종교활동과 같은 요인에 따라서도 사회적 배제의 정도가 달라진다.[23)]

북한이탈주민이 남한사회에서 갖게되는 이러한 정체성에도 불구하고 소위 성공한 북한이탈주민도 늘고 있다. 북한전문매체인 뉴포커스 홈페이지에는 북한이탈주민으로서 중소기업브랜드상을 수상한 여성기업인, 국제인권단체의 인권상 수상자, 북한전통음식문화원 원장, 엔케이결혼정보회사 원장, 재미탈북연대 대표, 탈북난민인권연합 대표, 국회의원, TED 강연자, 북한전문기자, 베트남 홈쇼핑 방송국 대표, 세계챔피언 여성복서, 한의사, 과학자 등이 '자랑찬 탈북인'으로 소개되어 있다.[24)] 이외에도 CEO, 신지식인, 외과의사, 박사

21) 신미녀, "남한주민과 북한이탈주민의 상호인식을 통해 본 통일준비", 한남대학교 사회과학연구소, 『사회과학연구』, 제19권 1호 (2010), pp.95-97.

22) 원숙연, "다문화주의시대 소수자 정책의 차별적 포섭과 배제: 외국인 대상 정책을 중심으로 한 탐색적 접근", 한국행정학회, 『한국행정학회보』, 제42권 3호 (2008), pp.34-35.

23) 원숙연(2008), pp.41-42.

24) "인터뷰/자랑찬 탈북인", (www.newfocus.co.kr, 2018.8.21. 검색)

학위 취득 등 여러 분야에서 1호라는 별칭을 받으며 활동하는 북한이탈주민이 늘고 있다.[25] 사회 여러 분야에서 모범적이고 성공적으로 정착하여 살고 있는 사례도 적지 않다.[26]

북한이탈주민은 하나의 정체성으로 규정될 수 있는 집단이 아니며, 사람마다 모두 다르다. 전적으로 동정적인 대상도 아니고, 일방적 수혜의 계층도 아니며, 온전히 경계할 사람도 아니다. 북한이탈주민이 갖고 있는 복합적 정체성의 문제는 그들을 대하는 방식에 있어서도 보다 다양한 시각으로 접근해야 한다는 점을 말해주고 있다.

3. 접근방식의 논란: 민족주의적 접근 대 다문화주의적 접근

다문화시대 북한이탈주민정책의 셋째 쟁점은 민족주의적 접근이 바람직한지 아니면 다문화주의적 접근이 바람직한지이다. 북한이탈주민은 남한사회에서 자신들에 대해 민족주의적 관심을 가져줄 것을 기대하고 있다. 죽음을 무릅쓰고 자유를 찾아 같은 민족인 남한으로 온 경우는 더욱 그럴 것이다. 하지만, 실제 이들을 포용해내는 것은 남한 주민들이라는 점에서 일상에서의 다문화주의적 접근도 필요하다. 두 가지 시각은 상호보완되어야 한다.

분단 이후 1990년대 초반까지는 연간 10여명 내외의 귀순용사

25) "탈북박사 14인 이력", 『동아일보』, 2014.3.29.

26) "기획연재, 탈북민과 함께 '통일 사다리' 놓자", 『조선일보』, 2016.5.30; 2016.5.31; 2016.6.6; 2016.6.8; 2016.6.20; 2016.7.4; 2016.7.12.

가 남한에 입국하는 수준이었는데, 1990년대 중반 이후에는 북한이탈주민의 수가 급증했다. 북한의 식량난과 자연재해 때문이었는데, 북한 스스로도 '고난의 행군'이라는 구호를 앞세워 자력갱생을 독려하던 때였다. 그 규모는 2002년에 1천여명을, 2006년에 2천명을 넘었고, 2009년에 3천여명에 다가섰다. 2010년을 고비로 연인원은 줄고 있지만, 2016년 11월을 기점으로 3만명시대가 되었다(〈표 6-1〉 참조).

〈표 6-1〉 북한이탈주민 남한 입국 현황

연도	1949 ~ 2001	2002	2003	2004	2005	2006	2007	2008	2009	2010
인원	1,990	1,142	1,285	1,898	1,384	2,028	2,554	2,803	2,914	2,402
연도	2011	2012	2013	2014	2015	2016	2017	2018.6 (잠정)	합계	
인원	2,706	1,502	1,514	1,397	1,275	1,418	1,127	488	31,827	

출처: 통일부, 주요사업 중 통계의 "북한이탈주민 입국 현황", www.unikorea.go.kr/unikorea/business/statistics/, 2018.8.25. 검색)

남한에 입국하면 「북한이탈주민법」에 의거하여 대한민국 국민으로서의 보호와 정착지원이 시작된다. 이 법률은 1990년대 중반 이후 북한의 내부적 어려움으로 인한 북한주민의 대거 남한 유입사태에 대비해 법 · 제도를 정비한 성격이 강했다. 이념성과 정치성을 배제하고, 북한이탈주민의 적응과 정착을 위한 보호와 지원에 관한 내용을 규정했다. 이에 근거해 북한이탈주민 정착지원사무소 본원인

제1하나원이 1999년 7월 경기도 안성시에, 제2하나원이 2012년 12월 강원도 화천군에 개소되었다. 성남(2002.9), 시흥(2006.3), 양주(2009.7)에 있는 분원과 합하면, 현재 연인원 3,600여명의 교육이 가능하다. 2009년에는 전국의 지역적응센터인 하나센터가 지정되었고,[27] 전문상담사 제도가 시작되었다. 2010년에는 북한이탈주민지원재단(남북하나재단)이 출범하면서 전국적인 지원망체계가 갖추어졌다.[28]

「북한이탈주민법」과 그에 근거한 지원체계는 모든 생활영역의 구체적인 수준까지 포괄하고 있다는 점에서 다른 이주민에게는 부러움의 대상일 수 있다. 그들의 관점에서는 충분히 민족주의적 접근이라고 느낄 만하다. 문제는 북한이탈주민 당사자의 관점에서도 그러한가 하는 점과 실제 우리 사회에서도 민족주의적 관심으로 이들을 포용하고 있는가 하는 점이다. 법・제도적인 노력에도 불구하고 북한이탈주민이 현실에서 겪는 어려움은 어제 오늘의 일은 아니다.

27) 하나원 퇴소 후, 북한이탈주민은 정부의 초기 정착지원금 수령과 주거알선 등의 초기 자립지원과 거주지보호, 사후지원 등 5년간 정착지원을 받는다. 지역의 하나센터는 거주지로 편입하는 북한이탈주민의 초기집중교육(8일, 50시간)과 지역적응교육(8개 영역 중 1개 이상 필수)을 실시하며, 1년간 전수 사례관리, 신변보호 및 관찰, 직업정보 제공, 전문가 상담, 의료・교육・복지 서비스 지원, 일자리 안내 등 지역정착과 관련한 사후지원 업무를 한다. 하나센터는 북한이탈주민 사례관리로서 1년 이상 5년 이내는 북한이탈주민의 문제와 욕구에 따라 대상을 선정하고, 5년 이후는 요보호자 중심으로 선별・집중 관리하는 업무도 한다. 통일부(2017.6), pp.15-18, 121-126.

28) 재단의 설립 목적은 통일부 출연금으로 운영되는 공공기관으로 북한이탈주민의 생활안정, 취업, 교육 등 종합적인 정착지원 서비스를 제공하는 것이다. 주요 사업은 초기정착 및 생활안정 지원, 취업 및 고용촉진을 통한 자립 실현, 청소년 교육 지원 및 실태조사, 남북한 주민 상호이해 및 인식개선 등이다. 통일부(2017.6), pp.118-120.

적응과 통합의 문제는 완벽하게 해결될 수 없는 것이기도 하지만, 그들이 처한 어려움의 지표에도 나타나 있고, 탈남한하거나 재입북하는 사례도 보도될만큼 고민되는 것이다.

정부는 민족주의적 접근을 내세우고 있지만, 현실에서는 그것이 당위이자 외피로만 머물 가능성이 점차 커지고 있다. 북한이탈주민 스스로도 당위적으로는 민족주의적 기대를 마다할 이유는 없지만, 이미 그들의 관심은 정치사상적 가치보다는 실제적인 생활형 욕구에 맞추어져 있다. 남한사회에서도 민족주의적인 당위적 논리보다는 현실주의적인 경제적 논리가 더 크게 작동한다.

이러한 변화는 북한이탈주민의 탈북 결심 동기에 잘 나타나 있다. 과거에는 주요 이유가 체제, 자유 등 정치사상적인 것들이었다면, 갈수록 생계, 교육, 가족, 행복 등 생활적인 가치로 바뀌고 있다. 남북하나재단의 2017년도 보고서에 따르면, 그들의 탈북 결심 이유로 '북한 체제의 감시 · 통제가 싫어서'의 비율이 23.6%로 가장 높게 나타났다. 이어 '식량이 부족해서' 22.9%, '가족에게 더 나은 생활환경을 주려고' 12.4%, '돈을 더 많이 벌고 싶어서' 10.2%, '먼저 탈북한 가족을 찾거나 함께 살기위해' 9.7% 순으로 집계되었다.[29)] 이러한 결과를 생계, 가족, 돈, 자녀, 문화 등의 현실 생활적인 가치로 묶어보면 65.2%나 된다. 탈북 결심 이유가 신변 위협이나 통제 등에 포함되어 있을 정치사상적 요인도 분명 있겠지만, 생계나 가족, 교육 등과 같은 현실적인 생활가치형의 탈북으로 변하고 있다.

29) 남북하나재단, 『2017 북한이탈주민 정착실태조사』 (서울: 남북하나재단, 2018), p.27.

남한사회의 의식에도 유사한 변화가 있다. 북한이탈주민 지원 사업의 보완과 운영을 위해 남한 주민이 추가적인 소득세를 납부할 의사가 있는지를 묻는 지불의사액(Willingness to Pay: WTP) 조사에서 지불 거부의사를 밝힌 비율은 남한 주민의 51.5%였다.[30] 지불 거부의사 이유를 보면, '이미 납부한 세금으로 충당되어야 함'이 51.1%로 가장 높았다. 이어 '경제적 여유 없음'이 20.4%, '정부불신'이 14.8%, '관심사항이 아님'이 12.8% 순이었다. '이미 납부한 세금으로 충당되어야 함'과 '경제적 여유 없음'의 항목을 합하면, 지불 거부 이유 중 71.4%가 북한이탈주민 지원 비용을 경제적 편익의 관점에서 보고 있는 것으로 해석할 수 있다. 현실적인 경제적 논리가 고스란히 나타난다.

이러한 내용은 정책 접근에 있어서 민족주의적 시각을 당위적으로 내세우지만, 현실에서는 사회관계망과 상호관계 형성 및 포용력 증대와 같은 다문화주의적 접근의 보완이 시급하다는 점을 말해준다. 정부가 그간 추진해온 시혜적이고 동화주의적인 민족주의 기조의 정책은 일부분 재고되어야 한다. 정부는 남북한사회가 갖는 이질성에 주목하면서 남한 주민과 북한이탈주민 간의 교류에 초점을 두어야 한다.

4. 지속적인 사회적 지지와 합의 도출

다문화시대 북한이탈주민정책의 넷째 쟁점은 정책에 대한 지속

30) 곽승준 · 이주석 · 최은철, "국내 북한이탈주민 지원 사업의 경제적 편익 산정 연구", 서강대학교 사회과학연구소, 『사회과학연구』, 제32권 1호 (2015), pp.24-25.

적인 사회적 지지와 합의의 도출이다.[31] 북한이탈주민에 대한 수용 근거와 정착 방식에 대한 규범적 준거가 민족적인 당위적 관점을 넘어 새롭게 모색되어야 한다. 사회적 지지나 합의 형성에 관한 이론이 적용되고 공공선(公共善)적인 내용들로 보완되어야 한다.[32]

우선, 다문화주의적 접근에 대한 논의와 합의도 모색해야 한다. 북한이탈주민 5만명, 10만명시대처럼 그 규모가 커지고 남북한의 사회문화적 이질성이 심화된다고 보면, 기존의 민족주의적 관점 아래 보호 및 정착지원에 초점을 둔 사회적응정책은 한계가 있을 것이다. 동화주의나 일방주의적 수준을 넘어 통합주의적 접근이 추구되어야 한다. 인간의 존엄성과 보편적 가치를 공통성의 기반으로 삼으면서도 다름을 인정하고 열린 소통을 해나갈 수 있는 능력이 필요하기 때문이다.

다음은, 통일을 중심으로 한 정치성과 상징성에 초점을 두기보다는 북한이탈주민을 사회적 소수자나 약자로 존중하는 논의와 합의도 추구해야 한다.[33] 남한사회는 여전히 민족과 혈연 우선적인 인식과 정책이 강하다. 문제는 향후 동일한 시민이라 하더라도 이러한 민족과 혈연 친화성을 중심으로 시민간 계층화가 관념화 혹은 실체화할 수 있다는 점이다.[34] 그렇게 되면, 북한이탈주민은 결혼이주민, 다문화가정자녀, 외국인노동자와 같은 국내 다문화집단과 갈등

31) 이우영(2010), p.128.

32) 서문기, "사회적 합의 형성에 관한 이론적 소고: 분석틀과 정책적 합의", 서울대학교 행정대학원, 『행정논총』, 제45권 4호 (2007), pp.1-22.

33) 서유경(2013), p.325.

34) 조화성, "한국 이민정책의 탈민족화와 재민족화", 한국민족연구원, 『민족연구』, 제40권 (2009), pp.49-52.

하게 될 수도 있다.[35]

끝으로, 사회적 정의, 인권, 보편적 가치, 시민행위자 등과 같은 규범적 준거에 기반해 사회적 지지와 합의를 형성해가야 한다. 엄태완은 존 롤즈(John Rawls)의 정의론 중 제2원칙인 '차등원칙과 공정한 기회균등의 원칙'에 입각해 북한이탈주민정책의 준거틀로 삼을 것을 제안한다. 그는 상호 이익과 같은 시장적 거래가 아닌 우리 사회의 공정한 기본 원리에 의해 정책이 이루어져야 하며, 정의론적 관점에서 북한이탈주민을 최소수혜층으로 규정해야 한다고 강조한다.[36] 기존의 인권이나 보편적 가치도 북한이탈주민정책의 사회적 지지와 합의를 이끌어가는데 중요한 자원이다. 아울러 북한이탈주민은 좋은 시민이 '되도록 해야' 하는 존재가 아닌 우리 사회의 주체로서 동반하는 시민행위자가 되도록 해야 한다는 의미로 정책을 접근하는 것도 필요하다.

35) 양계민, "북한이탈주민이 국내 다문화집단에 대하여 지니는 태도에 영향을 미치는 요인", 한국심리학회, 『한국심리학회지: 사회 및 성격』, 제29권 3호 (2015), pp.165-193.

36) 엄태완(2015), pp.5-42.

Ⅳ. 다문화시대 북한이탈주민정책의 개선 방향

1. 사회통합을 위한 통합주의적 접근

적어도 「북한이탈주민법」 이전의 정책은 철저히 지원에 맞추어져 있었다.[37] 가장 먼저 제정된 1962년 「국가유공자 및 월남귀순자 특별원호법」은 북한이탈주민이 남한사회에 적응하게 되는 전기가 되었다. 이전에는 군사안보차원에서 수용의 대상이었다면, 이 법에서 북한이탈주민은 사선을 넘어 자유민주주의를 택한 귀순용사였다. 그만큼 보훈차원에서 예우하여 국가유공자 또는 관련 지위가 부여되었다. 1993년에는 「귀순북한동포보호법」이 제정되었다. 냉전이 종식되고 남북한 체제경쟁에서 우위를 점한만큼 북한이탈주민에게 국가유공자 차원에서의 지원이 아닌 생활보호대상자로서의 사회부조적인 차원에서 지원하기 시작했다. 담당부서도 국가보훈처에서 보건복지부로 이관되었다. 1996년 말에는 당시 통일원에 인도지원국이 신설되면서 북한이탈주민 업무가 전담되었다. 「북한이탈주민법」은 귀순 개념을 북한이탈로 대체했으며 통일에 대비하는 성격을 가지고 지금에 이르고 있다(〈표 6-2〉 참조).

37) 지원체계 변화에 대해서는 장현, "북한이탈주민 지원 정부조직체계 개편", 조선대학교 동북아연구소, 『동북아연구』, 제28권 1호 (2013), pp.70-71.

〈표 6-2〉 북한이탈주민정책의 변화

시기	1951~ 1962.4	1962.4~ 1978.12	1979.1~ 1993.12	1993.12~ 1996.7	1997.7~ 현재
성격	안보차원	보훈차원	체제선전 차원	사회복지 차원	통일대비 차원
목표	체제경쟁	체제경쟁	체제경쟁	취약계층 보호	남북통합 대비
관점	귀순용사	귀순용사	귀순용사	북한동포	북한이탈 주민
관련법	없음	「국가유공자 및 월남 귀순자 특별원호법」	「월남 귀순 용사 특별 보상법」	「귀순북한 동포보호법」	「북한이탈 주민의 보호 및 정착 지원에 관한 법률」
주관 부처	군 및 정보기관	원호처 (국방부)	원호처-국가보훈처 (국방부)	보건사회부(보건복지부)	통일원 (통일부)

출처: 장현(2013), p.72; 통일부, 주요사업 중 북한이탈주민정책의 "지원정책의 변천 과정", (www.unikorea.go.kr/unikorea/business/NKDefectorsPolicy/status/history/, 2018.8.25. 검색)

정책의 변화에는 시대적·정치적 요인들이 반영되었고 정부의 정책적 의지가 담겼다. 두드러진 변화는 지원 중심의 시혜적 차원에서 자립·자활 중심의 적응적 차원으로 전환한 점이다. 하지만, 그 정책 기조는 여전히 보호 및 정착지원에 머물러 있다.

북한이탈주민 국내정착 프로세스는 크게 '보호요청 및 국내이송-합동조사 및 보호결정-사회적응교육-거주지 보호 및 사후지원'으로 구성되어 있는데, 전체 프로세스가 거의 보호 및 정착지원에 관한 것이라 할 수 있다.[38] 하나원은 사회적응교육, 주거지 배정, 가족

관계등록, 정착금 지원 등 북한이탈주민의 초기 사회적응에 초점을 두고 있고, 하나원 퇴소 이후의 정책도 이들의 안정적 정착에 맞추어져 있다. 3개월 이상의 직업훈련이나 2년간 취업보호도 북한이탈주민을 위한 정착지원책이다. 북한이탈주민 정착지원제도의 주요 내용은 〈표 6-3〉과 같다.

초기에는 보호 및 정착지원에 초점을 두어야 한다. 하지만, 보호 및 정착지원이 북한이탈주민정책의 전부는 아니다. 북한이탈주민정책은 기본적으로 보호 및 정착지원을 넘어 남한 주민과 북한이탈주민의 쌍방향적인 노력에 기반한 통합주의적 접근으로 모색되어야 한다.[39]

북한이탈주민도 통합주의적 접근을 희망하고 있다. 이미 언급했듯이 북한이탈주민은 국민으로서의 책무를 다하는 동등한 위치에 오르도록 자신과 남한 주민 간의 상호관계가 변화되어가기를 원하고 있다.[40]

이렇게 보면, 북한이탈주민을 보호 및 정착을 위한 사회적 지원 대상으로 보는 시각을 넘어 남한사회에 융합되어 함께 사회통합을 이루어가야 하는 동반자적 관점에서 정책이 모색되어야 한다. 북한이탈주민정책은 사회통합을 위한 통합주의적 시각에서 보호 및 정착 중심의 사회적응단계를 넘는 정책방안들이 구체화되어야 한다.

38) 통일부(2017.6), p.16.
39) 허준영(2012), pp.293-295.
40) 여현철(2015), pp.352-354.

〈표 6-3〉 북한이탈주민 정착지원제도의 주요 내용

구분	항목	주요 내용
사회적응교육	기본교육(하나원)	12주 406시간 교육
	지역적응교육 (전국 하나센터)	8일, 50시간 교육 및 사후지원
정착금	기본금	1인 세대 기준 700만원 • 초기 400만원, 분기별(3회) 100만원씩
	지방거주장려금	지방 2년 거주 경우 광역시(인천 제외)는 주거지원금의 10%, 기타는 주거지원금의 20%
	취약계층보호 가산금	연령, 장애, 장기치료, 한부모가정아동, 제3국 출생 자녀 양육 등 최대 1,540만원
주거	주택알선	영구 · 국민 · 다세대 임대주택 알선(2년간 임대차계약 해지 불가, 소유권 · 전세권 · 임차권 변경 불가)
	주거지원금	1인 세대 기준, 1,300만원 지급(보증금 지급, 잔액은 거주지 보호기간 종료 후 지급)
취업	직업훈련 및 훈련수당	훈련비 전액 지원, 훈련기간 중 훈련수당 지급
	직업훈련 자격취득	직업훈련 500시간 이상 120만원, 최대 740시간 이상 160만원, 자격취득시 200만원
	취업 장려금	3년간 근속시 최대 수도권 1,650만원, 지방 1,950만원
	고용지원금(채용 기업주에 지급)	임금의 1/2을 50만원까지 기본 3년, 최대 4년간 지원
	자산형성제도 (미래행복통장)	근로소득 중 저축액과 동일한 금액을 정부가 매칭하여 지원(근로소득의 30% 범위내, 월 최대 50만원)
	기타	취업지원센터 운영, 사회적기업 설립 지원, 영농정착 및 창업 지원, 취업 지원 이용원(바우처)
사회보장	생계급여	국민기초생활보장 수급자 지정
	의료보호	의료보호 1종 수급자 지정, 본인 부담 없이 의료 혜택
	연금특례	입국당시 50세 이상-60세 미만 국민연금 가입 특례
교육	특례 편 · 입학	대학진학 희망시
	학비 지원	중 · 고교 · 국공립대 등록금 면제, 사립대 50% 지원
상담	-	지역하나센터, 전문상담사, 정착도우미 등이 사후 지원

출처: 통일부(2017.6), pp.17-18.

2. 북한이탈주민과 남한 주민 간의 상호관계성 증대

북한이탈주민이 생각하는 사회적응의 의미는 정부의 정책이나 사회의 노력이 '우리만의' 생각이나 기대일 수 있다는 점을 말해준다. 정책은 북한이탈주민과 남한 주민 간의 상호관계성을 증대하는 데 보다 초점이 두어져야 한다. 상호관계성은 북한이탈주민과 남한 주민이 서로의 차이를 인정하고 상호교류하면서 사회통합의 동반자로서 함께 노력해가는 쌍방향성을 말한다.[41)]

상호관계성 증대를 위해 다문화정책에서의 상호문화주의가 참고될만하다. 상호문화주의는 다문화주의와 마찬가지로 문화적 다양성을 어떻게 관리할 것인가에 관한 해법이다. 다문화주의가 다름의 인정과 공존에 초점을 둔다면, 상호문화주의는 상호 열린 대화와 소통에 방점을 두는 차이가 있을 뿐이다.[42)]

상호문화주의는 상호관계와 그 작용에 초점을 둔다. 대등한 가치의 입장에서 상대의 문화를 존중하고 다양한 문화교류에 초점을 둔다. 상호문화주의는 주류문화와 소수문화의 구분이나 우월관계를 부정하며, 다문화사회에서 상호관계 없는 단순한 문화의 인정과 공존의 상태를 넘을 것을 강조한다. 상호문화주의는 다양한 민족들이 동등한 입장에서 다른 민족의 고유문화를 이해하고 상대 문화를 존중하는 개방적 자세로 사회통합을 이루어야 한다는 점을 강조한다.[43)]

41) 허준영(2012), pp.293-295.

42) 김창근(2015), pp.207-208.

43) 김창근(2015), pp.194-201.

이러한 시각은 북한이탈주민을 인식적 차별 없이 상호관계를 이룰 동반자적 구성원으로 보게 한다. 그렇게 되면, 북한이탈주민의 남한 주류사회에 대한 참여가 보다 자연스럽고 당연하게 이루어질 수 있다. 일방적 시혜의 대상이 아닌 사회의 주체적 성원으로서 그 관계와 위상이 확보될 것이다. 아울러, 이러한 시각은 남북한의 문화성을 통해 서로 이해하고 공존하며 함께 사회통합을 이루어가는 상호적 관계에 대한 인식을 갖게 한다. 그렇게 되면, 헌법상의 권리와 지위가 아닌 실생활에서의 시민권에 기반한 사회적 관계망 형성과 책무를 담당해가는 시민으로서의 공간이 확보될 것이다.

이러한 인식 아래 북한이탈주민과 남한 주민간 문화이해 혹은 교류사업이 추진될 수 있다. 북한에서 익숙했던 북한이탈주민의 문화적 정서와 습관을 남한 주민이 알게되고, 남한사회의 문화적 의식과 관례를 북한이탈주민이 이해하게 된다면, 그만큼 정책적 지형도 넓어질 것이다. 그것은 서로에게 가졌던 배타적인 문화나 제도를 바뀌게 할 것이고, 상호문화적 시민의식 제고와 역량 강화, 상호 소통과 관계 증진 등의 사업으로 구체화될 수 있을 것이다. 아울러, 북한이탈주민의 개별성에 초점을 둔 맞춤형사업, 예컨대 성향, 특성, 정착기간 등이 고려된 특화프로그램이 추진될 수 있다. 그것은 지역이나 집단적 차원에서도 가능하다. 상호관계성이란 획일적인 기준으로 통합되는 그 무엇이 아니라 상호적인 개별성을 존중하는 것에서 출발하는 것이기 때문이다.

사회적응의 의미를, 이주민을 수용하고 지원하는 노력을 통해 부적응을 없애는 노력으로만 이해하는 것은 일방적이며 단선적인 시각이다. 그러한 시각에서는 오히려 서로에 대한 편견과 선입견이 확대될 가능성이 크다. 상호관계성 증대라는 시각에서 보면, 북한이탈주민의 개별성에 주목하게 되고, 관계성에 초점을 두며, 함께 이루어야 할 통합성을 중시하게 될 것이다.

상호관계성의 의미와 함께 구분해볼 것은 유형이다. 상호관계의 정도에 따라 단계가 구분될 것이다. 북한이탈주민이 완전동화되는 수준에서 남한사회와 상호관계를 추구하는 경우도 있을 것이고, 선택적 동화 혹은 다원적 동화 수준에 가까운 경우도 있을 것이다. 혹은 주변화 혹은 가장자리 수준에 머무는 경우도 있을 것이고, 분리 혹은 반발성 수준에 그치는 경우도 있을 것이다.[44]

이러한 유형은 북한이탈주민정책이 선별적으로 시행될 여지가 있음을 보여준다. 각각의 수준에서 점차적으로 완전동화의 수준으로 유도하거나 최소한 선택적 동화 수준으로까지 상호관계성을 높일 수 있도록 하는 사회 · 경제적, 정치 · 문화적 시책이 필요한 것이다.

이렇게 보면, 북한이탈주민과 남한 주민의 상호이해사업은 문화회관이나 교류센터를 통한 선별적 프로그램화가 가능할 것이다. 단계별 문화 및 언어수업, 상담실, 취업 안내, 법률교육, 금융상담 등의 프로그램이 가능할 것이고, 여기에 각계각층이 참여하면서 교육 · 교류 및 대화 · 소통의 장으로 발전시킬 수 있을 것이다. 아울러, 지자체나 기관 평가에 상호관계성 지표를 선별적으로 개발하여

44) 조용만 · 박성범, "국제결혼이민자의 조기 사회통합증진 방안 연구: 한국과 독일의 정책 및 사례를 중심으로", 한국국제정치학회, 『국제정치논총』, 제53집 3호(2013), pp.474, 497.

적용할 수도 있을 것이다.[45] 객관적 지표는 교류를 촉진하는 제도, 공공서비스 정도, 북한이탈주민 참여 및 이용도 등으로 구성할 수 있으며, 주관적 지표는 사회적 분위기, 북한 문화에 대한 이해도, 시의회의 관심과 태도, 일상 생활에서의 상호문화적 환경, 상호교류 활성화를 위한 공공기관의 역할과 남한 시민들의 참여와 반응도 등으로 구성할 수 있을 것이다.

3. 인종적 정체성 중심에서 시민적 정체성 중심으로

북한이탈주민정책의 철학은 인종적 정체성(ethnic identity) 중심에서 시민적 정체성(civic identity) 중심으로 변모해야 할 것이다. 인종적 정체성 중심이란 공통의 혈연관계나 언어, 관습과 같은 토착문화를 공유하고 있다는 믿음에 기초한 정책 모델을 말한다. 현재의 북한이탈주민정책을 관통하고 있는 '민족동질성-동포애-통일' 프레임도 이러한 인종적 정체성을 강조하는 모델에 해당한다.[46] 시민적 정체성 모델은 이와 대비된다. 서유럽 국가들의 국민국가 형성기에 나타난 시민적 정체성 모델은 국가를 법・제도적 공동체로 이해한다. 공통의 이념, 시민문화, 공교육을 통해 국가내 다양한 개인들을 하나의 공중(公衆)으로 결집하고 공동선(共同善)을 이루려고 한다. 인종적 정체성 모델에서는 사회내 정치・경제적, 사회・문화적 이질성을 간과하는 경향이 짙다. 반면, 시민적 정체성 모델에서는 문

45) 김경숙, "한국의 여성 결혼이주자정책: 상호문화주의적 조망과 함의", 한국디지털정책학회, 『디지털융복합연구』, 제12권 9호 (2014), pp.29-30.

46) 서유경(2013), p.319.

화적 차이를 존중하는 이상을 추구하며 공동체내 다양한 문화적 소수집단들이 지배적 다수집단과 동등하게 시민권적 권리를 누리며 공존한다.[47)]

이러한 관점에서, 북한이탈주민이 동포에서 진정한 남한 시민으로 자리하려면 시민적 정체성 모델에 기반해야 한다. 그에 따라 체계적인 시민정체성 학습과 교육이 제도화되어 북한이탈주민의 시민적 역량 강화가 모색되어야 한다.[48)] 동시에 북한이탈주민을 보는 남한사회의 시선도 동포애적 관점에서 동료시민적 관점으로 변화되어야 한다. 비쿠 파레크(Bhikhu Parekh)의 주장처럼 문화집합체로서 '우리'라는 정체성을 새롭게 구성하지 않으면 다양한 소수자들이 공존할 수 있는 정치공동체가 제대로 유지되기는 어렵다.[49)] 그는 이를 위해 중요한 것이 문화적 소통과 활동이라고 본다. '우리 문화'라고 하는 용어는 자신이 태어난 문화가 아니며, 단지 우리의 개별적이면서도 집합적인 삶을 이해하고 구성하게 하는 것일 뿐이라는 의식이 전제될 때, 공동체의식, 연대성, 소속감, 도덕적·정치적 합의 등이 발전될 수 있는 것이다.

이러한 점에서 북한이탈주민정책은 시민적 '우리'라는 새로운 동질성을 배양하도록 해야 한다. 북한이탈주민을 대상으로 하는 맞춤형 시민교육 프로그램이 평생교육적 차원에서 마련되어야 한다.[50)]

47) 장승진, "다문화주의에 대한 한국인의 태도: 경제적 이해관계와 국가 정체성의 영향을 중심으로", 한국정치학회, 『한국정치학회보』, 제44집 3호 (2010), pp.107-108.

48) 서유경(2013), p.323.

49) Bhikhu Parekh, *Rethinking Multiculturalism: Cultural Diversity and Political Theory* (Cambridge: Harvard University Press, 2000), pp.155, 171.

민간의 참여방식도 기본 시각이 바뀌어야 한다.[51] 북한이탈주민지원 지역협의회 구성, 지역하나센터의 정착도우미, 전문상담사 등이 북한이탈주민을 지원하는 관점은 정착생활에 필요한 주류 문화의 지식과 정보를 제공하는 데 있다. 비영리 민간단체에서 운영되고 있는 프로그램도 기본 관점이 크게 다르지 않다. 이들의 주요 활동은 남한 주민이 북한이탈주민에게 남한사회의 가치와 정보를 가르치는 형태이다. 먼저온 북한이탈주민이 선배 입장에서 조직한 민간단체 역시 자칫 자신들만의 공간적 성격에 머물기 쉽다. 일련의 시민교육과 민간참여 프로그램의 기본 방향은 시민적 정체성 모델이 되어야 한다.

그동안의 정책들이 인종적 정체성 모델에 가깝다보니, 정부가 주도하는 정부의존형의 성격이 강하게 나타났다.[52] 자연히 중장기적인 사회통합의 문제보다는 단기적인 사회적응의 문제에 치중되기 쉬웠고, 지방과 민간의 역량은 제한될 수밖에 없었다.

북한이탈주민정책은 시민적 정체성 고양에 초점을 두고 민간과 지방자치체의 역할을 활성화할 수 있는 방안을 모색해야 한다. 북한이탈주민이 실제 생활하고 있는 지역 중심으로 정책이 분산되고, 중앙과 지역과 민간이 유기적으로 연계되어야 한다.[53] 지자체의 역할

50) 김도태, "북한 이탈주민의 시민교육 내용과 문제점", 충북대학교 사회과학연구소, 『사회과학연구』, 제29권 2호 (2012), pp.65-66; 신두철, "북한이탈주민의 시민교육과 사회통합에 관한 연구", 한국시민윤리학회, 『한국시민윤리학회보』, 제24집 2호 (2011), pp.105-108.

51) 서유경(2013), p.321.

52) 권숙도(2014), pp.119-120.

53) 임정빈, "북한이탈주민 정착을 위한 지역사회 지원체계 및 이해관계자 분석", 경

이 무엇보다 강화되어야 한다. 지자체가 북한이탈주민정책에 적극 참여하고 민간과의 거버넌스를 주도해야 한다.

정부는 2010년부터 중앙정부, 지방정부, 민간단체 간의 협력체제 구축을 강화하고 있다. 중앙정부차원에서는 통일부 차관을 위원장으로 하여 19개 부처가 참여하는 '북한이탈주민대책협의회'가 운영되고 있다. 지방정부차원에서는 지역사회의 민관협력 네트워크로 '북한이탈주민지원 지역협의회'가 구성되어 있다. 하지만, 중앙차원의 경우는 부처간 연계의 성격이 강할 뿐 지역이나 민간단체와 연계되어 있지 않으며, 지역협의회의 경우는 비상시적인 회의체에 불과해 북한이탈주민의 생활 전반에 밀착된 성과를 거두기 어려운 상황이다. 지자체가 북한이탈주민의 지역사회 정착과 지역사회복지 연계·협력의 관리 주체가 되어야 한다.

북한이탈주민이 일단 거주지에 편입되면, 지역차원에서 상담, 취업, 복지, 교육 등 전 분야에 대한 종합안내가 가능하도록 해야 한다. 그동안 지역의 적응센터에는 지역사회적응교육과 상담 위주의 운영이 일반적이었으며, 그것도 거주지 보호기간에 한정하는 경우가 태반이었다. 지역하나센터의 안정적 운영과 전문성을 제고하면서, 거주지 보호기간 외에도 지역하나센터 및 지역적응센터들과의 안정적인 관계망이 형성되도록 해야 할 것이다. 지역협의회의 상시조직화, 지원 사업의 지역센터화, 지역프로그램의 실행력 강화 등이 고려되어야 한다. 지역별로 북한이탈주민 정착지원 전담부서 혹은 지원기관을 설치하여 사회복지 전담공무원과 고용센터의 취업보호담

인행정학회, 『한국정책연구』, 제12권 2호 (2012), pp.269-270.

당관, 시군구청의 자활고용팀에서 하는 북한이탈주민 업무가 상호연계되도록 하고, 취업정책의 지역화가 자리잡도록 직업훈련과 취업사업장과의 연계, 고용지원센터의 취업지도 전문화, 고용지원제도 시행 사업장에 대한 지원 강화, 지역기업에서의 북한이탈주민 일정 비율 수용 유도 등이 추진되어야 한다.

끝으로 시민적 정체성 고양을 위해 북한이탈주민을 보는 남한사회의 시선이 동료시민적 관점으로 바뀌도록 노력해야 한다. 우리 국민 다수는 북한이탈주민을 여전히 북한동포로 보는 경향이 짙다. 2010년 자료이지만, 남한 주민의 북한이탈주민에 대한 인식 조사에서 '동포이다'로 응답한 비율은 41.0%였고, 다음은 '남한사람이다' 38.2%, '북한사람이다' 14.6%, '북한이탈주민이다' 5.8%로 나타났다.[54] 물론 '동포이다'고 답한 사람들은 나름대로 북한이탈주민에 대한 민족적 정서와 동포애를 바탕으로 응답했을 것이다. 하지만, 시민적 정체성 고양이라는 관점에서 재분류해볼 때, 북한이탈주민을 여전히 북한사람으로 간주하는 것이나 동포로 인식하는 것의 수준은 넘어야 한다.

이런 결과는 이어 '정부의 정착지원 이유'를 묻는 응답에도 반영되어 나타났다. '동포애적 차원에서'라고 답한 비율은 47.2%였고, 이어 '향후 통일을 준비한다는 차원에서' 21.4%, '취약계층을 보호한다는 차원에서' 18.2%, '소수집단을 보호한다는 차원에서' 12.2% 순으로 나타났다. 여전히 남한 주민은 북한이탈주민을 민족적 차원에서 동포로서, 또 통일 준비를 위해서 인식하는 비율이 높은 것이다. 북

54) 신미녀(2010), pp.95, 100.

한이탈주민을 북한동포로 보는 시각과 기대를 넘어 우리 사회의 동료시민이자 동반자로 보는 시선이 넓어진다면, 북한이탈주민의 사회적응이 보다 수월할 수 있을 것이고, 이들의 시민적 역할을 통해 사회통합도 시민적 정체성 차원에서 새롭게 모색될 수 있을 것이다.

4. 북한이탈주민의 자립·자활 능력 배양

북한이탈주민이 느끼는 경제적 어려움은 절대적 빈곤층 혹은 상대적 박탈감, 또는 사회적 약자로서 갖는 사회심리적 간극을 더 크게 한다. 이들의 자립·자활 능력을 배양하는 정책적 노력은 북한이탈주민의 삶의 질을 향상시킬 뿐만 아니라 사회심리적으로도 중요하다.

몇 가지 지표를 보면, 이들의 2017년도 고용률은 56.9%였고, 실업률은 7.0%로 나타났다. 남한 일반국민의 고용률 61.1%, 실업률 3.6%보다 여전히 어렵다. 직업의 유형으로는 단순노무 종사자가 21.0%로 가장 많았고, 다음은 서비스 종사자 18.2%, 장치·기계 조작 및 조립 종사자 14.0% 순이었다. 이들이 현재 직업에서 전문성을 축적하기란 그리 쉽지 않아 보인다. 2017년 종사상의 지위는 상용직 57.3%, 일용직 16.5%, 자영업 13.6% 순으로 나타났다. 남한 일반국민의 경우는 상용직 50.2%, 임시직 18.8%, 일용직 5.3%, 자영업 21.3%로 나타나 남한 일반국민에 대비해볼 때, 일용직 비율은 3배 이상 많고, 자영업 비율은 2배 가까이 적었다. 북한이탈주민의 2017년 주당 평균 근로시간은 48.6시간으로 남한 일반국민의 39.7시간

보다 8.9시간 정도 많았다. 그러면서도 이들의 임금근로자 2017년 평균임금(최근 3개월)은 178.7만원으로 남한 일반국민의 242.3만원에 비해 63.6만원이 낮았다.[55)]

경제적 어려움은 계층의식에 일정한 영향을 미친다. 북한에서의 계층의식에 대한 응답으로 중간층이 51.0%, 하층이 43.1%였는데 비해, 현재 남한에서의 계층의식에 대한 응답은 중간층이 35.8%, 하층이 61.4%로 조사되었다. 남한에서 오히려 하층이 되었다고 느끼는 비율이 상당히 높게 나타났다.

이러한 내용은 사단법인 북한인권정보센터가 북한이탈주민 403명을 조사해 발표한 『2015 북한이탈주민 경제사회통합실태』에도 드러나 있다.[56)] 한 달에 100만원을 벌지 못하는 북한이탈주민은 57.8%, 100~200만 소득자는 29.7%였다. 월 200만원 이상 버는 북한이탈주민은 10% 정도 밖에 안되었다. 북한이탈주민 가운데 기초생활보장 수급 대상자 비율은 37.7%였다. 일반국민의 수급 비율인 2.6%와는 격차가 컸다. '북한으로 돌아가고 싶다는 생각을 한 적이 있느냐'는 질문에 '그렇다'고 응답한 비율은 20.8%였다. 이런 응답자의 74.7%가 월소득 150만원 미만이었다. 경제적으로 안정되지 않으면 심리적으로 불안할 수밖에 없으며, 남한에서의 생활에 회의적일 수밖에 없다.

이러한 조사결과는 북한이탈주민의 경제적 어려움을 해소하는 길이 얼마나 중요한지를 말해주고 있다. 경제적 어려움의 해소를 위

55) 통일부(2018.2), pp.44,47,48,49,53.

56) 윤여상・임순희, 『2015 북한이탈주민 경제사회통합 실태』 (서울: 북한인권정보센터, 2016.2), pp.75, 83, 137, 153.

해서는 무엇보다 정책의 초점을 자립·자활 능력의 배양에 두는 것이 급선무이다. 그렇지 않은 경제적 뒷받침은 한계가 있을 것이고, 남한 국민과의 형평성도 감안해야 하기 때문이다.

물론 현재의 정책도 일정부분 자립·자활 능력의 제고에 초점을 두고 있다. 하지만, 북한이탈주민정책은 정착지원정책과 동일시되어 인식되고 있고, 기간도 거주지보호기간(5년)으로 한정되어 있다. 정책은 정착지원을 중심으로 한 적응의 차원을 넘어 전체 북한이탈주민과 남한사회의 통합이라는 차원으로 연계되고 확장되어야 한다. 이를 위해서 북한이탈주민에 대한 접근 시각을 경제적 빈곤층 혹은 사회적 약자로서 접근할 필요가 있다. 미래행복통장이라는 이름으로 2014년 말부터 시행되고 있는 자산형성 지원방안처럼, 인적·물적 및 사회자본을 쌓아가도록 하는 방안이 필요하다. 자산형성 지원방안도 법령 개정시점을 기준으로 하기보다 경제적 빈곤의 일정한 기준을 적용하는 것이 바람직해 보인다. 인적·물적·사회자본의 형성을 위해서는 정부가 여러 개인과 단체간 네트워크 구성을 통해 협력망을 구축하도록 주선해야 한다.

자립·자활 능력 배양을 위해 현재의 취업지원, 직업훈련 및 직업지도 방식에도 변화가 모색되어야 한다. 현행 방식에는 당장의 남한 생활 정착에 필요한 구호적 성격이 강하다. 현재는 100개 노동고용부 고용센터[57] 중 60개 고용센터에 취업보호담당관을 지정하여 취업 알선 및 직업지도를 지원하고 있다.[58] 아쉬운 점은 내부적으로

57) "고용복지센터 및 고용센터 검색", (www.work.go.kr/jobcenter, 2018.8.21. 검색)
58) 관련 센터는 통일부(2017.6), pp.141-142 참조.

취업보호담당관이 민간 계약직 직업상담원이다 보니 안정적으로 신분보장이 되지 않으며, 순환보직제다 보니 전문화하는데도 제약이 따른다. 직업지도도 여전히 남한 노동시장에서의 수요 중심으로 직업훈련을 하는 경향이 있다. 성별, 연령별, 가족별 세부집단에 적합한 프로그램을 지속적으로 구비해 나가야겠고, 단순생활 기능을 습득하는 훈련의 차원을 넘어 중장기적인 생애비전 프로그램으로 발전해야 할 것이다.

5. 북한이탈주민정책에 대한 사회적 지지와 합의 확대 모색

북한이탈주민정책의 성공을 위해 동시에 필요한 것은 정책에 대한 사회적 지지와 합의를 확대해가는 일이다. 이를 위해 모두가 신뢰하고 동의할 수 있는 규범적 준거가 기반되어야 한다. 사회적 정의, 인권, 보편적 가치, 시민행위자 등과 같은 준거들이 있을 것이다. 그간의 정책 기조가 동포애, 인도주의, 체제자신감, 통일미래 등의 차원에서 이루어졌다면, 권리, 정의, 보편가치, 동반자 등의 차원에서 사회적 지지와 합의를 얻으며 남한사회 인식을 넓혀가야 한다.

곽승준의 연구에서 보듯이, 남한 주민 상당수인 71.5%는 여전히 북한이탈주민 지원 비용을 경제적 편익의 관점에서 보고 있다. 북한이탈주민 사업의 보완과 운용을 위해 추가적인 소득세로 지불할 의사가 있는지를 나타내는 국민 연간 총 지불의사액은 954.2억원, 가구당(18,206,328원, 2013년 말 기준)으로는 연간 5,241원이었다. 특징적인 것은 정치적 관점 보다는 인도주의적 관점에서 대북지원을 생각하는 응답자들일수록 추가 지불의사가 높다는 점이다.[59)]

이러한 결과는, 북한이탈주민의 수가 상당히 많아지거나 경제여건이 적지 않게 하락한다면 북한이탈주민 지원사업의 경제적 편익의 문제를 두고 사회갈등의 소지가 될 수 있으며, 인도주의와 같은 보편가치에 대한 사회적 지지와 합의가 전제된다면 갈등의 소지를 줄여나갈 수 있는 것으로 해석해볼 수 있다.

하나의 준거로서, 사회정의론적 관점에서 정책이 모색된다면, 북한이탈주민정책 자체의 절차적 과정에 대한 논의가 중시될 것이다. 북한이탈주민의 생활에 대한 공정한 규칙과 절차가 보다 주목될 것이다. 남한 주민 다수인이 보는 경제적 효율성 중심적인 관점에서도 조금은 벗어날 수 있을 것이다. 역차별과 같은 형평성의 문제도 보다 신중하게 제기될 것이다. 북한이탈주민 자체를 보는 시선도 그들 자체로서의 인간적 존엄과 도덕적 가치가 중시될 것이다. 그렇게 되면, 북한이탈주민정책은 소수자 우대정책차원에서 달리 펼쳐질 수도 있을 것이다. 사회내 최소수혜층에게 사회적 최소치를 보장하는 것 그 자체가 사회정의를 실현하는 것이기 때문이다.[60)] 이렇게 보면, 북한이탈주민정책의 규범적 준거에 대한 사회적 지지와 합의를 확대해가는 것은 다수의 인식을 개선하면서 정책적 지평을 넓혀가는 길이 된다.

---

59) 곽승준(2015), pp.29, 31.

60) 엄태완(2015), pp.25-28, 32-33.

Ⅴ. 다문화교육에 주는 시사점

다문화시대의 최우선적인 관심은 다양한 문화적 차이들의 갈등과 대립을 줄이며, 함께 어울리면서 새로운 사회통합성을 모색하는 데 있다. 북한이탈주민 수가 더욱 늘어나고 남북한의 사회문화적 이질성이 갈수록 커진다고 보면, 북한이탈주민정책은 이러한 다문화시대 관점에서 개선 방향이 모색되어야 한다.

다문화시대의 사회적응은 이주사회와 이주민이 쌍방향에서 사회문화적으로 적응해가는 것이며, 사회통합은 다양성 속의 단일성을 이루어 동등한 시민적 정체성을 갖게된 상태를 말한다. 그간의 북한이탈주민정책은 초기의 생활보호 및 정착지원에 초점을 두면 북한이탈주민이 민족동질성에 기초해 우리 사회에 잘 정착하리라는 기대를 깔고 있었다. 민간보다는 정부에 대한 의존이 컸고, 통합보다는 적응에 대한 관심이 많았으며, 시민정체성보다는 민족정체성에 기반했다. 하지만, 북한이탈주민은 남한 주민과 대등한 시민적 위치에서 함께 어울리기까지 상호관계하면서, 서로가 변화되어가는 과정을 사회적응이자 사회통합으로 보았다.

다문화시대 북한이탈주민정책은 일방주의적 기대 혹은 동화주의적 접근에 관한 부분을 개선하고 쌍방향적인 통합주의적 접근이 이루어지도록 해야 한다. 일상에서부터의 다문화주의적 접근을 통해 남한 주민과 북한이탈주민 간의 상호관계성이 증대되도록 해야 한다. 혈연 혹은 민족 중심적인 인종적 정체성에 기반한 정책은 재고하고 북한이탈주민을 동료시민으로 보는 시민적 정체성에 근거한

정책이 구체화되어야 한다. 북한이탈주민의 자립·자활 능력을 배양하기 위한 정부-지자체-민간 간의 유기적 연계와 다각도의 정책이 지속적으로 추진되어야 한다. 북한이탈주민이 갖는 정치성이나 상징성, 우리 사회의 동포애적 기대, 통일의 경제적 편익 등의 관점에서 북한이탈주민정책의 당위성을 찾던 시각은 개선되어야 한다. 사회정의, 인도주의, 보편가치, 시민행위자, 동반자 등과 같은 규범적 준거에 기반하여 북한이탈주민정책에 대한 사회적 지지와 합의를 확대해가도록 노력해야 한다.

이러한 지적은 다문화시대의 관점에서 본 북한이탈주민정책의 개선 방향이다. 다문화교육은 북한이탈주민을 대하는 우리 사회의 인식이 보다 넓어지고 다문화시대의 사회적응과 사회통합에 걸맞는 정책 대안이 꾸준히 모색되도록 촉구해야 한다. 그것은 다문화시대뿐만 아니라 통일시대를 준비하는 길이 된다.

제7장 다문화 공간론의 의미와 접근
: 북한이탈주민정책의 경우

Ⅰ. 다문화 공간론과 북한이탈주민

다문화 공간론이라는 표현이 그렇게 익숙한 것은 아니지만, 그렇다고 새로운 것도 아니다. 아주 기본적으로는 그간 다문화사회에서 주목되었던 현상이나 논의를 이미 다른 학문분야에서 제기되었던 공간론을 통해 다시 돌아보자는 접근이 다문화 공간론이다. 다문화사회에 대한 그간의 논의가 주로 정치경제적·정책적·교육적 논의에 초점을 두다보니 정작 그 공간에서 행위했던 사람의 존재와, 구성원간 상호관계하면서 나타냈던 삶의 이야기에 주목하지 못했다는 반성이 다문화 공간론에 깔려 있다. 덕분에 그간 놓쳐왔던 현상이나 주제가 새롭게 드러나고 다문화 담론이 보다 풍부해지게 되는 것이다.

다문화 공간론으로 보면, 다문화 주체가 살아가는 공간은 단지 다양한 문화가 혼재되어 혼란스럽기만 한 곳이 아니며, 이주민이 일방적으로 동정과 시혜를 받기만 하는 곳도 아니다. 다문화 공간은 이주민과 토착민이 쌍방향적으로 어우러지면서 새로운 문화를 만들어내는 상생의 공간이 된다.

다문화 공간론으로 보면 북한이탈주민 역시 단순히 떠나온 자가 아니며, 새로이 정착한 공간에서 자신의 정체성을 새롭게 형성해 가고 남한 주민과 교류하면서 자신이 정착한 공간을 사회적으로 새로이 구성해가는 행위자이다. 동시에 자신이 정착한 공간을 매개로 북한이탈주민간 혹은 남한 주민과의 네트워크는 물론 북한내 가족・친지 혹은 국외 북한이탈주민과의 네트워크를 이루어가면서 관련 사람의 생활과 의식에 영향을 미치는 주체자이다.

이러한 의미에서 북한이탈주민의 공간은 단순히 북한이탈주민이 정착한 공간이 아니다. 북한이탈주민과 남한 주민간의 이질적 문화가 충돌하는 곳도 아니며, 또하나의 정체성과 새로운 문화가 형성되어 가는 쌍방향의 상생의 공간이 된다.

이러한 의미에서 이 장은 최근의 다문화정책이나 다문화교육에서 대두되고 있는 다문화 공간론의 의미와 접근을 살펴보고, 그것이 북한이탈주민정책의 기본 방향 설정과 실천에 주는 과제가 무엇인지 찾아보고자 한다. 그러한 내용은 최근 북한이탈주민정책이 모색하고 있는 아래의 '사회통합형'과 '생활밀착형'의 내용을 심화하는 데도 기여할 것이다.

통일부는 2017년 정부 업무보고에서 10개의 주요 정책 추진계획을 발표했는데, 그중 7번째 과제가 '사회통합형 탈북민 정책 후속조치 본격 추진'이다.[1] 중앙에서는 19개 부처와 광역 지자체가 참여하는 장관급의 북한이탈주민 사회통합위원회를 출범시키며, 지역・

1) 통일부, "2017년 정부 업무보고", (www.unikorea.go.kr/unikorea/policy/report, 2017.9.12. 검색)

민간에서는 시도·시군구의 지역협의회, 온라인 커뮤니티인 탈북민 포털, one-stop 서비스의 하나센터, 탈북민 참여가 확대된 남북하나재단을 만들겠다는 것이다. 통일부는 이를 통해 탈북민을 위한 맞춤형 비전설계, 생활안정 및 자립역량 강화, 사회진출 확대 및 리더육성, 소통 및 인식개선 등의 4개 기반(platform)을 구축하겠다고 밝혔다. 통일부의 계획에서 눈에 띄는 표현은 '사회통합형'이다. 북한이탈주민의 사회적응차원을 넘어 남한사회에 통합되도록 하는 지원정책을 모색해야 한다는 의지가 담겨 있기 때문이다.

2017년 5월 출범한 문재인 정부가 밝힌 100대 국정과제 중 92번(북한인권 개선과 이산가족 등 인도적 문제 해결)과 94번(통일 공감대 확산과 통일국민협약 추진)에도 그러한 의지가 나타나 있다.[2] 탈북민정착 지원을 위해 92번 과제에서는 지원체계 효율화, 맞춤형 지원을 통한 생활밀착형 프로그램 확충 추진, 탈북민 인식 개선 및 지역주민과 소통 활성화 노력이, 94번 과제에서는 2022년까지 매년 단계별로 광역시도에 통일센터를 설치하여 지역주민 대상 통일교육, 통일전시관, 탈북민 정착 지원 기능을 수행하도록 하겠다고 밝히고 있다. 문재인 정부의 이러한 구상에서 주목할 표현은 '생활밀착형'이다. 탈북민의 생활속 자립·자활 역량을 향상시키고 지역사회에서의 실질적인 통합을 실현시키겠다는 의지를 구체화하고 있기 때문이다.

이상의 문제의식에서 보이는 변화는 무척 고무적이다. 그동안

2) 청와대, "국정과제", (www1.president.go.kr/government-projects#page5, 2017.9.12. 검색)

북한이탈주민정책이 보호나 지원에 초점을 두었다면, 이제는 그 단계를 넘어 지역사회에서의 실질적인 사회통합과 현실적인 자립·자활 능력 향상과 같은 생활밀착형의 접근에 주목하고 있기 때문이다.

Ⅱ. 다문화 공간론의 의미와 접근

1. 다문화 공간론의 의미와 유용성

사실 공간에 대한 새로운 의미를 부여하려는 시도는 이미 철학과 사회과학에서 시작되었다. 근대 이후 공간 내에 나타나고 있는 새로운 주체와 다양한 현상을 설명하기 위해서는 전환적 시각이 필요했다. 앙리 르페브르(Henri Lefebvre), 미셸 푸코(Michel Foucault), 앤서니 기든스(Anthony Giddens)와 같은 학자가 논의를 주도했다. 이들은 공통적으로 서구의 근대성(modernity)이라는 관념에는 주체·객체, 정신·물질, 이성·육체 등과 같은 이원론이 깔려 있으며, 그에 기반해 근대라는 공간이 선험적이고 절대적이며 추상적으로 개념화되었다고 비판한다. 근대라는 공간이 만들어내거나 이원론적 관계가 빚어내는 산물로서 사람과 현상을 해석하다보니, 사회적 생산의 산물로서의 공간과 현상은 물론 보다 근원적으로 행위주체자로서의 사람의 의미를 경시하게 된다. 대개가 이성의 지배나 계급의 승리를 전제로 한 수렴적 목적론에 치우치게 되기도 한다.[3)]

공간을 보는 관점의 전환은 다문화 공간을 보는 시각에도 영향을 미치고 있다. 덕분에 다문화 공간론은 공간의 주체인 사람의 본질을 먼저 존재론적으로 이해하고, 공간내 행위자간 사회적 상호관계가 만들어내는 사회적 행위와 현상 및 사회공간의 구조화에 주목하게 된다. 특정 공간의 개념화 속에 숨어 있는 힘이나 권력, 또는 헤게모니적 접근의 의도를 경계하며 공간의 본질인 사람과 삶을 위한 대안적인 사회공간적 윤리를 발전시키고자 하는 것이다.4)

이런 이유로 다문화 공간론은 다문화라는 공간을 특정 메카니즘에 의해 형성되고 구조화된 결과물로 보지 않는다. 초국가적인 자본주의 아래 자본 축적의 불균형 발전이 다문화 공간의 주된 형성 배경이라고 본다. 자연히 다문화 공간론은 자본 축적의 불균형 발전이 다문화 공간에 미치는 영향과 특성 및 문제점에 주목하면서, 차이와 더불어 살아가기 위하여 공간내 다양한 정체성을 인정하는 윤리와 경제적·계급적 분배 혹은 재분배에 기초한 여러 사회정의를 추구하며, 구성원간 상호성의 규범과 책임 등에 주목하게 된다.

이렇듯 다문화 공간론의 접근은 이론적으로나 실제적으로 절실하다. 이론적으로는 자본과 노동의 이동이 심화되고 있는 지금에 문

3) 이대희, "정치학의 공간적 접근을 위한 시론적 연구", 21세기정치학회, 『21세기정치학회보』, 제27집 3호 (2017), pp.119-137; 이화식, "르페브르(H. Lefebvre) 공간론의 교육적 적용: 교육과정을 중심으로", 한국교원대학교 교육연구원, 『교원교육』, 제32권 2호 (2016), pp.269-295; 최병두, "다문화 공간과 지구·지방적 윤리: 초국적 자본주의의 문화 공간에서 인정을 위한 투쟁의 공간으로", 최병두 외 3인, 『지구·지방화와 다문화 공간』 (서울: 푸른길, 2011), pp.16-17; H. Lefebvre, *The Production of Space* (Oxford: Blackwell, 1990): D. Harvey, *Justice, Nature and the Geography of Difference* (Oxford: Blackwell, 1996) 참조.

4) 최병두(2011), pp.18-20.

화적 교류와 혼재로 나타나는 현상과 문제에 접근하는 또다른 시각이 되고 있으며, 다문화사회를 하나의 통째 현상이 아닌 현상간 연합이 만들어내는 새로운 가치의 대상이 되도록 하기 때문이다. 실제적으로는 다문화 계획이나 정책의 대안이 구상되어야 하며, 문화적 다양성을 바탕으로 한 실천적인 윤리와 정치가 모색되어야 하기 때문이다.

사실 공간을 이론적으로 이해하기 이전에 실생활에서 생각해보면, 우리 모두는 공간에 존재하며, 그런 의미에서 공간은 우리의 삶이 된다.[5] 다문화사회나 현상은 그래서 추상이나 관념이 아니며, 애초부터 우리가 생활에서 쉽게 접하는 삶의 영역인 것이다.[6] 그렇다면, 다문화 공간은 엄밀히 전환적 시각이라기보다는 애초부터 주목했어야 했던 본질적 시각에 해당한다. 공간내 주체였던 사람의 존재와 관계가 공간의 본질이었기에 삶에서 나오는 보편성, 다양성, 관계성에 주목해야 했고, 차이와 더불어 살아가기 위한 인정의 윤리, 분배 혹은 재분배의 정치, 상호성의 규범에 주목해야 했던 것이다.

이러한 의미에서 다문화 이주민은 단순히 떠나온 자가 아니다. 이주민은 정착한 공간에서 자신의 새로운 정체성을 만들어가고, 토착민과 상호작용하면서 자신이 정착한 다문화 공간을 사회적으로 새롭게 구성해가는 행위자이다. 이주민은 다문화 공간을 매개로 이

5) 이런 의미에서 쉴즈(R. Shield)가 데카르트(Rene Descartes)의 명제를 바꾸어 표현한 "나는 공간을 차지한다. 고로 나는 존재한다"는 의미를 이해할 수 있다. R. Shield, "Spatial stress and resistance: social meanings of spatialization", G. Benko & U. Strohmayer, *Space and Social Theory* (Oxford: Blackwell, 1997), pp.186-202.

6) 박승규, "다문화 교육에서 다문화 공간의 교육적 의미 탐색", 한국문화역사지리학회, 『문화역사지리』, 제24권 2호 (2012), p.116.

주민간 혹은 토착민과 네트워크를 이루며, 때론 모국의 가족·친지 혹은 역외 유사 이주민과도 연계하며, 공간내외 행위자의 생활과 의식에 영향을 미치는 주체자이다.[7)]

그러면 다문화 공간론은 어떤 점에서 유용한가? 다문화 공간론은 이론적으로 방법론적 국가주의(methodological nationalism)에 빠지는 것을 경계한다. 연구자가 방법론적 국가주의에 매몰되면 지리적 범주로서의 국가라는 실체를 기본적인 분석 수준이자 단위로 간주하게 되기 쉽다.[8)] 그러면 자칫, 다문화 문제의 해결책이 정치·사회적 혹은 법·제도적 우선주의로 치우칠 수 있다. 다문화적 시민권을 언급하거나 혹은 반대로 배타적 시민권의 절차나 장치를 강조하더라도, 기본적으로는 그 인식적 기반이 국가주의에서 비롯되었을 수 있다.

다문화 공간론은 국가 차원의 담론을 넘어 이주민의 전지구적 이주와 정착 과정을 삶의 문제로 이해하고 설명하는데 적합한 문제의식을 갖게 한다. 그것은 다문화 공간론이 이주 자체를 후기 자본주의의 불균형 심화와 국제노동시장의 변화 및 이주민 나름의 합리적인 선택과 초국가적인 사회연결망 등의 복합적 이유로 이루어진

7) 이러한 점에서 보면, 디아스포라(diaspora)를 보는 쌍방향적이면서도 가교적인 시각을 제안한 아브타 브라(Avtar Brah)는 이주공간의 상호성이란 측면에서 다문화 공간론의 기본 취지를 이미 잘 설정해주었다고 볼 수 있다. Avtar Brah, *Cartographies of Diaspora: Contesting Identities* (New York: Routledge, 1996). 공간적 관점에서 우리 사회의 다문화 공간을 연구한 저서로는 정병호·송도영 엮음, 『한국의 다문화 공간: 우리 사회 다문화 이주민들의 삶의 공간을 찾아서』(서울: 현암사, 2011); 최병두 외 3인(2011) 등이 있다.

8) N. Brenner, *New State Spaces: Urban Governance and the Rescaling of Statehood* (Oxford: Oxford University Press, 2004), p.74.

삶의 이동과 정착이라는 관점으로 보게 하기 때문이다. 자연히 정착 이후의 삶에서도 이주민이 만들어내는 새로운 정체성이나 다양한 관계의 발전, 지역 내외의 다규모적 네트워크 형성과 작용 등이 연구대상이 된다.

다문화 공간론은 실생활에서의 이주민 정착 과정과 변화에 주목하기 때문에 토착민의 다문화 수용성 제고나 다문화 감수성 신장의 의미와 필요성을 쉽게 이해하게 한다. 그것은 다문화 공간에서 이주민과 토착민의 관계성과 상호성을 넓혀가기 위해서는 다수자의 인식 개선이 소수자의 노력보다 많은 비중을 차지하기 때문이다.

2. 다문화 공간론의 접근

다문화 공간론의 접근에 관한 가장 영향력 있는 이론적 제안은 밥 제솝(Bob Jessop), 닐 브레너(Neil Brenner), 마틴 존스(Martin Jones)의 공동연구이다. 이들은 다문화 공간의 접근 차원을 네 가지로 구분해 TPSN으로 제시하였다. TPSN이란 사회의 공간적 관계를 영역(territories), 장소(places), 스케일(scales), 네트워크(networks)의 네 차원으로 이해하는 인식론이다.[9]

이에 따르면, 사회의 공간적 관계는 ① 어떤 경계를 근거로 안과 밖을 나누는 과정을 통해 이루어지는 영역의 차원, ② 관계의 국

9) Bob Jessop, Neil Brenner, Martin Jones, "Theorizing Sociospatial Relations", *Environment and Planning D: Society and Space*, 26-3 (2008), pp.389-401. 이를 소개한 국내연구로는 박배균, "초국가적 이주와 정착에 대한 공간적 접근: 장소, 영역, 네트워크, 스케일의 네 가지 공간적 차원을 중심으로", 최병두 외 3인(2011), pp.74-92 참조.

지화 및 지리적 뿌리내림의 과정에서 만들어지는 장소의 차원, ③ 수직적 혹은 계층적 차별화를 통해 이루어지는 스케일의 차원, ④ 연결 혹은 집중되면서 만들어지는 네트워크의 차원 등으로 이루어진다. 이러한 관점은 다문화 공간이 형성되는 과정과 관계를 인과론적으로 보지 않고 여러 차원에서 접근해 해석해보게 하는 방법론에 해당한다.

이상의 네 차원의 공간적 관계를 이주민의 관점에서 정리하면, 특정 '장소'에 자리한 이주민은 포섭이나 배제와 같은 여러 사회적 관계 속에서 '영역'화되고, 수직적이거나 위계적인 여러 규모를 가진 '스케일'을 형성하며, 그 과정에서 상호 연결 혹은 집중되는 차별화된 '네트워크'를 이루어간다. 아래에서는 TPSN의 네 차원을 다문화 공간론에 주는 의미라는 점에서 부연하고자 한다.

가. 영역(territories)

영역이란 이주민이 특정한 곳에 이주·정착하는 과정 혹은 정착 이후 사회정치적 관계 속에서 만들어내는 실체적인 범위이다. 영역은 이주민 개인이나 집단이 특정 장소를 안과 밖으로 구분하여 경계짓고 그에 영향을 미치거나 통제를 행사하기도 하면서 의도적으로 구성되는 또다른 공간적 실체인 것이다.

이러한 의미의 영역이 형성되는 과정은 첫째, 이주민 개인이나 집단이 안과 밖을 구분짓는 경계성이 시작이다. 이 경계성에는 영역 안으로의 포섭과 영역 밖으로의 배제와 함께 대내적 일치성과 대외적 배타성이 작용하게 된다.

둘째, 안과 밖을 구분짓는 경계성에는 일정한 기간과 과정이 소요된다. 그 기간과 과정에서 영역 점유를 놓고 인종적 편견, 문화간 충돌, 문화집단간 갈등, 포섭과 배제를 둘러싼 정치사회적 대립이 나타난다. 물론 장소의 영역화는 이주민 문화의 상품화나 마케팅에 의해서 이루어지는 부분도 있다. 영역화는 일련의 기간과 과정을 거치면서 강화되기도 하고 약화되기도 한다.

셋째, 이주민 개인이나 집단은 장소의 영역화를 위해 공간 내외의 사회적 관계에 영향을 미치거나 때론 통제하는 의도성을 나타낸다. 의도성은 이주민 스스로가 정체성을 드러내려고 의도하기도 하지만, 공간 내외의 토착민에 의해서 추구되기도 한다.

이처럼, 영역은 경계성, 일정 기간과 과정, 의도성이 중요한 역할을 한다. 이주민에게 영역은 장소의 경우와 마찬가지로 공간 내외의 다양한 행위자간 상호작용을 통해 계속해서 재형성되며 재구축된다.

나. 장소(places)

장소란 위치로 표시가 가능한 특정한 곳이며, 사람의 활동과 사회적 관계가 이루어지면서 의미가 부여되는 곳이다. 여기서 주목할 대목은 장소를 구성하는 요소로서, 표시가 가능한 특정 위치(location), 사람의 활동과 사회적 관계가 이루어지는 현장(locale), 의미가 부여되는 장소감(sense of place)이다.[10)]

10) J. Agnew, *Place and Politics: The Geographical Mediation of State and Society* (Boston: Allen & Unwin, 1987).

장소는 공간적 위치에 기반해 있으면서 사회적 관계들이 일어나며, 또 그것이 가능하도록 해주는 물질적 구성이 갖추어진 현장이 있어야 한다. 동시에 그 현장에서는 특정의 의미가 찾아지는 장소감이 형성되어야 한다. 장소는 행위자에게 주어지는 일종의 개체가 아니며, 다양한 관련 행위자가 형성해내는 과정물이자 결과물이기도 한 것이다.

이러한 의미의 장소가 형성되는 과정은 첫째, 이주 관련 정보와 정보망이 결정적 기반이 된다. 이주민은 정보의 연계 속에 특정 장소와 연관된 사건이나 공간내 다른 행위자와의 접근성 등의 기반성을 바탕으로 특정 공간에 정착하게 되는 것이다.

둘째, 특정 공간에 정착한 이후에도 이주민은 여러 사건과 부딪히고 여타 행위자와 어우러지면서 자신의 현장을 국지화 혹은 지역화한다. 여기에는 공간 내외의 다양한 행위자간 상호작용의 영향은 물론 특정 사회의 물질적인 구성을 의미하는 사회경제적 여건의 영향도 중요하게 미친다.

셋째, 특정 공간에 뿌리내리고 국지화 혹은 지역화의 과정을 지나면서 공간내 이주민은 자신의 장소에 차별적인 의미를 부여하며 특별한 장소감을 갖게 된다.

이처럼, 장소는 기반성, 국지화 혹은 지역화, 차별화 등이 중요한 역할을 한다. 이주민에게 장소는 공간 내외의 다양한 행위자간의 상호작용을 통해 지속적으로 재형성되며 재구축된다.

다. 스케일(scales)과 네트워크(networks)

스케일은 이주민의 다양한 사회적 관계나 실천 등이 이루어지는 공간적 규모를 의미한다. 여기서 단순히 지도적 범위에서의 거리나 크기의 정도는 중요하지 않다. 규모의 거리나 크기와 무관하게 위계적이거나 수직적인 영향 아래 있거나 차별화가 이루어진 여러 규모도 있을 수 있다. 중요한 것은 서로에게 다양한 영향을 미치는 다중적이며 다규모적인 의미의 스케일이라는 점이다.

네트워크는 이주민 사이가 공간 내외로 일정하게 연결되거나 집중되어서 상호관계를 통해 서로의 인식, 담론, 행위 등에 영향을 미치는 상태를 말한다. 네트워크는 단순히 연결망을 이루는 차원을 넘어 상호관계하면서 서로 영향을 미치며, 상호관계의 수준을 넘어 다중적 관계로 나아가게 된다. 물론 연결을 차단하거나 단절하는 경우도 있을 수 있다.

이러한 의미의 스케일과 네트워크가 형성되는 과정에서는 연결성 혹은 집중성에서 시작하여 상호관계성, 다중관계성으로 진전되는 것이 핵심이다. 하지만, 스케일과 네트워크의 형성 과정에서 보다 주목할 것은 세 가지 차원이다. 첫째, 스케일과 네트워크는 전지구적으로 이루어지기도 한다. 사람, 문화, 정보, 물류의 이동은 이주민의 초국가적 이동과 정착에 큰 영향을 미친다. 이러한 초국가성으로 인해 국가 수준의 이주민 연계 규모와 네트워크가 약화되기도 하고 강화되기도 한다.

둘째, 스케일과 네트워크는 국가적으로 이루어지기도 한다. 국가가 주도하거나 국내 범위에서 추진되면 상대적으로 많은 동원이 가능할 것이다. 국가내 이주민 연계 스케일과 네트워크 형성은 이루어지기 수월하게 된다.

셋째, 스케일과 네트워크는 이주민간 사회경제적 범위에 의해 국지화 혹은 지역화 차원에서 이루어지기도 한다. 특정 지역을 중심으로 국지화하여 형성되지만, 이주민 당사자에게는 초국가적이거나 국가적인 차원의 스케일과 네트워크보다 더 큰 영향력을 미칠 수도 있다.

〈표 7-1〉 **다문화 공간론의 의미, 유용성, TPSN의 형성 과정**

의 미	사람과 삶에 주목		
유용성	방법론적 국가주의 경계: 지리적 범주로서의 국가 차원의 분석 시각 탈피	전지구적 이주와 정착을 삶의 문제로 접근: 이주민의 정체성, 상호관계성, 네트워크 등에 주목	다수자의 인식 개선: 다문화 수용성 제고, 다문화 감수성 신장 등에 관심
TPSN의 형성 과정	영역(territories): 경계성, 일정 기간과 과정, 의도성	장소(places): 기반성, 국지화(지역화), 차별화	스케일(scales)과 네트워크(networks): 연결성(집중성), 상호관계성, 다중관계성 *스케일과 네트워크의 차원: 초국가적, 국가적, 국지적(지역적)

이처럼, 스케일과 네트워크는 연결성 혹은 집중성, 상호관계성, 다중관계성의 과정을 통해 형성되며, 그 차원은 초국가적, 국가적, 국지적 혹은 지역적인 차원에서 추구된다. 중요한 것은 지리적 거리

나 크기의 정도에 관계 없이 다양한 스케일과 네트워크가 가능하고 다양한 상호관계를 통해 복합적인 의미와 결과를 갖게 된다는 점이다. 스케일과 네트워크는 이주민간 사회경제적 연결과 관계를 더욱 강화하며, 이주민이 느끼는 장소감과 영역화의 모습도 재형성하고 재구축한다.

이상에서 언급한 다문화 공간론의 의미와 유용성, TPSN의 네 차원의 형성 과정을 정리하면 위 〈표 7-1〉과 같다.

Ⅲ. 다문화 공간론에서의 사회통합과 북한이탈주민정책의 기본 방향

다문화 공간론을 북한이탈주민정책에 대입해보려면 두 가지의 논의가 검토되어야 한다. 첫째는 다문화 공간론에서 설정하는 사회통합의 의미와 방향에 관한 것이다. 둘째는 그 의미와 방향이 북한이탈주민정책을 모색하는데 기본 방향이 되도록 하는 것이다.

1. 다문화 공간론에서의 사회통합: 의미와 방향

흔히 통합이란 각 부분이 전체 체계 내로 결합되거나 연결되는 것을 말한다. 사회통합(social integration) 역시 전체 체계라는 사회 내 부분을 이루고 있는 개인이나 집단이 사회 내로 결합되거나 단일의 집합체로 연결되는 것을 뜻한다. 물론 이는 일반적인 의미일 뿐 실제에서는 보다 다차원적이다. 따라서 사회통합은 정치적 혹은 법·제도적 차원뿐만 아니라 경제, 교육, 문화, 종교 등의 사회적 차원도 고려되어야 하며, 개인이나 집단의 정체성, 생활방식의 부문도 포함한다. 이러한 점 때문에 일반적으로 사회통합의 이상과 목표는 어느 시대나 사회구성원을 결합하여 체제를 안정적으로 유지하기 위해 절대적이며 결과적인 기준처럼 강조되지만, 실제에서는 상대적이며 과정이나 정도의 문제로 인식되면서 논란의 대상이 되곤 한다.

지금의 다문화사회에서도 다양한 사회구성원이 결합되어 안정적인 체제유지를 이루어야 하는 사회통합이 필요하다. 하지만, 실제에서는 자본과 노동의 국제이동, 포스트 모더니즘의 지속, 인권의 신장 등의 변화에 걸맞게 새로운 의미와 방향을 가져야 한다.

크게 말하여, 과거의 사회통합이 대체로 정치·사회나 법·제도적 부문에서 토착민의 체계에 이주민이 맞추어가는 일방적이고 획일적인 방식이었다면, 다문화시대의 사회통합은 다양한 이주민의 삶에 초점을 두고 토착민과 이주민간 쌍방향적이고 다방면에서 서로가 적응해가는 방식이 되어야 한다.

이러한 의미에서 다문화시대의 사회통합이란 개인이나 집단이 사회공동체에서 서로 적응하고 함께 어울려 살기 위한 다차원적인 접근에 기반하여 새로운 사회적 유대를 추구하는 개념이다. 이를 위해 토착민과 이주민 간의 갈등을 최소화하고 상호관계하면서 '차이와 더불어 살아가는 능력을 배양하는 것'이 다문화시대의 사회통합이 추구하는 방향이다.

그러다 보니, 다문화시대의 사회통합은 지난 시절에 비해 상대적으로 포괄적이며 느슨해 보일 수 있다. 하지만, 그것은 통합이 갖는 개인과 집단내 인식의 일치성을 추구하지 않는다는 의미가 아니다. 비유로 말하면 어떤 일행이 중국식당에서 점심으로 짜장, 짬뽕, 볶음밥을 주문했을 때, 과거에는 "이것도 통일이 안되어서 우리 마음이 하나되겠어"라고 농담삼아 표현했다고 하자. 그것이 지난 시절의 획일적이자 전체적 사회통합을 의미했다면, 지금은 "중국식당으로 점심이 통일되었으니 우리 마음도 하나되었네"라고 말한다고 하자. 그것이 다문화시대의 포괄적이자 유연한 사회통합의 인식적 일치성을 의미한다.

이는 '여럿이 이루어진 하나'를 의미하는 라틴어 E Pluribus Unum의 정신, 영어로는 one out of many의 표현과도 유사하다. 이는 미국 정부의 문장(紋章)에 독수리 그림과 함께 새겨진 문구이기도 하며, 1950년대까지 미국의 국가구호로 사용되었고 지금도 미국의 동전과 지폐에 새겨 있다. 이 문구가 다인종·다민족으로 구성된 미국의 정치·이념적 지향에 적합해 보이지만, 그 필요가 미국만의 것은 아니다. 그것은 다문화시대 사회통합의 의미와 방향을 잘 말해주고 있다. 여럿이라는 표현에는 단일성이나 전체성에 기반한 통합의 힘을 강경하게 앞세우기보다는 다양성이나 개별성에 기반한 포괄적이며 느슨한 통합의 힘을 추구한다는 정신이 담겨 있기 때문이다.

여기서 주목할 것은 다양성의 의미이다. 다문화주의에서 의미하는 다양성의 영어표현은 diversity이다. 이는 일정한 범위 내에서 여러 가지로 분화되는 다양성을 지칭한다. 유사한 의미로 variation

이 있지만, 그 의미는 일정한 조건 아래 동일한 것이 다르게 변화하는 변이를 지칭한다. variety의 경우도 diversity에서처럼 '일정한 범위내'를 전제하기 보다는 단순히 여러 가지의 의미가 강하다. 이렇게 보면, 다문화주의에서 다양성은 일정한 범위 내에서 분출하는 또 다른 양식이나 방식에 가까운 의미이다. 여기서 '일정한 범위내'란 다문화주의에서 주목해야 하는 생명, 인권 등과 같은 보편성을 지칭한다. 다문화주의에서 다양성은 여러 가지가 단순히 섞여 있는 것을 말하지 않으며, 보편성에 기반하여 나와 다르지만 서로 존중하고 함께 나누며 상호 어우러지는 상태를 뜻한다. 그만큼 다양성은 보편성에 기반한 개별성을 강조한 것이다.

주의할 것은 개별성의 강조가 통합을 배제한 것이 아니라는 점이다. 앞서 언급했듯이 다문화주의는 궁극적으로 새로운 사회통합을 목표로 한다. 다양성의 진정한 정신에 기반하여 과거의 경직성이나 강압성에서 벗어나 유연성과 자발성을 갖춘 새로운 사회공동체를 추구하는 것이다. 이러한 의미에서 다문화주의의 핵심 주제는 '통합 속의 다양성'이다.[11] 다양성과 통합은 결코 대립되는 개념이 아니다.

사실 다양성과 함께 어울려 지낸다는 것은 그렇게 간단한 일은 아니다. 적지 않은 대립과 갈등은 실제 함께 지내면서 오는 다양성에서 비롯되는 경우가 많다. 하지만, 그렇다고 하더라도 계속해서 다양화되는 지금의 시대에서 새로운 사회통합을 통한 사회발전을

11) 앤드류 헤이우드, 양길현 · 변종헌 옮김, 『사회사상과 정치 이데올로기』 (서울: 오름, 2014), pp.385-394.

이루려는 노력은 지속되어야 한다. 그 노력의 방향은 사회의 경제사회적 여건에 따라 다르게 해석되고 추구될 것이다. 정책적 모색, 법・제도적 개선, 교육적 노력과 함께 각종 사회통합 프로그램이 시도된다. 중요한 것은 그 시도의 방향이다. 그 기반은 다양한 개인과 집단의 문화를 존중하고, 이주민과 토착민 모두를 상호관계하는 시민으로서 행위주체화하며, 사회공동체의 민주성을 심화하는 데 초점을 두어야 한다.

2. 다문화 공간론으로 본 북한이탈주민정책의 의미와 기본 방향

민족적 관점에 기반한 보호나 자립・자활을 중시하던 북한이탈주민정책이 다문화적 관점에 기초한 사회통합으로 가야 한다는 지적은 이미 적지 않게 이루어져왔다.[12] 이러한 연구가 공통적으로 지적하는 다문화적 관점이란 북한이탈주민이 혈통적 관점에서는 같은 민족이지만, 남한에서 사회적 배제에 직면해있는 집단 중 하나이고

12) 권수현・송영훈, “피를 나눈 형제, 이웃 보다 못한 친척?: 북한이탈주민에 대한 남한주민의 사회적 거리감과 결정요인, 2007-2014”, 경희대학교 인류사회재건연구원, 『오토피아』, 제30권 2호 (2015), pp.123-160; 권숙도, “사회통합의 관점에서 본 북한이탈주민 정책방향 연구”, 서울대학교 한국정치연구소, 『한국정치연구』, 제23권 1호 (2014), pp.101-126; 김창근, “다문화시대 북한이탈주민정책의 개선 방향”, 한국윤리학회, 『윤리연구』, 제109호 (2016), pp.197-233; 김현정・박선화, “다문화정책 관점에서 본 북한이탈주민 문제”, 건국대학교 인문학연구원, 『통일인문학』, 제66권 (2016), pp.161-196; 서유경, “현행 북한이탈주민 지원정책의 두 가지 근본문제와 다문화주의적 사회통합 해법”, 대한정치학회, 『대한정치학회보』, 제21집 2호 (2013), pp.301-327; 허준영, “북한이탈주민 사회통합정책 방안 모색: 서독의 갈등관리에 대한 비판적 검토”, 통일연구원, 『통일정책연구』, 제23권 1호 (2012), pp.271-300 등 참조.

사회문화적 차별과 편견에 처해있으며 스스로도 사회문화적 이질감을 적지 않게 느끼고 있다는 점에서 다문화주의적 접근을 통한 사회통합을 추구하는 것이 바람직하다는 내용이다.

존 베리(John W. Berry)에 의하면, 이주민의 사회통합 문제의 핵심은 주류사회와의 관계를 어떻게 이루도록 하며, 이주민 모국 및 자신의 정체성을 어떻게 드러내도록 할 것인가에 있다. 북한이탈주민정책 역시 북한이탈주민이 남한사회 및 주민과의 관계를 어떻게 이루도록 하며, 자신의 정체성과 특성을 어떻게 드러내도록 할 것인가의 문제로 압축할 수 있다. 베리는 이러한 두 가지 문제가 얽혀져 통합, 동화, 분리, 주변화라는 네 가지 현상을 보인다고 지적했다.[13] 이러한 구분에 착안해보면, 북한이탈주민정책의 기본은 동화, 분리, 주변화 현상을 줄이며 통합으로 가도록 하는 접근이어야 한다. 베리가 의미하는 통합이란 개인이 주류사회와의 관계를 유지하면서 동시에 출신국의 문화적 정체성을 유지하는 것을 말한다. 북한이탈주민이 남한사회 및 주민과의 관계를 유지하면서도 자신의 정체성을 무리없이 드러낼 수 있는 상태가 바람직한 사회적응의 기반일 것이다. 이러한 의미에서 북한이탈주민정책은 다문화적 관점이 필요한 것이다.

위에서 언급한 TPSN의 의미로 표현하면, 북한이탈주민의 공간은 북한이탈주민이 있는 위치나 현장이 아닌 북한이탈주민 스스로가 삶의 의미를 만들어가는 곳으로서 주목되어야 한다. 북한이탈주

13) John W. Berry, "Immigration, Acculturation and Adaptation", *Applied Psychology: An International Review*, 46-1 (1997), pp.5-34.

민은 자신의 기존 영역을 바탕으로 특정 장소에 정착하게 되고, 자신이 정착한 장소를 중심으로 여러 사회적 관계 속에서 새로이 영역화되며, 수직적이거나 위계적인 다규모적인 스케일을 형성하고 여러 차원에서 차별화된 네트워크를 강화해가는 것이다.

이상이 다문화 공간론에서 본 북한이탈주민정책의 의미이다. 이를 바탕으로 정책이 추구할 기본 방향은 네 가지로 설정해볼 수 있다. 첫째, 북한이탈주민의 탈북에는 국가적 수준 이상의 다중적인 차원(multi-scalar)의 목적과 경로가 있다는 점이 감안되어야 한다. 탈북 과정에는 단순한 지리적 경계를 넘는 다양한 정치·경제적, 사회·문화적 영역과 스케일이 얽혀져 있다. 북한이탈주민정책은 다중적인 차원에서 벌어지고 있는 탈북의 복합적 과정을 종합적으로 접근해야 한다.

둘째, 북한이탈주민은 하나의 단일집단이 아니라는 점이 늘 전제되어야 한다. 우리는 이주민 집단을 해당 국가나 민족 혹은 특정 명사형의 한덩어리 집단으로 간주하는 경향이 있다. 북한이탈주민도 내적인 이해관계에 따라 다양한 집단으로 존재한다. 그들의 실제 생활여건이나 이해관계, 관심사나 가치지향은 사람마다 다르다.

셋째, 다문화 공간론의 관점에서 남한사회가 우선적으로 고민할 것은 북한이탈주민을 향한 인정의 윤리, 분배 혹은 재분배의 정치, 상호성의 규범이 조화롭게 이루어지도록 해야 한다는 점이다.[14] 물론 가장 우선되어야 한다면 인정의 윤리를 들 수 있겠지만, 분배 혹은 재분배와 연결되지 않는 인정의 윤리는 공허하다는 점을 염두에

14) 최병두(2011), p.48.

두어야 한다.

넷째, 공적 공간(public space)에 주체적으로 참여할 수 있는 공적 참여 혹은 공적 침투가 보장되어야 한다.[15] 북한이탈주민의 공간은 이들이 단지 존재하고 섞여 있는 곳이 아니라는 점에서 북한이탈주민이 행위주체자로서 공적 공간에 참여하고 여타 행위자와 상호관계하면서 사회적 차별을 개선해갈 수 있는 권리와 절차가 마련되어야 한다.

Ⅳ. 북한이탈주민정책의 실천 과제

이상의 다문화 공간론으로 본 북한이탈주민정책의 의미와 기본 방향을 바탕으로 아래에서는 영역, 장소, 스케일, 네트워크라는 다문화 공간론의 TPSN의 네 요소에 기초해 북한이탈주민정책의 실천 과제를 찾아보고자 한다.[16]

15) 박경환, "소수자와 소수자 공간: 비판 다문화주의의 공간교육을 위한 제언", 한국지리환경교육학회, 『한국지리환경교육학회지』, 제16권 4호 (2008), pp.306-307.

16) 제솝(2008)의 네 가지 요소를 중심으로 다문화 공간론적 접근의 개념과 내용에 대한 설명은 박배균(2011)의 저서에도 잘 소개되어 있다. 하지만 그 적용에서는 충분치 못한 면이 적지 않으며, 이 저서의 아쉬운 점이라고 본다. 김명관, "지구・지방화와 다문화 공간(2011, 최병두 외, 푸른길) 서평", 대구대학교 다문화사회정책연구소, 『현대사회와 다문화』, 제1권 2호 (2011), pp.226-232; 백일순, "한국사회에서 소통과 인정의 '공간'은 어디인가", 한국공간환경학회, 『공간과 사회』, 제36호 (2011), pp.205-212. 이러한 점에서 아래 내용은 다문화 공간론의 개념과 내용을 북한이탈주민정책의 경우에 적용한 의미가 있다.

1. 장소감의 고양

북한이탈주민은 하나원 퇴소 후 지역사회에 정착을 하게 된다. 북한이탈주민이 지역사회에 존재한다고 해서 그 곳이 북한이탈주민이 있는 위치나 남한 주민과 함께 섞여 있는 현장 정도로 인식되지 않아야 한다. 북한이탈주민 스스로가 삶의 의미를 느끼는 장소감을 느끼도록 하는 것이 무엇보다 중요하다. 북한이탈주민이 정착하는 지역사회의 장소가 기반이 되어 지역화와 차별화가 이루어질 수 있도록 해야 한다. 이를 위해 세 가지가 검토되었으면 한다.

첫째, 북한이탈주민이 지역사회에서 다문화 역량을 갖춘 시민으로 성장하도록 도와야 한다. 다문화 역량이란 단지 민족 동질성에 기반해 남한 주민과 교류하고 남한사회 적응을 기대하는 마음에서 벗어나도록 하며, 동시에 문화적 기반이 다른 여러 사람들과 함께 다름을 인정하고 살아가는 능력을 갖추도록 하는 것을 의미한다. 이를 위해 북한이탈주민 시민교육체계를 갖춘 시설이 갖추어져야 한다. 관련 교육체계와 시설은 학교안, 학교밖, 평생교육 등의 중・장기적 관점에서 설계하여 추진하는 시민 양성교육이 되어야 한다. 시민 양성교육은 북한이탈주민의 요구와 피드백을 통해 맞춤형・수준별 교육으로 발전시켜야 하며, 이에 관한 축적된 경험 자료는 정책자료가 되어야 한다.

다문화적 시민으로 양성된 북한이탈주민은 사회통합을 향한 북한이탈주민정책의 인적 기반이다. 그동안의 지역사회 정착교육이 북한이탈주민의 초기 사회적응에 초점을 둘 수밖에 없는 여러 한계가 있었다면, 북한이탈주민을 위한 시민교육과 교육기관은 중·장기의 사회적응과 통합에 역할할 수 있다.

둘째, 시민 양성교육은 북한이탈주민을 보는 우리 사회 다수자의 인식을 개선하는데 역할해야 한다. 북한이탈주민을 사회적 소수자 혹은 약자로 볼 수 있도록 하는 교육이 무엇보다 필요하다.[17] 주의할 것은 사회적 소수자 혹은 약자라는 인식틀 내면에 다수자-소수자, 강자-약자라는 이원적 기준에 의한 지배적 사회구조나 사회관계의 우월의식을 경계하도록 하는 일이다. 동시에 북한이탈주민이 불쌍한 동정의 타자로만 인식되지 않도록 하는 것이 중요하다. 대신 사회의 지배적 질서가 소수자와 약자를 어떻게 만들었는지, 이들의 삶이 보편적 가치라는 전제 아래 어떠한 차별과 배제를 경험하고 있는지 등이 강조되어야 한다. 그래야 사회관계의 다수자-소수자, 강자-약자의 이원적 분류를 넘어 사회통합의 문제를 시공간의 여러 차원에서 상호보완되어야 하는 문제로 인식하게 된다.

그러면 북한이탈주민을 보는 시각이 상당히 탈정치화될 수 있다. 우리는 북한이탈주민을 통일 역군으로 거론하면서 그들을 통일의 수단으로 삼는 듯한 인식을 적지 않게 하고 있다. 이러한 인식도 필요하겠지만, 기본적으로는 북한이탈주민을 보는 시각의 탈정치화라는 취지 아래 북한이탈주민 자체가 우리 사회의 통합과 발전을 위한 목적으로 간주되도록 인식이 개선되어야 한다. 북한이탈주민 개개인의 존엄성과 개인성을 증진하며, 우리 사회의 새로운 통합을 이루어가는 행위주체이자 파트너로서 인식되도록 하는 일이 중요하다.

17) 박경환(2008), pp.298-301.

셋째, 우리는 북한이탈주민의 실존적 삶의 의미와 방식에 주목하고 그들이 만들어내는 이야기(narratives)를 통해 공감대를 넓혀가야 한다. 그렇게 되면 북한이탈주민은 남한사회에서의 장소감을 보다 깊게 갖게 될 것이고, 남한 주민은 북한이탈주민을 한층 친근하게 이해할 수 있게 될 것이다.

다문화적 현상이란 다민족과 다인종적 시각에 한정되는 것이 결코 아니다. 다문화적 관점의 진정한 의미는 다양한 문화 현상 속에서도 문화가 갖고 있는 본질, 다시말해 인간의 특정한 생활양식에 주목하는 것이다. 다문화 공간론은 바로 다문화적 관점의 본래적 의미를 찾도록 촉구하는 것이다. 북한이탈주민의 삶과 이야기에 주목하고 공감하는 것은 다문화 공간론의 시각에서 본래의 다문화적 의미를 찾는 길이다. 우리는 기존의 문화적 관성이나 습관으로부터 벗어나 우리 사회에 존재하는 북한이탈주민의 삶의 의미와 방식에 주목해야 하며, 사회구성원으로 인정받지 못하는 사회적 타자로서의 삶에 집중해야 한다.

그래야 북한이탈주민이 '그 곳에 있다'(being-there)는 의미가 제대로 이해된다.[18] 다문화 공간론은 북한이탈주민이 어떤 삶의 방식으로 우리 사회에 있는지 묻고 그들과 관계맺도록 촉구하고 있는 것이다. 이렇게 실존적·관계적 이해가 전제되면 우리가 북한이탈주민의 감정 구조와 정체성을 이해하기도 수월할 것이고, 그동안 북한

18) 장 프랑수아 리오타르(Jean-François Lyotard)에게 문화란 형식적이든 비형식적이든 관계없이 인간에 의해 만들어지는 관계맺음의 방식으로서, '인간이 거기 있음'(being-there)을 나타내주는 것이다. 사이먼 말파스, 윤동구 옮김, 『장 프랑수와 리오타르 포스트모더니즘을 구하라』(서울: 앨피, 2008) 참조.

이탈주민에게 기대했던 동화주의적 시민교육의 상당부분도 수정해 가기 쉬울 것이다.

2. 건강한 영역화의 확장

지역사회에 정착하게 되는 북한이탈주민은 안과 밖을 구분하면서 경계를 만들고 영역을 구성하게 된다. 영역은 사회정치적 과정 속에서 의도적으로 만들어지는데, 주의할 것은 그 영역이 건강하도록 하며 정체되지 않고 확장되도록 하는 일이다. 북한이탈주민의 영역화는 자신의 정체성을 찾고 유지하기 위해 불가피하다. 하지만, 극단적으로 편협되지 않도록 하며 영역의 범위를 조금씩 확장해가도록 하는 노력이 동시에 필요하다.

북한이탈주민이 구분하는 경계는 안과 밖을 분할만 하는 경계(borders)가 아닌 일종의 완충의 역할을 하는 경계지대(borderlands)가 되도록 하는 것이 중요하다.[19] 영역화는 배타성이나 편협성보다는 북한이탈주민의 정체성을 특별하게 만들면서 때론 나와 다른 것들도 받아들이는 넉넉함이 있는 지대화로 역할하도록 해야 한다. 이를 위해 세 가지가 검토되었으면 한다.

첫째, 북한이탈주민만의 활동 공간과 체계의 생성이 필요하다.[20] 그들이 기존의 사회적 권력구조에서 벗어나 자율적인 집합체로서 자신들의 영역화를 이룰 수 있도록 우리 사회가 도와야 한다.

19) Gloria Anzaldua, *Borderlands: The New Mestiza* (San Francisco: Spinsters/Aunt Lute, 1999), p.3.

20) 박경환(2008), p.304.

주의할 것은 이러한 영역화가 북한이탈주민이 새로운 다수자 혹은 지배자가 되도록 하는 것이 아니며, 기존의 다수자로부터 벗어나도록 하는 의미도 아니라는 점이다. 사회적 다수자–소수자, 강자–약자도 실은 정확한 표현은 아니며 일반화할 수도 없는 인식론이다. 그것은 시공간적 맥락에 따라 다양한 차원에서 뒤바뀌는 것이다. 그러한 점에서 북한이탈주민의 영역화는 북한이탈주민을 드러내고 세워주는 방식이 되어야 하며, 그들만의 정체성과 차이를 긍정화하고 특화하는 기반이 되도록 해야 한다.

우리는 북한이탈주민을 사회적 소수자 혹은 약자로 지칭하지만, 그것이 되레 그들을 차별하는 정치담론이 되지 않도록 조심해야 한다. 우리는 북한이탈주민을 우리 사회에 다양한 차이를 가져오고 그들의 분야에 강점을 갖는 생산성으로 이해해야 한다. 이러한 의미에서 우리는 북한이탈주민을 민족이라는 분석틀로 쉽게 한정하는 것을 조심해야 한다. 북한이탈주민을 민족과 동일시하는 인식은 유용할 때도 있지만 자칫 북한이탈주민이 건강하게 영역화하고 확장하는데는 어려움이 될 수 있다.

북한이탈주민의 활동 공간과 체계에서는 북한출신이나 동일민족의 영역을 넘을 뿐만 아니라 사회적 차별과 배제로 인한 격리적 공간이 아닌 자발적·능동적 만남의 표현이 담겨야 한다. 동시에 그 공간과 체계는 자신들의 정체성을 유지할 수 있는 내부적 교류와 상호부조가 이루어지는 장이 되어야 하며, 남한사회의 인식 변화를 촉구하는 결집의 영역이 되어야 한다. 그렇게 될 때 북한이탈주민의 활동 공간과 체계는 그 영역의 범위를 잘 확장해갈 수 있을 것이다.

둘째, 북한이탈주민이 영역화의 주체가 되도록 인정하고 맡기는 것이 중요하다. 북한이탈주민은 오늘 왔다가 내일 떠나는 자가 아니다. 우리 사회공동체를 구성하고 사회발전을 함께 만들어가는 행위자이다. 그래서 우리는 북한이탈주민이 정착한 지역사회에서 그들 스스로가 영역화하도록 지원하는 일을 해야 한다. 그 영역 속에서 그들이 인정받아 활동할 수 있어야 한다.

주의할 것은 인정이란 상호독립적인 주체로서 존중된다는 의미이다. 게오르크 빌헬름 프리드리히 헤겔(Georg Wilhelm Friedrich Hegel)이 지적하듯, 주인과 노예의 관계에서 이루어지는 인정이 아닌 서로가 서로에게 독립적인 주체로서 이루어지는 진정한 인정이 필요하다.[21] 독립적인 주체로서 인정이 되어야 관계의 정상화가 이루어지며 활동할 수 있게 된다. 물론 자본이나 권력이 개입하면서 한계가 있을 수 있으며, 내부적으로도 북한이탈주민 사이의 관계가 비정상적으로 변질되는 경우도 있을 수 있다. 그렇다 하더라도 북한이탈주민의 영역화에서 북한이탈주민 스스로가 주체로서 인정받고 존중받을 수 있도록 우리 사회가 적극 돕는 것이 우선되어야 한다.[22]

셋째, 북한이탈주민 집단내부의 정치적 민주성이 잘 갖추어지도록 해야 한다.[23] 전봇대를 통해 전선이 연결되는 것처럼, 지도자다운 북한이탈주민을 전봇대 역할처럼 세우고 북한이탈주민 사이를

21) 악셀 호네트, 문성훈 · 이현재 옮김, 『인정투쟁』(고양: 사월의책, 2011) 참조.

22) 박승규(2012), p.119.

23) 박경환(2008), pp.307-308.

연결하는 것이 바람직하다. 주의할 것은 집단내부에서 이루어지는 의사결정이나 절차 등의 정치가 민주적으로 진행되도록 하는 것이다. 북한이탈주민 집단 내부정치의 견제와 균형이 잘 이루어져야 한다.

북한이탈주민의 영역화 속에서 자칫 이중성이나 집단간 대립이 나타날 수 있다. 때로는 북한이탈주민 집단 내부의 지배적인 주류 구성원이 집단내 권력을 강화하고 남한사회의 주류집단에 인정받기 위해 집단 내부의 응집력을 동원할 수도 있다. 북한이탈주민 집단내 지도자가 남한사회의 지배적 담론을 자기 집단내 영역의 다양한 차이를 은폐하거나 억압하는 기제로 활용하는 경우도 있을 것이다. 이러한 점에서 북한이탈주민 집단 내부의 민주성은 여타 집단과 마찬가지의 의미로 중요하게 감안되어야 한다.

3. 다규모적 스케일 및 다차원적 네트워크의 형성과 발전

북한이탈주민이 지역사회에 정착하고 영역화가 이루어지기 시작하면 동시에 여러 규모의 스케일과 여러 차원에서의 네트워크가 추구된다. 스케일이란 북한이탈주민이 남한사회에 정착하는 전체의 과정에서 영향력을 미치는 다양한 사회적 관계나 사건, 그 과정, 관련자의 행위 등이 어우러지는 공간적 범위를 뜻한다. 네트워크는 북한이탈주민이 자신이 정착한 공간 내외의 다양한 행위자와 연결되어 상호관계를 맺으며 서로의 인식, 담론, 행위 등에 영향을 미치는 것을 뜻한다.

스케일과 네트워크의 작동은 글로벌, 국가, 지역의 차원에서 다규모적이며 다차원적인 상호작용의 결과로 나타난다. 스케일과 네트워크는 국가 중심적인 범위를 떠올리는 고정관념적 범주를 넘어서는 것이 중요하다. 여러 규모에서의 스케일과 여러 차원에서의 네트워크가 작동하면, 북한이탈주민의 사회적응과 사회통합은 다른 양상으로 변모할 것이다. 이를 위해 세 가지가 검토되었으면 한다.

첫째, 글로벌차원에서의 북한이탈주민을 위한 초국가적 스케일과 네트워크가 모색될 수 있다. 북한이탈주민 스스로가 자신을 드러내기 어려운 상황이나 여건도 있을 것이니, 국제 NGO나 종교단체 등과 연계하여 교육, 봉사, 자활·자립 지원 등의 활동이 가능하도록 할 수 있다. 예를 들어, 재외동포재단의 해외 한민족 동포 지원활동이나 해외에서 활동하는 한인 경제인의 연결망인 한상(韓商)네트워크에 북한이탈주민 관련 활동을 연계하는 방안도 있을 것이다.

둘째, 국가차원에서 북한이탈주민을 위한 스케일과 네트워크가 모색될 수 있다. 국가차원에서는 관련 협의기구나 협의체 구성이 상대적으로 용이하며, 이를 통해 효율적 사업집행과 사업중복 방지를 이루어갈 수 있다. 국가차원에서 정착주기별 북한이탈주민을 위한 스케일과 네트워크 구성이 무엇보다 필요하다. 대체적으로 북한이탈주민정책은 초기정착에 초점을 두고 있지만, 정착기간을 구분하고 정착 특징을 유형화해서 초기, 중기, 장기 등으로 정착주기를 설정하여 관련 스케일과 네트워크를 조절하는 방식도 고민해야 한다.

국가차원에서는 국가가 지역별, 직능별, 종교별, 관심별 등으로 북한이탈주민을 위한 스케일과 네트워크를 다중화하는 것도 필요하다. 북한이탈주민의 다양한 형편과 처지에 대한 맞춤형 지원 스케일과 네트워크도 가능하다. 북한이탈주민의 성별, 교육수준, 탈북동기, 정착지역 등을 감안한 다층적인 집단으로서의 북한이탈주민을 위한 스케일과 네트워크를 이루어가는 것도 가능하다. 나아가 수요자 중심의 사회경제적 배경과 생애주기별 배경 등으로 정책 수요를 세부화해서 접근하는 것도 중요하다. 학업, 출산, 보육, 노인층, 직업교육, 자립역량, 자산형성 등 일정한 기준에 따라 스케일과 네트워크의 구분이 가능하다.

셋째, 지역차원에서 북한이탈주민을 위한 스케일과 네트워크가 모색될 수 있다. 지역 차원에서는 종교 혹은 지원단체 중심의 지원시스템 스케일과 네트워크가 효과적일 것이다. 북한이탈주민간 자체 스케일과 네트워크, 지역 민간단체 혹은 NGO 주도 스케일과 네트워크, 지방자치단체 주도 스케일과 네트워크 등이 가능하다.

북한이탈주민간 자체 스케일과 네크워크는 사회관계 중심으로 이루어지는 것이 현실적이다. 일상에서 몸이 아프거나 낙심될 때 혹은 급한 도움이 필요할 때부터 서로 연계되도록 하는 것이 지역에서의 안정과 사회통합에 중요한 심리적 요인이 되기 때문이다. 지역에 있는 여러 사회적 약자 혹은 소수자 권리 보호 및 법률, 금융, 취업, 상담 등 분야별 스케일과 네트워크 구성시에 북한이탈주민이 위원이 되고 리더의 역할을 하도록 하는 것도 중요하다.

Ⅴ. 다문화교육의 역할

다문화 공간론의 가장 큰 의미는 사람과 삶에 주목하는 데 있다. 기존의 다문화주의적 관점이 정치·경제나 정책·교육적인 방안에 초점을 두면서 정작 다문화 공간내 존재하고 사회적으로 관계했던 주체자에게 소홀했다는 반성이 다문화 공간론에 깔려 있다.

다문화 공간론은 이론적으로도 방법론적 국가주의를 경계하도록 하고 전지구적 이주와 정착을 삶의 문제로 접근하도록 하며, 실생활에서도 다수자의 인식을 개선하는 데 유용성이 있다. 다문화 공간을 영역, 장소, 스케일, 네트워크의 네 차원으로 구분하여 접근하는 TPSN의 인식론은 다문화 공간이 형성되는 과정과 관계를 여러 차원에서 접근해 해석해보게 하는 방법론이다.

사회통합과 생활밀착형 접근을 추구해야 하는 북한이탈주민정책은 다문화 공간론에서 의미하는 사회통합의 의미와 방향성을 잘 반영해야 한다. 북한이탈주민정책은 ① 북한이탈주민의 탈북에는 국가적 수준 이상의 다중적인 차원의 목적과 경로가 있으며, ② 북한이탈주민은 단일한 집단이 아니라는 점을 염두에 두고, ③ 북한이탈주민을 향한 인정의 윤리, 분배 혹은 재분배의 정치, 상호성의 규범이 조화롭게 이루어지도록 하는 것과, ④ 북한이탈주민의 공적 참여를 보장하는 것이 전제되어야 한다.

다문화 공간론이 북한이탈주민정책에 주는 실천 과제는 세 가지가 있다. 첫째는 장소감의 고양이다. 시민교육체계와 시설을 통해 북한이탈주민을 다문화 시민으로 양성하고, 북한이탈주민을 보는 우리 사회 다수자의 인식을 개선해가며, 북한이탈주민을 위한 공감대 확산을 위해 그들의 삶과 이야기에 주목하는 일이 필요하다.

둘째는 건강한 영역화의 확장이다. 북한이탈주민을 위한 활동 공간과 체계가 이루어지도록 하고, 북한이탈주민이 영역화의 주체가 되도록 인정하고 맡기며, 북한이탈주민 집단 내부의 정치적 민주성을 잘 갖추도록 해야 한다.

셋째는 북한이탈주민을 위한 다규모적 스케일 및 다차원적 네트워크의 형성과 발전이다. 글로벌차원에서는 국제 NGO나 종교단체 등과 연계하는 활동이 가능하며, 국가차원에서는 정착주기별, 기준별 맞춤형, 수요자 중심형 등으로 세분화하여 추진할 수 있고, 지역차원에서는 각종 단체 및 사회관계 중심별로 접근할 수 있다.

북한이탈주민정책은 사회통합형과 생활밀착형의 추구로 계속 발전해가야 한다. 그것이 북한이탈주민과 남한 주민이 함께 어우러지는 상생의 사회를 만들어가는 길이다. 다문화 공간론은 그 길에 일정한 지침을 주고 있다. 그런 의미에서 다문화 공간론의 의미와 접근은 다문화교육의 시각을 확장하는 데도 분명히 기여하고 있다. 다문화교육의 본질이 다문화 공간에서 행위하는 이주민의 존재와 삶의 이야기 및 토착민과의 관계와 새로운 문화 형성에 주목하도록 하는 데 있기 때문이다.

제8장 다문화시대의 지역사회 통합과 지역거버넌스 : 북한이탈주민을 위한 역할

Ⅰ. 지역사회통합과 북한이탈주민

앞서 제6장에서 보듯이 정부의 북한이탈주민정책이 사회통합형에 초점을 두고 생활밀착형 접근에 주력하려는 것은 매우 적절하다. 정착과 보호에 중점을 두었던 과거의 방향에서 벗어나 사회통합의 관점에서 정책 대안을 다루려는 것은 남한 주민과 북한이탈주민의 쌍방향적 관점에서 사회적응과 통합의 문제를 본다는 점에서 의미가 있다. 정부의 2018 신년 업무보고(2018.1.19)에서 제시되었듯이[1], "생활밀착형 지원으로 북한이탈주민의 삶의 질이 나아지는 따뜻한 사회구현"을 추구하려는 것은 정책당사자의 실질적 필요에 주목한다는 점에서도 바람직하다.

이러한 의미에 더하여 이 장에서 주목하고자 하는 것은 정부가 이렇듯 사회통합정책을 강조하고 있는데, 실제 사회통합이 이루어지는 일선이 되는 곳이 바로 지역사회라는 점이다. 이런 의미에서 이주민을 위한 사회통합정책은 곧 지역사회통합정책이라고 해도 과언이 아닐 것이다. 북한이탈주민이나 남한 주민의 입장에서, 생활공동체를 이루고 함께 살아가는 곳은 지역사회이다. 정부차원의 사회통

1) 통일부, "2018 업무보고", (www.unikorea.go.kr/2018plan/sub1.htm, 2018.8.25. 검색)

합정책의 강조와 더불어 지역사회의 차원에서도 정착과 보호의 단계를 넘어 실질적 통합을 위한 방안과 실천이 모색되어야 한다. 무엇보다 지역내 지자체와 민간단체를 중심으로 관련 여러 주체의 협력적 거버넌스의 역할이 중요하다. 북한이탈주민의 사회통합과 관련 행위주체자 간의 협력적 연계체계를 이루고 지역사회자원을 효과적으로 활용해야 한다.

이러한 점에서 이 장은 지역사회차원에서 북한이탈주민의 사회통합을 제고하기 위한 방안을 찾아보고자 한다. 이를 위해 북한이탈주민 지역사회통합정책의 필요를 이론적으로 고찰하고, 지역사회 정착 지원체계와 주요 내용을 정리하며, 지역거버넌스의 관점에서 북한이탈주민의 지역사회통합을 위한 방안을 제언하고자 한다.

Ⅱ. 지역사회통합의 의미와 접근시각

1. 지역사회통합의 의미와 필요성

지난 2016년 11월을 기점으로 국내 입국 북한이탈주민[2]은 3만명을 넘어섰으며, 2018년 6월 현재는 잠정 31,827명으로 나타난다.[3]

2) 「북한이탈주민의 보호 및 정착지원에 관한 법률」(1997) 제2조는 북한이탈주민을 "군사분계선 이북지역에 주소, 직계가족, 배우자, 직장 등을 두고 있는 사람으로서 북한을 벗어난 후 외국 국적을 취득하지 아니한 사람"으로 규정하고 있다. 귀순자, 귀순동포, 새터민, 탈북민 등 북한이탈주민을 다양하게 지칭하고 있지만, 위 법률에 근거하여 여기서도 '북한이탈주민'이란 법률적 용어를 사용하고자 한다.

정부는 대한민국의 보호와 지원을 원하는 북한이탈주민을 모두 받아들인다는 원칙을 가지고 있다. 국내입국 후에는 우리 사회에서 기본적 권리를 누릴 수 있도록 하며, 생활기반 조성을 위해 정착금, 임대주택 제공, 의료복지 지원, 취업알선 등을 지원한다.

이러한 관련 정책을 협의·조정하고 주요 사항을 심의하기 위해 중앙정부차원에서는 북한이탈주민대책협의회(19개 부처·기관)가 있다. 지역차원의 정책협의체로는 북한이탈주민지원 지역협의회가 전국 시·도, 시·군·구 114개소에 있다.[4] 이러한 구분으로 보면, 북한이탈주민 보호 및 정착지원에 관련된 '지역사회'의 의미는 시·도, 시·군·구를 범위로 한다고 할 수 있다.

지역사회통합이란 지역 내에서 공동의 비전과 지역공동체에 대한 소속감을 가지고, 서로 다른 배경과 환경에 따른 사람들 사이의 다양성을 인정하며, 모두에게 균등한 기회를 주고, 학교, 직장·일터, 이웃 등의 관계에서 긍정적인 양상을 보이고 있는 상태를 말한다. 이러한 의미에서 지역사회통합은 화합이나 결합을 뜻하는 'cohesive community'로 표현된다.[5] 그만큼, 지역사회통합의 핵심은 소속감

3) 통일부, 주요사업 중 통계의 "북한이탈주민 입국 현황", (www.unikorea.go.kr/unikorea/business/statistics/, 2018.8.25. 검색)

4) 통일부, 『2017 북한이탈주민 정착지원 실무편람』 (서울: 통일부, 2017.6), pp.146-150의 "북한이탈주민지원 지역협의회 현황" 참조.

5) 이는 영국의 Local Government Association에 따른 의미와 표현이다. Local Government Association, *Community Cohesion: An Action Guide* (London: LGA, 2009), 이 책은 세 가지 영역에서 지역사회통합을 측정하고 있다. 그것은 ① 지역 내에서 배경이 다르지만 서로 잘 지낸다고 느끼는 사람의 비율, ② 소속감을 느끼는 사람의 비율, ③ 서로가 배경이 다르지만 일상에서 상호작용하는 사람의 비율이다. 박철민·민기, "개인적, 경제적, 사회문화적 특성이 북한이탈주민의 지역사회통합에 미치는 영향 분석: 사회적응수준의 매개효과를 중심으로", 대한정치학회, 『대한

보유, 다양성 인정, 균등한 기회, 긍정적 관계 형성이라고 할 수 있다.

이러한 지역사회통합이 북한이탈주민정책에 주는 의미는 무엇일까? 첫째 의미는 무엇보다 실제적인 문제가 부딪히는 곳이 해당 지역사회라는 점이다. 당연히 지역을 중심으로 한 사회통합의 문제를 고민하는 것이 현실적이다.

과거의 사회통합은 대체로 국민국가 형성의 차원에서 빈부격차와 지역격차, 이념갈등 등의 예방이나 해결, 치유 등을 위해 추구되었다.[6] 대개 거시적 차원에서 정치제도나 경제체제 등 하위체계의 구조통합과 이념통합을 강조했다. 반면, 최근에는 인권 신장, 다문화사회의 가속화, 국제간 이주의 빈발 속에서 기존의 경향과 함께 새로운 구성원의 사회편입, 가치 공유, 관계형성 등 미시적 차원에서의 가치통합을 강조하는 의미로 변화하고 있다.[7]

이러한 변화의 의미는 유엔경제사회국(UN Department of Economic and Social Affairs: UNDESA)의 사회통합 정의에도 잘 나타나 있다. 유엔경제사회국은 사회통합을 "모든 사람이 권리와 존엄의 평등에 기반하여 사회적, 경제적, 문화적, 정치적 생활에 참여할 수 있도록 하는 가치, 제도, 관계를 증진시키는 동적 과정"으로 규정한다.[8] 사회통합에는 소수자의 삶의 방식을 이해 · 인정하고 주류사회

정치학회보』, 제22집 1호 (2014), p.35.

6) 전태국,『사회통합과 한국 통일의 길: 내적 장벽을 넘어서』(서울: 한울아카데미, 2013) 참조.

7) 설진배 · 송은희, "사회통합관점에서의 북한이탈주민 정착지원 방향: 델파이 조사를 통한 북한이탈주민 수요분석을 중심으로", 한국평화연구학회,『평화학연구』, 제16권 5호 (2015.12), p.198.

8) 이러한 규정은 2009년 11월 가나에서 열린 유엔경제사회국 전문가그룹 회의에서

의 차별을 해소하며, 동등한 관점에서 협력하고 변화해가는 역동적인 과정이 포함된다.

사회통합의 의미가 변화하는 이러한 관점에서 보더라도, 사회통합의 가치가 잘 이루어져야 하는 실질적 장소는 지역사회가 되어야 한다. 북한이탈주민정책의 경우도, 지역사회에서부터 남한 주민과 북한이탈주민은 서로의 차이를 이해·인정하고 주류사회의 차별을 해소하며, 동등한 관점에서 협력하고 변화해가는 역동적 과정을 지나도록 하는 것이 지역사회통합의 의미가 되어야 한다.

이러한 점에서 이론적으로 사회통합을 곧 지역사회통합(community integration)으로 간주하고, 사회통합을 개인의 '지역사회와 연관된 활동 수행 정도'로 측정하는 학자도 있다.[9] 스티븐 세갈(Steven P. Segal)과 유리 에이비람(Uri Aviram)은 바로 이러한 기준으로 소수자도 일반시민이 이용하는 지역사회자원을 동등하게 이용하는 것, 일반시민이 참여하는 지역사회활동에 대등하게 참여하는 것, 일반시민과 함께 지역사회에서 정기적으로 만나는 것을 제시한 바 있다. 북한이탈주민의 경우, 이동 반경이 상대적으로 협소하고, 거주지 선택도 상대적으로 제약되며, 지역 노동시장에 절대 다수가 편입된다는 점을 감안하면, 위에 제시된 내용에 더해 지역사회통합의 의미는 더욱 적실성이 있게 된다.

제출된 보고서인 "포용사회 만들기: 사회통합을 증진하기 위한 실천전략"(Creating an inclusive society: Practical strategies to promote social integration)의 내용에 근거한다.

9) S. P. Segal and U. Aviram, *The mentally ill in community-based sheltered care: A study of community care social integration* (N.Y.: Springer Publishing Company, 1980).

지역사회통합이 북한이탈주민정책에 주는 둘째 의미는 지역사회통합의 문제에 북한이탈주민의 수도권 집중을 안정적으로 분산시킨다는 정책적 필요도 있다는 점이다. 수도권뿐만 아니라 그 이외 지역에서의 지역사회통합력이 높아진다면 북한이탈주민의 지역거주 비율은 자연스레 높아질 수 있다. 그러기 위해 지역거버넌스를 통한 지역사회 행위자와 자원이 협력적으로 활용되어야 한다.

〈표 8-1〉 지역별 북한이탈주민 거주 현황

지역	경기	서울	인천	충남·세종	충북	경북	경남	부산	강원
인원(명) 비율(%)	8,755 (30.5%)	6,957 (24.2%)	2,725 (9.5%)	1,371 (4.8%)	1,166 (4.1%)	1,071 (3.7%)	1,056 (3.7%)	1,022 (3.6%)	726 (2.5%)
지역	대구	광주	전남	대전	울산	전북	제주	합계	
인원(명) 비율(%)	696 (2.4%)	621 (2.2%)	608 (2.1%)	604 (2.1%)	538 (1.9%)	536 (1.9%)	290 (1.0%)	28,742 (100%)	

* 2017.9 말 기준이며, 사망·말소·이민·거주불명·보호시설 수용자 제외
출처: 남북하나재단, 『북한이탈주민 주요 거주지역 심층연구』 (서울: 남북하나재단, 2017.12), p.15.

지역별 북한이탈주민 거주 현황은 2017년 9월 말 기준 경기 30.5%, 서울 24.2%, 인천 9.5%으로 수도권의 거주비율이 64.2%이다(〈표 8-1〉 참조). 이러한 비율은 2014년도 57.7%, 2015년도 63.7%, 2016년도 63.5%와 비교하면, 다소 증가하는 추세이다. 북한이탈주

민의 수도권 선호와 집중 현상이 분명히 있음을 볼 수 있다. 물론 수도권 집중이 지역사회통합과 반대되는 것으로 해석할 수는 없다. 하지만, 수도권 못지않는 여타 지역의 사회통합력을 갖추도록 하는 것은 수도권 집중 해소에 기여한다는 점에서 지역사회통합의 차원에서도 생각해볼 일이다.

북한이탈주민의 수도권 선호·집중 현상의 원인은 남한사회 정착에서 경제적 요인이 최우선적으로 고려되기 때문일 것이다. 일을 지속할 수 있는 기회가 많고 이에 도움이 되는 각종 서비스 시설이 많이 구비된 곳이 수도권 지역이다. 동일 노동을 했을 때 수도권 지역의 임금이 비수도권 지역보다 높다는 점, 북한이탈주민 간의 사회적 관계망이 활발하게 작용하여 북한이탈주민의 경제 및 구직활동에 실제적인 영향을 미치고 있다는 점 등도 추가적인 선호 요인이 된다.[10] 이러한 관점에서 보면, 지역사회통합을 위한 지역거버넌스의 지역사회자원 활용을 위한 사회관계망 형성의 역할이 매우 중요한 의미가 있게 된다.

2. 지역사회통합 관련 선행연구

북한이탈주민의 지역사회통합과 관련한 그간의 연구를 살펴보면, 이미 대체로 지역사회 적응의 의미와 사회통합의 필요성을 강조하고 있다. 하지만, 지역사회의 역할과 접근시각을 구체화하거나 특정 지역을 사례로서 언급한 연구는 많지 않다.[11] 이런 연구가 보다

10) 남북하나재단, 『북한이탈주민 주요 거주지역 심층연구』 (서울: 남북하나재단, 2017.12), pp.15-17.

축적되면, 북한이탈주민이 지역사회에 정착하는 과정에서 어떤 지역적 문제가 나타나고 있는지, 이를 위한 지역사회의 구체적・특색적 역할과 접근이 어떠해야 하는지, 지역 공공기관과 민간단체의 협력 활동은 어떠해야 하는지 등이 심도 있게 모색될 수 있을 것이다.

이런 의미에서 최근 남북하나재단의 조사보고서는 높이 평가할 만하다.[12] 남북하나재단이 2017년 12월 발행한 『북한이탈주민 주요 거주지역 심층연구』은 2016년 12월 기준 북한이탈주민의 지역별 거주 현황을 활용하여 가장 많이 거주하는 지역으로 인천(남동구), 서울(양천구・노원구・강서구), 경기(화성시・수원시・평택시・용인시・김포시・안산시)를 선정했다. 이어 이들 지역 북한이탈주민의 인구학적 특성(성별・연령별 구성, 남한 거주기간, 혼인상태), 주거 안정성(주택소유 형태, 이사경험 및 이유), 경제활동 실태(경제활동 상태, 직장내 역할과 지위, 임금근로자의 근속 기간 및 월평균 임금, 경제활동 실태 종합분석), 사회통합(남한 생활 만족도 및 이유, 차별 또는 무시당한 경험, 향후 받고 싶은 지원)의 항목으로 심층 연구했다.

11) 예를 들면, 강동완・임성옥, "북한이탈주민 지역적응센터 역할 및 개선방안", 한국정치정보학회, 『정치정보연구』, 제20권 2호 (2017), pp.1-26; 김정수, "대구지역 북한이탈주민의 효과적 지역정착 지원체계: 굿 거버넌스 구축을 중심으로", 동아시아국제정치학회, 『국제정치연구』, 제18집 1호 (2015), pp.221-240; 안혜영・이금순, 『북한이탈주민 정착지원을 위한 지역 네트워크 분석』 (서울: 통일연구원, 2007); 이기영・윤경애, "북한이탈주민의 지방정착지원을 위한 지역사회 자원동원전략: 부산지역의 사례를 중심으로", 한국사회복지학회, 『한국사회복지학』, 제55호 (2003), pp.103-130 등이 있다.

12) 관련 보고서는 남북하나재단, 『북한이탈주민 주요 거주지역 심층연구』 (서울: 남북하나재단, 2017.12); ____, 『북한이탈주민 광역시도별 실태보고서: 8개 권역별』 (서울: 남북하나재단, 2017.12); ____, 『북한이탈주민 시군구별 실태보고서: 10대 주요 거주지역편』 (서울: 남북하나재단, 2017.12) 들이다.

같은 시기의 『북한이탈주민 광역시도별 실태보고서: 8개 권역별』 연구는 8대 권역을 서울, 경기, 인천, 충청, 전라, 경상, 강원, 제주로 구분하고, 각 권역의 인구학적 특성, 주거 안정성, 경제활동 상태, 사회통합을 조사·분석했다. 역시 같은 시기의 『북한이탈주민 시군구별 실태보고서: 10대 주요 거주지역편』 연구는 10대 주요 거주지역을 인천(남동구), 서울(양천구·노원구·강서구), 경기(화성시·수원시·평택시·용인시·김포시·안산시)로 선정하고, 각 거주지역의 인구학적 특성, 주거 안정성, 경제활동 실태, 사회통합을 심층 분석했다.

이러한 연구보고서는 다양한 지원체계가 유기적이고 효율적으로 작동하도록 하는 데 디딤돌이 될 것이다. 위 보고서 중 8대 권역별 보고와 10대 주요 거주지역편 연구보고서의 경우, 각 권역의 비교분석을 통한 북한이탈주민의 실태 및 특징, 연구의 함의나 정책제언이 결론으로 제시되지 않은 점은 아쉬움이다.

이외에 남북하나재단에서 계속 발간하고 있는 사회통합과 정착실태 조사보고서도 지역사회통합 연구의 기초자료로 매우 의미가 있다.[13] 『2017 북한이탈주민 사회통합조사』는 교육, 노동, 여가 및 사회참여, 복지, 보건 및 건강, 사회적 관계망 등 6개 분야를 조사하고 있으며, 『2017 북한이탈주민 정착실태조사』는 생활안정, 직업교육훈련, 경제활동, 가구경제상태 등 4개 분야를 조사했다. 특히 '2017 사회통합조사'와 '2017 정착실태조사'는 2016년 12월 남북하나

13) 관련 연구보고서는 남북하나재단, 『2017 북한이탈주민 사회통합조사』 (서울: 남북하나재단, 2018)와 ____, 『2017 북한이탈주민 정착실태조사』 (서울: 남북하나재단, 2018)이다.

재단이 통계작성기관으로 지정된 이후 첫 조사이며, 그 중 '2017 정착실태조사'는 2017년 4월에 국가통계로 승인되었다는 점에서 매우 큰 의의가 있다. 남북하나재단의 의지처럼 통계품질 제고와 공신력을 강화하는데 주력해야 할 것이다.[14)]

이 장은 북한이탈주민의 지역사회통합에 관한 또다른 기초자료를 축적하는 의미를 갖지는 않는다. 이 장은 이상의 선행 기초연구를 바탕으로 북한이탈주민의 지역사회통합을 위한 지역거버넌스의 역할을 찾아보려고 한다. 이 장은 지역사회에서 어떤 역할과 접근이 필요한지에 대한 하나의 대답이 될 것이다.

3. 지역사회통합을 위한 접근시각: 주체성과 호혜성

위의 선행연구가 지역사회통합을 위해 북한이탈주민의 지역거주 실태와 어려움을 고려한 지역사회의 역할과 특화를 강조하고 있지만, 이에 더하여 언제나 중요하게 생각할 것은 북한이탈주민을 보는 접근시각이다. 결국 지역사회통합의 직접적 당사자는 북한이탈주민 각 개인이기 때문이다. 지역사회통합을 위한 여러 관련 행위자의 역할이나 정책 대안을 찾는 것이 중요한 만큼, 그 기저에서 북한

14) 남북하나재단은 2011년부터 북한이탈주민과 탈북청소년의 정착실태를 조사했다. 2012년부터 짝수년도는 전수조사를, 홀수년도는 표본조사를 실시했고, 탈북청소년은 짝수년도에만 조사했다. 아울러 2013년도부터는 매년 사회통합조사를 실시했다. 2016년 사회통합조사는 취업지원제도 활용, 의료복지 여건, 사회역량, 사회적 수용, 사회적 자본/신뢰, 사회적 참여로 조사했다. 이러한 노력은 북한이탈주민의 사회통합과 인식개선에 필요한 기초자료를 확보하려는 점에서 의미가 있다.

이탈주민을 보는 주체성과 호혜성이라는 두 시각을 염두에 두는 것은 매우 필요하다.

첫째, 주체성은 북한이탈주민을 지역사회통합의 주체자로 인식하는 것을 말한다. 지역사회통합은 지역사회가 북한이탈주민과 함께 만들어가는 과정이다. 북한이탈주민을 동정 혹은 수혜의 대상으로 간주하면서 지역사회통합을 언급하는 것은 '함께' 만들어간다는 취지와 분명 거리가 멀다.

하지만, 우리 사회의 북한이탈주민 지원체계의 근간에는 일종의 교환·거래관계의 측면도 깔려 있다.[15] 다시 말해, 남한사회와 북한이탈주민 간의 사회적 관계의 형성과 작동의 이면에는 교환·거래관계라는 원리가 숨어있다. 기본적으로는 북한 출신이라는 이유로 북한이탈주민을 특별한 이주자로 구별하여, 특별한 차별도 하면서 특별한 지원 대상으로 단순화시킨 부분이 있다. 그로 인해 북한이탈주민을 향한 정착지원은 본 취지와는 다른 목적과 효과를 가져온 부분이 있다.

예를 들어, 정착지원체계 이면을 보면 북한이탈주민은 보호되어야 할 사회취약계층이며, 교정과 교육을 통해 자본주의 사회의 노동자로 변모시켜야 하는 존재로 간주되고 있다. 각종 지원금체계 역시 사실상 이러한 점을 전제로 한 보상의 구조와 단계로 구성되었다고 볼 수도 있다. 그것은 결국 북한이탈주민이 자본주의적 사회생활을 하거나 임금을 받는 노동자로 일정 기간 이상 일할 수 있게 되면, 그

15) 김성경, "북한 출신자와 '사회 만들기'", 한양대학교 평화연구소, 『문화와 정치』, 제5권 1호 (2018), pp.47-54, 59-60, 61-63.

것이 곧 우리 사회에 정착된 것이며, 나아가 지역사회에 상당히 통합된 것으로 간주되어 버린다. 정착 지원금 이면에 작동하고 있는 일방의 경제적 논리는 지원체계 아래 있는 북한이탈주민을 동등한 사회구성원이 아닌 시혜적인 제도의 수혜자로 보게 하는 부정적 의미화가 숨어있는 것이다. 이런 부정적 의미화는 지원체계 아래의 수혜자를 사회구성의 주체자로 인식하지 못하게 하고 이등 시민으로 취급하거나 경제적 부담이 되는 존재로 인식하기 쉽게 만들어 버린다.[16)]

이렇게 보면, 우리 사회에 북한이탈주민의 정착을 독려하기 위해 고안된 각종 지원체계는 남한사회의 작동방식을 숙지하는 데 따른 일종의 교환 혹은 보상의 대상이자 동시에 거래와도 같다. 문제는 결국 북한이탈주민에게도 이러한 역설의 측면을 알게 한다는 부정적 효과로 귀결된다는 점이다.[17)] 예컨대, 교회에서 교회 출석을 위해 전달하는 지원금이나 집회에 앞장서는 경우 지원하는 보조금도 사실상 교환이자 일종의 거래이다. 북한이탈주민의 입장에서도 이러한 교환·거래관계를 알게 되고 기대하게 되기도 한다. 이러한 상황에서는 우리 사회의 다수인과 소수자로서의 북한이탈주민이 지역사회를 함께 이루고 더불어 살아간다는 주체자로서의 의미는 퇴색될 공산이 크다.

둘째, 호혜성은 지역사회에서부터 북한이탈주민의 존재와 역할을 인정하고 이들에게 분배 혹은 재분배하며 함께 상호관계하는 것

16) 김성경(2018), pp.51, 54.

17) 김성경(2018) pp.61-62.

을 말한다.[18] 차이의 인정은 언제나 중요하다. 하지만, 차이를 인정하는 것의 본질은 표피적 인정을 넘어 이들과의 관계에서 공감을 확산시키며, 역할을 나누며, 함께 하는 장소에서 이들을 향한 환대의 가치를 나타내는 것이다.[19] 단지, 정체성이 다르다라는 것과 같은 차이의 표피적 인정만이 강조된다면, 그것은 기존의 평등한 분배 혹은 재분배를 통한 부정의의 시정을 놓칠 수 있게 된다.

물론, 이론적으로 호혜성의 문제는 '진정한 인정'을 통해서 해결할 수도 있다. 견해에 따라, 진정한 인정이라는 것이 권리와 자리의 인정이며, 거기에는 분배 혹은 재분배의 문제까지 포함되는 것을 의미한다고 볼 수도 있다. 하지만, 낸시 프레이저(Nancy Fraser)의 주장처럼, 사회적 불평등과 부정의의 문제가 대부분 분배와 인정이 결합된 양상으로 나타난다는 관점에서 보면, 객관적 조건으로서의 분배 정의와 주관적 조건으로서의 인정의 정치 간의 결합이 필요하게 된다.[20]

북한이탈주민의 경우, 이들을 위한 경제적 불평등의 문제는 계속 시정되도록 해야 한다. 동시에 이들이 느끼는 사회적 소외와 배제의 경험은 사회문화적 측면에서 불인정의 문제와도 깊게 연관되어 있다. 이러한 점에서 이들의 자유와 권리까지 진정으로 인정하는

---

18) 김창근, "상호문화주의의 원리와 과제: 다문화주의의 대체인가 보완인가?", 한국윤리학회, 『윤리연구』, 제103호 (2015), pp.207-208; 최병두, "다문화 공간과 지구·지방적 윤리: 초국적 자본주의의 문화 공간에서 인정을 위한 투쟁의 공간으로", 최병두 외 3인, 『지구·지방화와 다문화 공간』 (서울: 푸른길, 2011), pp.42-52.

19) 김현경, 『사람, 장소, 환대』 (서울: 문학과 지성사, 2015), p.207.

20) 낸시 프레이저·악셀 호네트, 김원식·문성훈 역, 『분배냐, 인정이냐?: 정치철학적 논쟁』 (고양: 사월의책, 2014), p.44.

정의가 실현되도록 해야 한다. 사회내 인정과 분배를 둘러싼 구조적 토대를 상호관계의 노력을 통해서 이루어내도록 해야 한다. 진정한 인정과 분배 혹은 재분배는 결국 상호 협력과 연대의 관계 구축을 통해서 이루어야 한다는 점에서 호혜성의 의미로 귀결된다.

북한이탈주민을 통해 우리는 북한사회를 이해하게도 되고, 이들과 함께 지역사회에서 생활하면서 낯선 환경에서의 적응의 어려움을 이해하게 되는 표본이 되기도 한다. 이러한 점을 전제로 해야 이들을 통해 우리는 우리 안에 숨어있는 이기적 개인에 대한 성찰을 통해 우리 스스로 윤리적 존재로 거듭나는 기회를 갖게 된다.[21] 그것이 호혜성의 핵심이다.

Ⅲ. 북한이탈주민 지역사회 정착 지원체계와 주요 내용

1. 중앙정부의 정착 지원체계와 주요 내용

북한이탈주민을 위한 현 정착 지원체계의 제도적 발판은 「북한이탈주민의 보호 및 정착지원에 관한 법률」(1997)에 기반하고 있다. 법 제정 이후 여러 제도적 변화가 있었지만, 대체로 중앙정부가 정착 지원체계를 주도하면서 지방자치단체와 민간단체의 역할을 확

21) 김성경(2018), p.70.

대·강화하는 방향으로 모색해오고 있다.

[그림 8-1]에서 보듯이, 위 법률에 따라 중앙정부차원에서는 통일부가 정부차원의 실무기구 성격을 갖는 북한이탈주민대책협의회를 구성해 북한이탈주민정책을 협의·조정한다. 협의회는 통일부 차관을 위원장으로 하며 각급 관련 행정부처 공무원으로 구성된다.

[그림 8-1] 북한이탈주민 정착 지원체계

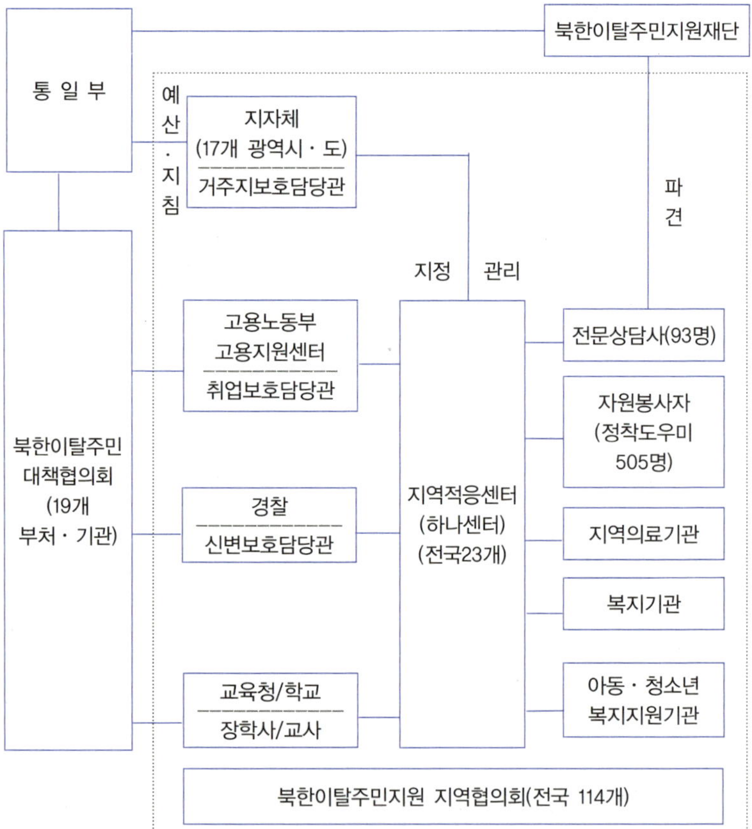

출처: 통일부, 『2017 북한이탈주민 정착지원 실무편람』(서울: 통일부, 2017.6), p.15.

지역사회차원에서는 지방자치단체와 지역적응센터가 북한이탈주민의 지역정착 요구와 지역 형편에 맞는 정착지원서비스를 실시한다. 지역사회차원에서 구성되는 정책협의체인 북한이탈주민지원 지역협의회는 거주지보호담당관, 취업보호담당관, 신변보호담당관, 지역적응센터, 지역내 민간단체 및 지역 전문가 등으로 구성된다. 민간차원에서는 지역 민간단체, 종교단체, 의료기관, 자선단체, 지역복지관, 자원봉사자 등이 북한이탈주민지원재단 및 지역적응센터와 연계하여 북한이탈주민의 지역사회 정착을 지원한다.

남북하나재단이라는 별칭을 함께 사용하고 있는 북한이탈주민지원재단은 통일부 출연금으로 운영되는 공공기관이다. 재단은 공식적으로 북한이탈주민을 상담하고 지원하는 역할을 하며, 생활안정, 취업, 교육 등 종합적인 정착지원 서비스를 제공한다.

중앙정부차원에서의 사회적응을 위한 기본교육은 하나원에서 12주 동안 406시간을 교육한다. 1999년 7월 경기도 안성에 하나원이 개원된 이래 2016년까지 26,983명이 사회적응교육을 수료하였다.[22) 교육목표는 '정서안정, 문화적 이질감 해소 및 사회경제적 자립 동기부여'에 두고 있다. 교육과정은 정서안정 및 건강증진, 진로지도 및 직업탐색, 우리 사회의 이해 증진, 초기 정착지원, 생애설계 프로그램 등의 공통 406시간이며, 선택형 특화프로그램 70시간, 이와 별도로 자율참여형 보충 프로그램으로 363시간을 운영하고 있다([그림 8-2] 참조).

22) 통일부(2017.6), p.23.

[그림 8-2] 하나원의 사회적응교육 교육과정

정서안정 및 건강증진(51h)
- 심리검사 · 상담
- 건강검진, 진료

진로지도 및 직업탐색(공통 103h, 특화 70h)
- 적성검사, 진로지도
- 진로설계 프로그램
- 기초직업적응훈련

12주
406h

우리 사회의 이해 증진 (공동 97h, 특화 70h)
- 자유민주주의 · 시장경제
- 역사 · 문화 · 생활법률
- 현장체험

초기 정착지원 (58h)
- 정착지원제도 안내
- 정착의지 함양 교육

생애설계 프로그램 (27h)
- Life-Plan 종합안내
- 인생 전반 5대 분야 (재무 · 가족 · 취업 · 학업 · 건강) Life-Plan 설계

자율참여형 보충 프로그램(363h)	언어, 영어, 운전, 컴퓨터, 노래교실, 부모교육 등

출처: 통일부(2017.6), p.25.

북한이탈주민에게 제공하는 사회적응교육을 포함해 정착금, 주거, 취업, 사회보장, 교육, 상담 등 정착 지원제도 주요 내용은 앞서 제6장의 〈표 6-3〉과 같다.

2. 지역사회 정착 지원체계와 주요 내용

거주지 전입 이후 북한이탈주민은 거주지 보호기간(5년) 북한이탈주민지원재단, 지역적응센터 등으로부터 교육지원, 취업알선 등 정착 지원을 받는다. 통일부는 하나원 수료 이후 처음 거주지에 편입되면 지역사회의 원활한 적응과 정착을 위해 지역적응교육을 실시한다. 지역적응교육은 전국 23개의 지역적응센터인 하나센터에서 8일간 50시간의 초기집중교육과 지역적응지원 프로그램을 실시한다. 초기집중교육 표준교과와 지역적응지원 프로그램은 〈표 8-2〉와 같다.

〈표 8-2〉 지역적응센터의 초기집중교육 표준교과와 지역적응지원 프로그램

구분	표준교과 편성(안)	시간
초기집중 교육 (8일, 50시간)	• 개인별 초기상담, 개인별 정착계획 수립, 개강식/수료식 • 휴대폰 기능 이해 및 정보활용 실습 • 은행활용 경제현장체험, 법률사례 상담 • 생활속 소비자 종합정보, 주택관리 및 정착지원제도 소개 • 집단상담 진행(의사소통, 비폭력대화, 부모교육, 자기이해, 스트레스관리, 분노조절 등) • 취업현황 및 구인 · 구직 정보(선택, 취업가능자) • 미래행복통장 제도 안내, 사례공유(선택, 취업가능자) • 모의면접훈련(선택, 취업가능자) • 취업현장 라운딩(선택, 취업가능자) • 분야별 취업선배 사례특강(선택, 취업가능자) • 노인 여가프로그램/문화체험(선택, 취업미약자) • 미술/음악 등 예능 및 여가활동(선택, 취업미약자) • 대상자의 특성에 맞는 프로그램 운영(선택, 취업미약자)	30
지역특성화 프로그램	• 지역현황의 실제, 분야별 현장체험의 실제 • 지역 주요 기관탐방 및 이용방법 소개 • 각 보호담당관 소속 기관방문 통한 역할 소개 및 초기 미팅 • 지역문화탐방	20
지역적응 교육 (8개 영역 중 1개 이상 필수 진행)	• 교육 및 진학지원(학교생활 부적응 사례관리 외) • 진로 및 취업지원(취업상담 및 연결 외) • 생계지원(생계급여 절차와 내용 안내 외) • 의료지원(의료급여 절차와 내용 안내 외) • 심리 · 안정지원(심리 · 정신건강 · 성폭력 등 범죄예방교육 외) • 법률지원(생활법률 강좌 개설 외) • 주민교류사업(남북한주민 인식개선사업 및 주민통합사업 외) • 기타 사후지원사업(상기 7개 사업을 제외한 사후지원사업)	-

출처: 통일부(2017.6), pp.122-124.

북한이탈주민지원 지역협의회는 지방자치단체를 중심으로 지역 내 지역적응센터, 3종(거주지 · 취업 · 신변) 보호담당관과 지역복지관, 민간단체, 종교단체, 전문가 등으로 구성된 민관협력 네트워크 회의체이다. 여기서는 북한이탈주민의 거주지 정착 실태를 파악하고, 지역의 특성에 맞는 사업을 개발 · 시행하며, 정착지원 관련 사업을 공유 · 심의하는 역할을 한다. 2001년 서울시 노원구 지역협의회가 최초로 구성된 이후 2016년 12월 말 기준 전국 114개의 각급 지방자치단체에 지역협의회가 구성되어 있으며, 125개의 지자체에서 정착지원 조례를 제정 · 운용하고 있다.[23)]

지역협의회는 통일교육이나 통일문화 등과 연계하여 지역내 통일기반구축의 중심축으로 발전을 모색하고 있으며, 통일부-지자체 지역협의회간 및 지역협의회 보호담당자간 워크숍 및 네트워크를 통해 여러 사례를 공유하고자 노력하고 있다.[24)]

3종(거주지 · 취업 · 신변) 보호담당관 제도는 지역사회 정착을 지원하는 목적을 가지고 있다. 거주지 보호담당관은 지방자치단체가 지정(지자체의 특정 공무원으로 자치행정과정 혹은 사회복지과장)하여 거주지 보호업무를 총괄 · 조정한다. 취업보호담당관은 고용노동부 산하 전국 60개 고용센터에 취업보호담당관을 지정(직업상담사)한다. 신변보호담당관은 거주지 관할 경찰서에서 신변보호담당관(경찰)을 지정하여 북한이탈주민의 신변 위해요소 제거 및 신변보호를 담당한다.

23) 통일부, 『2017 통일백서』 (서울: 통일부, 2017.3), p.190.

24) 통일부(2017.3), p.191.

지역의 민간차원에서는 지역 민간단체, 종교단체, 의료기관, 종교단체, 자선단체, 지역복지관, 자원봉사자, 정착도우미(대한적십자사 전국조직 사업) 등이 북한이탈주민지원재단 및 지역적응센터와 협력하여 정착 지원을 담당한다. 정착도우미사업 관련 민간기관은 북한이탈주민지원재단으로부터 활동비용 및 행정지원을 받으며, 지역협의회를 통하여 지역내 행정기관으로부터도 행정지원을 받고 있다. 지역 민간단체는 사회 일선에서 북한이탈주민의 정착과정에서 나타나는 다양한 요구와 문제 해결을 위한 실질적인 역할을 하고 있다.

눈에 띄는 것은 전국 70여개의 민간단체가 민간단체연대를 구성하여 4개 분과인 지역복지분과, 아동청소년분과, 정착지원분과, 해외분과를 두고 관련 사업을 공유하며 진행하고 있다는 점이다. 개별단체의 자율적 참여와 협력을 통해 효과적인 지원체계를 구축하고자 노력하고 있다는 점과 소속단체간 정보교류와 연대지원망의 구축을 목표로 하고 있다는 점이 주목된다.[25]

지역사회에서 시행되고 있는 전문상담사제도와 정착도우미제도도 주목할만하다.[26] 전문상담사는 2016년 12월 말 기준으로 전국 지역적응센터에서 88명이 활동하고 있다. 제도 초기에는 생활상담이 주로 이루어졌으나, 2016년부터는 취업담당 직업상담사와 심리담당 전문상담사로 나뉘어 전문적인 상담을 진행하고 있다. 정착도우미제도는 민간의 자원봉사자 중 희망하는 사람을 정착도우미로

25) 임정빈, "북한이탈주민 정착을 위한 지역사회 지원체계 및 이해관계자 분석", 경인행정학회, 『한국정책연구』, 제12권 2호 (2012), p.261.

26) 통일부(2017.3), pp.185-186.

지정하여 지역사회로 갓 전입한 북한이탈주민을 돌볼 수 있는 기회를 제공하고 있다. 정착도우미는 북한이탈주민이 거주지에 전입하면 임대주택 입주, 주민등록신고, 가정방문(월 2회) 등을 통해 친근한 이웃의 역할을 수행한다. 2016년 12월 말 기준 전국 약 370명이 정착도우미로 활동하고 있다.

Ⅳ. 북한이탈주민 지역사회통합을 위한 지역 거버넌스의 역할

1. 거버넌스의 의미와 구성 요소

과거 통치(government)라는 의미는 이미 거버넌스(governance)로 대체되고 있다. 거버넌스는 국가주도의 공공문제 해결방식에 관해 회의하면서 그 대안으로 제기된 것이다. 일반적으로 "정부에 의한 독점적 공급이 아니라 정부와 민간, 또는 영리와 비영리부문 등 다양한 세력과 조직의 참여 및 상호작용에 의한 동태적 연계망이나 네트워크에 의해 이루어지는 양상"을 총칭한다.[27)]

이제 공공정책 결정은 과거처럼 정부의 독점적 영역이 아니다. 정부와 함께 시민사회의 비정부기구 및 일반시민이 공공문제의 해

27) "거버넌스", (http://100.daum.net/encyclopedia/view/18XXXXXX2599, 2018.8.23. 검색)

결을 위해 함께 협의·조정·결정·집행·평가하는 것이 거버넌스이다. 다시 말해, 거버넌스는 정책의제 설정, 정책분석, 정책결정, 정책집행, 정책평가 등에서 관련 이해당사자는 물론 지자체 및 공공기관, 민간단체, 전문가, 시민 등의 수평적 참여를 통해 최선의 방안을 마련하려는 개방적 논의체계를 일컫는다. 이러한 의미에서 북한이탈주민정책 분야 역시 거버넌스가 필요한 영역이다. 북한이탈주민의 정착과 사회통합이 실질적으로 이루어져야 하는 곳이 지역사회이며, 관련 이해관계자의 참여와 협력이 절실하다는 점에서 지역사회통합을 위한 거버넌스의 역할이 중요하게 부각된다.

북한이탈주민을 위한 지역거버넌스의 바람직한 역할을 모색하기 위해 이론적으로 주목해야 할 것은 좋은 거버넌스의 요건과 형태이다. 물론 거버넌스가 공공의 이해관계를 추구한다는 점에서 공공재를 얼마나 효과적으로 제공할 수 있는지, 어떻게 조직을 구성하고 운영하는지, 평가는 어떻게 이루어지고 피드백하는지 등의 내용은 기본이다. 이러한 기본적인 내용에 더하여 좋은 거버넌스의 구성 요인에 관한 여러 연구를 종합한 바에 따르면, 그것은 책무성, 효율성과 효과성, 공개성과 투명성, 참여성, 법치 등이 지적된다.[28] 책무성이란 정책결정자들이 이해관계자들에게 주는 신뢰를 의미하며, 효율성과 효과성이란 규정된 목표를 달성하는데 필요한 균형잡힌 방식을 추구한다는 의미이다. 공개성과 투명성이란 관련 정보를 공유하고 법규에 의한 절차를 공개적으로 따른다는 의미이며, 참여성이란

28) 최천운·문경연, "통일 거버넌스 구축 방향 연구: 정부의 역할에 대한 메타 거버넌스적 함의", 한양대학교 평화연구소, 『문화와 정치』, 제5권 1호 (2018), pp.212-215.

가능한 모든 이해관계자들이 의사결정·집행·평가의 제반 과정에 적절한 방식으로 관여한다는 의미이다. 법치란 법규·규정·관행 등의 법적 기반이 공정해야 한다는 뜻이다.

거버넌스의 형태와 관련하여, 거버넌스의 여러 형태를 통일 추진의 상황에 맞추어 통일거버넌스를 제안한 한 연구는 정치적 거버넌스, 사회적 거버넌스, 경제적 거버넌스를 그 하위 형태로 제시했다.[29] 정치적 거버넌스란 법·제도의 구축과 정부의 역량 강화를 추구하는 것이며, 사회적 거버넌스란 사회적 자본과 인적자본의 축적을 목표로 한다. 경제적 거버넌스란 경제를 구성하고 있는 조직체계와 정체성 규칙과 규범 등을 포괄하는 것을 의미한다.

북한이탈주민의 관점에서 보면, 이들의 지역사회적응과 지역내 통합을 위한 법·제도의 구축, 경제적 기반 구축, 인적·정서적 연대가 모두 중요하다. 이러한 점에서 통일거버넌스에서 제안된 정치적, 사회적, 경제적 거버넌스라고 하는 형태를 북한이탈주민의 지역사회통합을 위한 지역거버넌스에 원용해도 무방할 것이다.

2. 지역거버넌스의 역할

지역거버넌스의 역할을 모색하기 전에 따져보아야 할 것은 지역사회내 지역거버넌스 구축을 위한 행위자가 누구인지 하는 점이다. 이들이 지역거버넌스의 이해관계자이기 때문이다.[30] 우선, 지역

29) 최천운·문경연(2018), pp.227-232.

30) 임정빈(2012), pp.262-266.

거주민은 북한이탈주민과 생활에서 마주하는 실질적 당사자이다. 다음은 지방자치체와 공무원이 있으며, 정부의 역할과 관련하여 통일부, 북한이탈주민지원재단, 지역적응센터, 경찰청, 고용지원센터 등의 기관이 있을 것이고, 민간단체로서 NGO, 종교단체, 지역복지기관 등이 있다. 이들의 협의체로서 지역협의회도 중요한 행위자이다. 이상의 행위자들은 연계 협력하면서 지역내 자원을 효율적으로 활용할 수 있어야 할 것이다.

가. 광역시·도 지역협의회의 역할과 구성 확대 발전

이러한 관점에서 첫째, 지역거버넌스의 관련 행위자들은 메타적인 정치적 거버넌스를 구축해야 한다. 여기에는 북한이탈주민 정착지원과 사회통합에 관한 지역 행위자들이 가급적 총망라될 수 있어야 한다. 이를 위해 무엇보다 광역시·도내 구성되어 있는 북한이탈주민지원 지역협의회의 역할과 구성이 확대 발전되어야 한다.

광역시·도 지역협의회가 메타적인 정치적 거버넌스로 역할하기 위해서는 두 가지 점에 초점을 두어야 한다. 하나는 관할 자치구역 내의 하위 지역협의체를 연계하는 중심체가 되어야 한다. 광역시·도급의 지역협의회는 시군구 지역협의체들 간의 사업 및 성과공유, 사례 관리, 정착 지원 등을 위해 상위의 협의를 위한 장을 마련하는 역할을 해야 한다. 시군구 지역협의회 역시 관할 구역의 협의체로서 북한이탈주민의 정착지원을 위한 역할을 하고 있지만, 시군구 지역협의회 간의 사업중복 방지 및 우수사례 확산을 위한 논의가 가능하도록 서로 연계 협력할 필요가 있다.

다른 하나는 광역시 · 도 지역협의회를 정책위원회와 실무위원회로 이원화하여 추진력을 갖춘 협의체로 만들어야 한다.[31] 지역협의회는 지역사회내 유관 기관의 대표, 유력 인사, 전문가 등이 포괄되어야 하며, 동시에 북한이탈주민지원을 위한 지역협의체로서 실질적인 실행력을 갖춘 주체이기도 해야 한다. 이런 의미에서 정책위원회는 지역의 고위공무원, 기관장, 지역유지, 방송 · 언론기관, 지역전문가 등이 참여하여 정책결정 · 심의 등을 하도록 하고, 실무위원회에서는 지역내 북한이탈주민의 실생활에 기반한 지원 프로그램을 구체화하고 실행하는 실무진들 간의 협의가 이루어지도록 해야 한다.[32]

정책위원회의 구성 기관은 지속적으로 다변화하여 북한이탈주민 지원을 위한 자원을 제공하거나 자원 획득을 위한 홍보를 제공할 수 있도록 하며, 이발 · 미용 · 제과 등 직능단체 대표도 참여하도록 해야 한다. 그래야 모금활동과 홍보문제가 수월하게 이루어지면서 북한이탈주민에게 실질적 지원과 지역 사회의 인식 개선에 도움이 될 수 있다.

실무위원회에는 광역시 혹은 구의 자치행정 또는 사회복지과 실무자, 동 단위의 사회복지 전담공무원 등 실질적 행정담당자, 고용안정센터의 상담실무자, 신변보호 담당형사, 지역복지관의 실무책

---

31) 이기영 · 윤경애(2003), pp.123-124.

32) 필자는 2013.12부터 2017.12까지 부산광역시 북한이탈주민 정착지원협의회 위원으로 활동했다. 부산시 협의회의 경우, 부산교육청, 부산경찰청, 부산하나센터, 부산상공회의소, 한국건강증진협회, 민간위원이 참여했고, 시의원이 의장을 맡았다.

임자, 국정원 실무자, 관련 전문가 등이 참여할 수 있다. 실무위원회에서는 주기적으로 지역에 편입되는 북한이탈주민의 개인적 배경과 기초 요구에 관한 실태를 파악하고 지원 결과와 정착과정의 사례를 공유하며, 북한이탈주민의 정착 상황 및 필요에 맞는 프로그램을 개발・추진시켜야 한다. 동시에 실무위원회에는 북한이탈주민 정착문제의 다양성을 감안하여 네트워크의 범위를 이발・미용・제과, 검정고시 학원과 같은 실질적 분야로 세분화하고 협력적인 자원풀(pool)을 확보・운영하는 것이 바람직하다.

지역협의회의 회의도 형식적이지 않고 긴밀한 협의가 되도록 횟수・장소・의제 등을 정교화할 필요가 있다. 회의를 자주 열어 의제의 추진 상황이 긴밀히 확인되도록 하며, 참여자간 상호관계도 넓힐 수 있도록 해야 한다. 회의장소도 위원간 기관이나 단체가 돌아가면서 실시하여 상호이해의 수준을 높이도록 하는 것도 필요하다. 지역협의회 구성에 북한이탈주민 자조모임의 대표 혹은 관내 북한이탈주민 사이에서 좌장 역할을 하고 있는 인사를 발굴하여 참여시켜야 한다. 북한이탈주민이 지역협의회의 의사결정과정에 대등하게 참여할 수 있도록 하는 것은 북한이탈주민의 주체성을 높이는 실제적 조치이며, 이를 매개로 남한 주민과의 호혜성을 높이는 다양한 방안을 찾기에도 수월할 것이다.

정치적 거버넌스 구축 과정이나 정책결정에서 주의할 것이 있다.[33] 정착금, 주거, 취업 사회보장 등의 북한이탈주민 정착 지원체

33) 이민영, "북한이탈주민의 사회통합을 위한 지역사회 비영리기관의 서비스 제공 경험에 관한 질적 연구", 한국사회복지실천연구학회, 『미래사회복지연구』, 제7권 2호 (2016), pp.23-26, 28-29.

계가 독려의 취지를 넘어, 남한사회의 우월성에 기반한 일종의 교환・거래관계로 귀결되지 않도록 해야 한다. 지역 유력 인사들이 참여하면서 지역사회의 정치적 태도가 회의체를 통해 투영되는 일이 없도록 하는 것도 필요하다. 북한이탈주민의 눈에 밥그릇싸움처럼 비치지 않도록 참여 단체나 인사들 간의 불인정이나 불신이 없도록 주의해야 한다. 저소득층 주민들의 입장에서 형평성에 대한 역차별과 같은 불만이 없도록 하는 일에도 유의해야 한다.

나. 북한이탈주민의 남한사회 정착 기간별 구분 및 범주별 통합관리

둘째, 지역거버넌스가 북한이탈주민을 남한사회 정착 기간별로 구분하고 범주별로 통합관리할 필요가 있다. 예컨대, 초기는 1~2년 정도, 중기는 2~5년, 장기는 5년 이상으로 구분하고, 초기는 지역적응센터에서 초기 집중교육에, 중기도 지역적응센터에서 취업연수에 초점을 두며, 장기의 경우는 광역시・도 지역협의회나 지역통일교육협의회에서 시민대학과 심화연수 등의 역할에 집중하는 것도 필요하다. 광역시・도 지역협의회는 참여기관인 교육청을 통한 멘토링과 교육활동 등 교육협력사업이나 한국건강증진협회를 통한 심리상담, 각종 치유프로그램 실시, 또한 관내 법원을 통한 사법지원 활동 등의 역할을 강화할 수 있을 것이다.[34] 지역통일교육협의회는 북한이탈주민의 사회적 역량 제고 및 기존 다수 시민・학생들의 사회

34) 필자는 2015.12부터 현재까지 부산법원 사회적 약자 사법지원단의 회장을 맡고 있다. 사법지원단은 북한이탈주민분과, 다문화분과, 장애인분과로 구성되어 있다.

통합 인식을 증진시킬 수 있는 역량을 가지고 있다.

범주별 북한이탈주민을 위해 지속적인 자립지원을 하기 위해서는 정부와 민간의 지역거버넌스를 통합하여 사례관리하는 것이 바람직하며, 그러한 점에서도 지역적응센터와 광역시・도 지역협의회 및 지역통일교육협의회의 역할이 중요하다.[35] 통합 사례관리는 기존의 조직들을 통합 형태로 재조직화하는 방안으로, 한 지역 내의 공공부문이 제공하고 있는 다양한 프로그램이나 서비스를 하나의 조직으로 묶어 한 조직의 관리 통제 아래에 두는 형태이다. 통합 사례관리 아래 구직, 능력개발, 직업훈련 등과 연계를 실시하는 one-stop센터가 구축되어야 하며, 동시에 다양한 기관과 협력함으로써 직업 관련 서비스 이외에 복지제도 관련 정보제공, 주거환경 개선, 개인상담, 급여상담, 저소득층에 대한 다양한 서비스 및 상담, 위험상황 개입, 훈련기관 정보제공 등이 이루어져야 한다.[36]

북한이탈주민 지원기관 및 단체의 수혜에 있어 거주기간 2년 이하자와 2년 이상자는 차이가 있는 것으로 조사되었다.[37] 이 연구에 따르면, 2년 이하자는 지역적응센터나 지역 민간단체로부터 지원받은 경험이 상대적으로 많은 것으로 나타났다. 2년 이상자에게는 이러한 지원활동이 미흡한 것으로 나타났다. 이는 지역적응센터가 초기적응 중심 집중서비스체계를 갖추고 있기 때문이기도 할 것이다.

35) 김기창, "북한이탈주민의 지역사회적응 경험에 관한 연구: 여성을 중심으로", 한국사회복지질적연구학회, 『한국사회복지질적연구』, 제9권 1호 (2015), p.220.

36) 김기창(2015), p.221.

37) 김기창(2015), p.219.

우리의 통념은 북한이탈주민의 지역내 거주기간이 길면, 지역사회 접근성이 활발할 것으로 보았으나, 연구결과는 거주기간과 지역사회통합의 관련성이 통계적으로 유의하지 않은 것으로 나타났다.[38] 이러한 의미에서 북한이탈주민의 우리 사회 진입시기 혹은 북한 이외의 타국 생활 경험을 종합하여 적절한 범주를 구분하는 것이 필요하다.

다. 경제적 · 사회적 거버넌스 구축을 통한 북한이탈주민의 사회적 관계망 확장

셋째, 지역거버넌스는 하위 영역에서 다양한 경제적 · 사회적 거버넌스 구축을 통해 북한이탈주민의 사회적 관계망을 확장하도록 해야 한다. 경제거버넌스는 구직과 취업을 위한 목적에 초점을 두면서 지역별 특색사업이 포함되도록 추구해야 한다. 지자체와 지역협의회 및 지역적응센터 간의 정보공유 통로와 장을 만들어 적성과 능력에 맞는 구직과 취업 정보를 확보, 공유, 연계되도록 해야 한다. 직업에 원활한 적응을 위한 일정 기간 제공할 실무체험 프로그램을 개발할 필요도 있다.

사회적 거버넌스로는 구체적으로 교육, 문화, 종교거버넌스를 구축할 필요가 있다. 모두가 사회적 관계망의 확장에 우선적인 초점을 두는 것이 바람직하다. 연구에 따르면, 북한이탈주민의 사회적응에 영향을 미치는 최대 변인은 이웃과의 교류이다.[39] 구체적으로 그

38) 박철민 · 민기(2014), pp.55-56.

39) 박철민 · 민기(2014), pp.56-57.

것은 주변 이웃과의 교류 정도, 곤란에 처했을 때 주변 이웃에게서 실질적 도움을 받는 정도, 어려움에 직면했을 때 주변 사람으로부터 문제해결 방법에 관한 조언을 얻을 수 있는 정도 등을 의미한다. 이를 위해 공식적 관계망으로서는 종교관계자, 민간단체, 자원봉사자, 사회복지사, 정착도우미 등이 연계되어야 하며, 비공식적 관계망으로서는 남한 친구, 탈북 친구, 멘토, 공동체가족 등 개인적으로 친밀하고 신뢰할 수 있는 지지망을 이루도록 하는 것이 필요하다.

북한이탈주민의 사회정착에서 가족의 구성은 사회적 관계망 중에서 가장 중요한 역할을 한다. 그것은 가족이 주는 심리적 위안 때문일 것이다. 이런 점에서 가족 구성을 위한 사회적 관심과 북한이탈주민 결혼 지원프로그램도 필요하다.

사회적 관계망 확장을 위해 북한이탈주민간 모임이 조성되도록 하는 것도 가족 구성 못지않게 중요하다. 단기적으로는 친목모임이지만, 장기적으로는 취업 및 정착에 도움이 되는 자조 혹은 자활모임으로 발전될 수 있을 것이다. 북한이탈주민이 갖고 있는 사회적 자원과 장점을 충분히 살릴 수 있도록 지원하면서, 남한 사회에 이들이 단순히 수혜자의 위치에만 있지 않다는 것을 알려야 한다. 실제 한 연구에 따르면, 북한이탈주민들은 자신들의 공동체 내부에서 경계를 짓기도 하지만, 경계를 뛰어 넘어 역할하기도 한다. 북한이탈주민 공동체 내에서 출신고향, 탈북 동기와 경로, 하나원 교육 경험 등을 중심으로 경계가 지어지기도 하지만, 다른 한편으로는 북한이탈주민들이 자립적으로 봉사활동 단체를 구성하여 월정액을 적립하고, 이를 바탕으로 거주지역의 환경정비, 거주내역내 노인정에서의 봉사활동 등을 수행하기도 한다. 이들은 거주지역 밖의 도로미화 활동, 공원 환경 개선, 고아원·노인정 방문 등 여러 봉사활동을 통해 스스로 북한이탈주민 공동체의 정체성을 형성해나가면서 대한민국 시민으로서의 호혜적인 모습도 나타내고 있다.[40] 이러한 모습은 남한 주민들이 북한이탈주민에 갖는 편견과 오해를 불식시키고 호혜성의 인식을 갖도록 하는데도 중요한 근거가 될 것이다. 탈북자 자조(自助)모임은 나아가 북한이탈주민 스스로 구성하는 민간단체로 발전시킬 필요가 있다. 북한이탈주민 대표가 지원정착과 사회통합을 위한 목소리를 낼 수 있도록 하는 것은 북한이탈주민에게 심리적으로도 중요할 것이다.

라. 지역복지관내 북한이탈주민 전담 인력과 부서 지정 및 역할 강화

넷째, 지역거버넌스의 효과적 작동을 위해서는 지역복지관 내에 북한이탈주민 전담 인력과 부서를 지정하여 그 역할을 강화하도록 해야 한다. 지역 최일선에서 가장 실질적인 서비스를 제공하는 주체가 지역복지관이다. 북한이탈주민의 다양한 정착 요구와 필요를 감당할만한 자원과 기술을 갖추며, 관내 인적·물적 자원을 개발·연계하여 네트워크를 형성하도록 지자체가 행정 및 예산을 지원해야 한다. 지역복지관은 북한이탈주민의 요구와 필요를 정확히 파악하여 각종 상담활동, 자원봉사자 모집 교육 및 간담회, 후원자 결연 및

40) 김영순, "인천 논현동 북한이탈주민 공동체의 경계 짓기와 경계 넘기", 부산대학교 한국민족문화연구소, 『로컬리티 인문학』, 제12호 (2014), p.149.

위로행사 등을 비롯한 특화된 프로그램을 기획하는데 전문화되어야 한다.

또한, 지자체와 북한이탈주민지원재단은 지역복지관이 북한이탈주민의 사례를 관리하는데 초점을 두도록 지원해야 한다. 사례관리시스템이 구축되어 사례관리 내용은 북한이탈주민의 지역별, 수준별, 요구별 프로그램이 개발되는데 활용되어야 한다. 지역복지관의 사례관리 기능을 얼마나 잘 구축하는가에 따라 지역사회자원 동원과 네트워크도 효과적으로 구축될 수 있을 것이다.

지역복지관에서는 지역내 북한이탈주민에게 관내 사회적 네트워크를 형성할 수 있도록 소규모 팀별 혹은 동아리별 활동도 주선하는 역할을 해야 한다. 지역주민과 공동의 합창단, 연주단·예술단 구성, 요리 상호전수 프로그램, 공동 레포츠팀 구성 등처럼 다양한 활동이 네트워크로 구성될 수 있을 것이다.[41] 지역복지관이 지원의 최적화한 주체로 인정받는 길은 이러한 실질적인 서비스 수요를 파악하여 주관할 때일 것이다.

지역복지관은 동시에 남한 주민과 북한이탈주민 간의 사회통합 프로그램을 지역사회 저변에서 개발하는 역할도 해야 한다. 이미 사회복지분야에서 임대아파트 지역 주민과 일반 지역 주민 간의 사회적 분리감을 극복하는 프로그램이 시행되고 있는 것을 참고할 필요가 있다.

41) 김정수(2015), p.238.

마. 북한이탈주민을 향한 남한 주민의 태도와 인식 변화 지속 추구

다섯째, 지역사회통합의 기반을 굳건히 하기 위해서 지역거버넌스는 북한이탈주민을 향한 남한 주민의 태도와 인식을 바꾸는데 꾸준히 노력해야 한다. 연구에 따르면, 지역사회통합에 영향을 미치는 또다른 변인은 남한 주민의 태도였다.[42] 대다수 북한이탈주민은 남한의 사회문화를 긍정적으로 인식하고, 남한 사람으로 인정받으려는 욕구도 크며, 자립하려는 의지도 강하다. 초기 정착과정에서 정부의 다양한 지원정책에 감사하는 마음도 크다. 하지만, 우리 사회 저변에는 북한이탈주민이 대체로 의존적이고 불평불만만 한다는 통념이 깔려 있다. 이는 상당부분 편견과 오해에서 비롯된 것이다. 지역사회통합을 위해서는 지역사회 부적응의 요인을 남한 주민의 편견과 차별, 구조적인 기회부족, 사회자본 및 물적 자본의 부족 등에서도 찾아야 한다. 남한 주민의 태도와 인식이 바뀌면 북한이탈주민의 지역사회 참여는 한결 수월해질 것이다.

Ⅴ. 다문화교육의 방향

북한이탈주민의 사회통합이 실질적으로 이루어져야 하는 최일선이 지역사회라는 점에서 사회통합정책은 곧 지역사회통합정책을

42) 박철민 · 민기(2014), pp.57-58.

의미한다고 보아도 지나치지 않을 것이다. 지역사회통합을 위해서는 관련 이해관계자의 참여와 협력이 절실하다는 점에서 지역거버넌스의 역할은 매우 중요하다.

북한이탈주민은 주체성과 호혜성을 지닌 사회통합의 행위자이다. 지역사회 정착 지원체계 및 지역거버넌스의 접근은 북한이탈주민의 정착을 독려하는 차원을 넘어 남한사회의 우월성에 기반한 일종의 교환·거래관계로 귀결되지 않아야 한다.

북한이탈주민의 지역사회통합을 위해 지역거버넌스는 ① 광역시·도 지역협의회의 역할과 구성 확대 발전, ② 북한이탈주민의 남한사회 정착 기간별 구분 및 범주별 통합관리, ③ 경제적·사회적 거버넌스 구축을 통한 북한이탈주민의 사회적 관계망 확장, ④ 지역복지관내 북한이탈주민 전담 인력과 부서 지정 및 역할 강화, ⑤ 북한이탈주민을 향한 남한 주민의 태도와 인식 변화 지속 추구 등의 역할을 해야 한다.

다문화교육은 지역사회통합의 의미와 지역거버넌스의 협력적 역할을 강조해야 한다. 다문화시대 사회통합의 성과는 정부의 정책방향 못지않게 지역사회에서의 실행과 효과에 달려 있다. 다문화교육은 지역내 이주민을 주체성과 호혜성을 지닌 사회통합의 행위자로 보도록 이끌어야 하며, 지역내 관련 거버넌스의 지역사회통합을 위한 협력적 역할을 촉구할 수 있어야 할 것이다.

제9장 다문화시대의 한반도 평화
: 칸트의 『영구평화론』을 중심으로

Ⅰ. 왜 『영구평화론』인가?

분단 70년이 지났다. 오랜 시간만큼이나 분단이 주는 불안한 평화나 통일을 통한 분단의 극복과 같은 문제에 우리 개개인은 적지 않게 무덤덤해진 듯하다. 그러다 보니, 평화의 문제가 아주 심적인 주제로 다루어지거나, 때론 개인과 동떨어진 매우 국가적 혹은 국제적인 쟁점으로 간주되는 듯하다.

우리 사회에서 한반도 평화의 필요성이 늘 강조되어 왔고, 최근에는 통일의 가치가 한층 부각되고 있지만, 정작 남북관계에서는 갈등과 대립이 지속되고 있다. 한반도 주변국도 동아시아의 안정을 위한 한반도 평화구축에는 공감하고 있지만, 진영론적인 관계는 여전하다. 유럽연합에 비추어 동아시아 평화연합체가 제기되지만, 동아시아 현실은 유럽과 다르다. 과거사 문제는 겹겹이 꼬여 있고 일부 국가들의 영향력은 매우 크다. 한반도 평화문제가 개인적 수준에서 국가와 국제적 수준으로 연결되지 않으며, 이상과 현실의 차이만 재확인되고 있다.

우리는 국제간 평화문제에 관한 고전으로 임마누엘 칸트

(Immanuel Kant, 1724~1804)의 『영구평화론』을 흔히 떠올린다.[1)] 사상적으로 칸트의 『영구평화론』은 근대 평화론을 잇는 가장 체계적인 저술이기 때문이다. 내용적으로도 『영구평화론』은 개인 관계에서 전제된 정의의 문제를 국가수준과 국제수준의 평화문제로 확장하면서도, 각각을 상호 연관지어 평화의 실천을 촉구하기 때문이다.[2)] 보편적 우호의 조건으로서 환대권(right to hospitality)을 보장하는 세계시민법 작동의 문제를 언급한 것도 지금의 다문화시대에 매우 걸맞다. 인류가 세계시민체제로 나갈 수 있다고 보는 그의 관점은 다문화시대의 평화를 위해 우리가 주목해야 할 과제이기도 하다.

이러한 의미에서 이 장은 칸트의 『영구평화론』이 다문화시대의 한반도 평화에 어떤 시사점을 주고 있는지를 고민해보고자 한다. 한반도 평화문제를 놓고 보면 영구평화는 개인수준을 넘어선 국가와 국제수준의 냉혹한 현실처럼 여겨지며, 동시에 현실과 동떨어진 이상처럼 들리기도 한다. 실제로 칸트의 『영구평화론』 자체에 관한 선행연구는 적지 않게 볼 수 있지만, 한반도 상황과의 괴리가 커서인지 한반도에 관한 시사점 자체를 전체적으로 모색해본 연구는 드물다. 시사점을 언급하더라도 내용에서 『영구평화론』의 논지가 언급되는 정도이다. 이 논문은 『영구평화론』이 제기한 개인 · 국가 · 국

1) 이 장에서는 임마누엘 칸트, 이한구 옮김, 『영구 평화론: 하나의 철학적 기획』 (파주: 서광사, 2008)을 사용했다. 이 책은 Immanuel Kant, *Zum ewigen Frieden. Ein philosophischer Entwurf* (Königsberg: Friedrich Nicolovius, 1796)를 완역한 것이다.

2) 최상용, 『평화의 정치사상』 (파주: 나남출판, 2006), pp.229-230; 오영달, "칸트의 영구평화론: 개인, 국가 그리고 국제적 분석수준", 고려대학교 평화연구소, 『평화연구』, 제11권 4호 (2003), pp.45-80.

제수준에서의 논지를 한반도 평화에 전체적으로 비추어보고자 한다.

그런데, 정작 칸트가 『영구평화론』에서 말하는 평화는 사실 소극적 평화이다. 개인 · 국가 · 국제 차원에서 법적 체제를 갖춤으로써 전쟁을 예방하려는 도식을 갖고 있기 때문이다. 그가 말하는 평화는 완전한 평화달성을 의미하지도 않는다. 그는 오히려 자연에서의 전쟁의 필요를 인정한다. 하지만 그는 자연을 애초에 평화를 달성하도록 하는 합목적성을 가지고 만들어진 것으로 본다. 칸트는 인간이 그런 자연의 합목적성을 인식하고 평화를 도덕적으로 추구해가길 원했다.

이런 점에서 칸트의 평화 논지는 외형적으로는 법적 체제의 문제로 보이지만, 내면적으로는 평화를 추구해가는 인간의 도덕적 논의에 가깝다. 자유의지를 가진 인간으로서 자연의 도덕법칙을 인식하며 공법체제를 이루어가는 것을 의무와 도리로 삼자는 것이 칸트의 제안이다.

그러면 칸트는 도덕적 논의를 넘어 왜 굳이 법적 체제를 구상했을까? 칸트가 영구평화의 정당성과 가치를 지적한 기반은 바로 실천이성의 관점이다. 그의 정언명령처럼 인간이 수단이 아닌 목적으로 간주되기 위해서는 평화상태가 필요하다. 바로 이 때문에 평화상태를 이루는 것은 도적적 의무이자 법칙이 된다. 나아가 이런 평화상태를 모두가 원한다는 점에서 평화상태는 보편적 입법이 작동되는 상태가 된다. 이런 논리로 보면, 누군가가 평화를 원한다면 그것은 보편적 입법의 원리이기도 하다는 점에서 그 자체가 타당한 것이 된다. 그런데, 문제는 평화의 추구가 자연의 현실세계에서 이루어져야 한다는 점이다. 그 때문에 칸트는 영구평화를 원리적인 선언의 차원을 넘어 현실적인 실현의 차원에서 구체화하기 위해, 법적 체제를 수준별로 구상했던 것이다.

칸트의 『영구평화론』이 한반도에 적실성이 있는 것은 바로 이러한 논지 때문이다. 첫째, 우리는 한반도에서의 전쟁은 곧 공멸에 가깝다는 점을 이해하고, 도덕적 의무로서 평화를 추구하는 공법체제를 이루어가야 한다. 칸트가 외형적으로 법적 체제를 구상한 듯하지만 내면적으로 평화에 대한 도덕적 자각을 일깨우려 했던 것처럼, 한반도에서의 평화는 법·제도적 평화문제 이전에 도덕적 관점에서 추구해야 할 의무가 되어야 한다.

둘째, 우리는 한반도에서의 평화를 단순한 원리적 선언의 차원을 넘어 현실적 실현의 차원에서 보다 구체화하도록 고민해야 한다. 개인의 평화문제가 어떻게 국가와 국제적 수준으로 연관되는지, 나아가 각 차원별로 평화를 위한 법적 체제를 구축하는 방향은 무엇인지 등이 모색되어야 한다.

이 장은 칸트의 『영구평화론』을 네 가지 항목으로 재구성하여 그 의미를 살펴보고, 각 항목이 한반도 평화에 주는 시사점을 찾아보고자 한다. 이 장에서 재구성한 네 가지 항목은 ① 개인의 선험적 원리의 문제, ② 공화정체 형성의 문제, ③ 평화연맹을 위한 국제법 형성의 문제, ④ 환대권이 보장되는 세계시민법 작동의 문제이다. 위의 ②, ③, ④는 칸트가 제시한 세 가지 확정조항인 공화정체, 국제법, 세계시민법을 준용하고 있지만, 그에 앞서 개인의 선험적 원리의 문제를 ①로 설정했다. 그것은 뒤에서 언급하겠지만, 칸트가 세 가지 확정조항의 작동을 위한 기반으로서 자유·의존·평등이라는 선험적 원리와 평화를 위한 선의지로서의 도덕적 의무를 강조하고 있기 때문이다.

Ⅱ. 칸트의 『영구평화론』: 배경과 현대적 시사점

1. 배경과 구성

칸트 이전에도 국제간 평화에 관한 언급은 있었다. 사무엘 푸펜도르프(Samuel Pufendorf)나 휴고 그로티우스(Hugo Grotius) 등의 국제법학자들이 대표적이다. 이들은 주로 국제법을 통한 평화보장에 관심을 두었다. 칸트는 이들이 지적하는 국제법은 전쟁을 잠재적으로 중단시키는데 불과하다며, 영구평화로 가는 공법체제를 고민했다.

칸트의 정치철학은 장 자크 루소(Jean-Jacques Rousseau)의 사회계약론 전통에 서있으면서 그 차원을 확대하고 있다. 루소는 개인이 자연상태를 극복하기 위해 일반의지에 따르는 국가를 형성하는 것이 평화를 유지하는 방법이라고 보았다. 칸트는 루소의 국가론을 넘어 또다른 계약체로서의 국제국가의 역할을 강조했다. 그는 세계적 평화를 위한 법적 체계를 세우고자 했던 것이다.

칸트의 『영구평화론』을 이해하는 가장 중요한 지적 배경은 계몽사상이다. 당시 계몽사상가들의 중요한 주제는 이성, 자연법, 자연권, 사회계약 등이었다. 이러한 용어들은 『영구평화론』에도 빈번히 등장한다. 그 가운데 가장 빈번한 핵심 주제는 이성이었다. 한 마디로 그는 선험적 이성에 기초한 보편적 원칙으로서의 평화를 추구했던 것이다. 칸트는 그의 저술에서 국가 간의 평화를 언급하기 이전에 개인 간의 권리와 정의문제로 시작했는데, 그것 역시 인간의 선험적 이성에 관심을 두었던 때문이다.[3]

당시의 시대적 상황도 『영구평화론』의 중요한 배경이다. 무엇보다 주목할 것은 바젤조약(Peace of Basel Treaty)이다. 바젤조약은 프랑스혁명 전쟁의 강화조약의 하나로, 1795년 4월에 프로이센, 7월에 스페인, 8월에 헤센 카셀 백작이 프랑스와 차례로 체결했다. 프로이센은 1792년에 프랑스혁명에 대한 간섭으로 프랑스에 선전포고를 했었다. 하지만 프로이센은 바젤조약을 통해 프랑스에 대항하는 연합전선에서 이탈하여 프랑스와 화해하기 시작했다.

칸트는 이런 모습을 보면서, 바젤조약이 기존의 평화조약처럼 하나의 휴전에 불과할 뿐, 진정한 평화에 대한 보장이 아니라고 생각했다. 독일의 30년전쟁을 종결했던 1648년의 베스트팔렌조약(Peace of Westfalen) 이래로 유럽의 평화 유지에 있어 중요한 원칙이 되었던 세력균형론에 칸트는 의문을 가졌다. 그는 세력균형론이 현상유지적이어서 국가간 힘의 변화에 따라 자연히 평화도 깨지기 쉽다고 보았다.

3) 오영달(2003), pp.51-52.

사실 유럽의 영구평화에 대한 초기 제안은 1710~1720년대에 아베 드 생 피에르(Abbe de Saint-Pierre)가 먼저 했다.[4] 피에르는 스페인왕위계승전쟁(1701~1713)에 주목하면서 유럽의 모든 국가가 분쟁의 해결에 무력을 사용하지 말자고 촉구했다. 그는 군주가 가진 이성에 기초하여 중재하는 방법으로 분쟁의 평화적 해결을 약속하는 동맹을 체결하자고 제안했다. 피에르의 이런 주장은 루소에게 냉소되었듯이 몽상에 가까운 비현실적인 평화구상이었다. 칸트는 루소의 사상적 영향과 당시의 시대적 상황에서 이성적 도덕성과 국제적 현실성을 모두 감안한 대안을 제시한 셈이다. 그 핵심은 평화에 관한 개인·국가·국제차원에서의 연관성을 공법체제에서 찾는 것이었다. 바로 이러한 점에서 칸트의 평화론이 그 이전의 유럽평화론과 구분되면서 체계성을 갖춘 고전으로 평가된다.[5]

구성을 보면, 『영구평화론』은 법률에 존재하는 조항의 형식을 취하고 있다. 칸트는 국가 간의 영구평화를 위한 여섯 개의 예비조항과 세 개의 확정조항을 제시했고, 영구평화의 보증과 비밀조항에 관한 두 개의 추가조항, 도덕과 정치의 관계에 관한 두 개의 부록을 덧붙였다.

이중 세 개의 확정조항은 칸트 평화론의 핵심이다. 세 개의 조항들은 국가법, 국제법, 세계시민법 등 공법의 세 영역에서 영구평화를 위해 필요한 실체들이다. 칸트는 국가간 영구평화를 위해 공화주의 통치형태를 갖춘 주권국가들이 국가연합체를 구성하고 우호적

4) 최상용(2006), pp.179-191.

5) 최상용(2006), pp.229-249.

인 방문권을 보장하는 세계시민법을 통해 세 차원에서의 공법체제로 나아갈 것을 제안했다.

2. 의의와 현대적 시사점

칸트의 『영구평화론』이 갖는 의의는 첫째, 국가간 평화에 관한 이론과 현실의 간극을 넘어 평화를 위한 법적 의미와 원리를 부각한 점이다. 칸트는 평화에 관한 법적 패러다임을 제도화했다.

둘째 의의는 법적 패러다임을 제도화하면서도 이성주의적 관점에서 어떻게 평화를 실현할 것인지를 제시한 점이다. 칸트는 개인수준에서의 정의의 문제를 설정한 후, 이를 국가와 국제수준의 평화문제로 확대시켰다. 칸트는 평화를 자연목적론적이고 필연적인 것으로 보면서도 인간의 정의적·도덕적 관점에서 의무로 간주했다.

『영구평화론』을 이해하는 데 주의할 것이 있다. 칸트가 구상한 영구평화는 국가들이 각 조항들을 각각 이루어낸 후, 그 결과로서 따라오는 질서를 뜻하지 않는다. 칸트가 제시한 조항들은 모든 국가들이 함께 이루어가야 할 평화의 조건들이다. 그에게 영구평화란 모든 국가들의 국가연합체와 상호 우호적인 세계시민법이라는 보다 높은 차원의 질서를 구축함으로써 점진적으로 실현되어가는 체제이다.[6]

이러한 점에서 칸트의 평화론은 민주평화론(Democratic Peace Theory)과 일맥상통한다.[7] 칸트는 제1의 확정조항에서 공화정체를

6) 임미원, “칸트의 영구평화론”, 한국법철학회, 『법철학연구』, 제14권 1호(2011), p.66.

강조하면서, 그 전제조건으로 자유, 하나의 법에의 의존, 평등의 원칙(이하 자유 · 의존 · 평등)이 확립되는 민주성 혹은 시민성을 들고 있다. 이러한 점은 민주주의 국가들 간에는 서로가 전쟁을 하지 않는다는 민주평화론의 명제와 닮아있다. 하지만, 칸트의 의도는 공화정체의 결과가 영구평화를 가져온다는 것이 아니다. 공화정체는 영구평화를 이루어가는 과정에서 필요한 하나의 조항일 뿐이다. 더욱이 칸트가 말하는 공화정체의 문제는 외형에선 국가수준처럼 보이지만, 내용에선 개인수준에 초점을 두고 있다. 칸트가 지적한 공화정체는 개인 이성의 연장인 것이다.[8] 바로 이 점은 칸트의 『영구평화론』이 오늘에 시사하는 첫째이다. 민주평화론에 비추어 표현하면, 칸트는 민주평화론의 진정한 작동을 위해 개인 이성의 문제에서 출발할 것을 촉구하고 있는 것이다.

칸트의 평화론이 시사하는 둘째는 법원리가 지배하는 상태가 평화상태의 전제조건이며, 정치가 도덕과 합치되는 도덕적 정치의 상태가 평화를 위해 필요하다는 점이다. 칸트는 국제관계를 개별 주권국가의 법질서를 벗어난 자연상태로 보지 않았다. 그러면서도 평화를 앞세워 개별국가의 주권성을 손상시키지도 않았다. 칸트는 주권국가들 간의 정치적인 합의를 통한 평화질서를 구축하려는 것도

7) 이러한 점에서 마이클 도일(Michael Doyle)은 칸트의 평화적 접근을 '자유주의적 평화론'(liberal peace)이라고 했다. Michael Doyle, "Liberalism and World Politics Revisited", Charles W. Kegley, Jr. ed., *Controversies in International Relations Theory: Realism and the Neoliberal Challenge* (New York: St. Martin's Press, 1995), p.99.

8) 칸트의 평화론과 민주평화론의 유사점과 차이점에 대해서는 임미원(2011), pp. 64-66.

아니고, 주권성을 뛰어넘는 단일한 권력의 세계질서를 추구한 것도 아니다. 칸트는 공적 계몽의 방식과 법적 이성을 연관지었으며, 세계정치의 현실적 원리와 도덕적 의무가 결합되어야 하는 필연성을 강조한 것이다.

셋째로, 칸트의 영구평화론은 오늘날의 국제법에 정당성과 실효성을 더해주고 있다.[9] 물론 칸트는 국제법으로 강제력을 행사할 수 없다고 보았다. 하지만 국제법이 국제연맹에 기초해야 한다는 칸트의 시각에서 보면, 결국 각 국가들은 평화를 원하기에 국제연맹을 형성한 것이다. 그것은 이미 법적 상태를 조성하려는 국가적 의지를 나타낸 것이라는 점에서 국제법의 정당성을 찾아볼 수 있다. 실효성에서도 칸트는 무조건적으로 개별 국가의 행동을 제약할 수 없다고 보지 않았다. 그는 "이미 그 자체 안에 내적인 법률 제도를 갖고 있기 때문에" 국제법을 준수하라는 요구를 국가에 적용할 수 없다고 보았으며, "강제적으로 구속해야 할 아무런 이유가 없는 한" 다른 국가들의 자유를 보호하고 지속시켜야 한다고 보았다.[10] 이 말은 국가가 내적인 법률 제도를 갖고 있지 않거나 강제적으로 구속해야 할 타당한 이유가 존재한다면, 국제법의 개입은 실효성을 갖는다는 의미인 것이다.

그러면, 칸트의 영구평화 구상이 갖는 한계는 무엇일까?[11] 첫째는 시대의 차이이다. 칸트의 시절은 중상주의 경제체제였지만, 여전히

9) 오정민, "칸트의 『영구평화론』과 그에 대한 현재적 논의", 서울대학교 철학과, 『철학논구』, 제41권 (2013), pp.177-178.

10) 칸트(2008), pp.35-36.

11) 오정민(2013), pp.180-184.

정치영역이 우위에 있었다. 지금의 자본주의경제체제는 반대로 정치영역을 빈번하게 제한한다. 국제관계에서도 시장논리가 만연해있다. 이런 실정에서 오늘의 영구평화의 문제에는 경제영역에 대한 많은 고민이 있어야 할 것이다.

둘째는 칸트가 구상한 국제연맹과 오늘의 국제연합의 차이이다. 국가의 일반의지라는 측면에서 보면, 오늘의 국제연합은 칸트의 구상과 유사하다. 하지만 내용적인 면에서 보면 적지 않은 차이가 있다. 칸트의 구상과 달리, 지금의 국제연합에는 사법부가 있다. 국가간의 현실적인 힘의 격차로 인해 모든 국가들을 동일한 의사결정자로 볼 수 없다. 힘의 차이로 인해 국가간 내정간섭도 가능하다. 총회의 결정에 안전보장이사회가 거부권을 행사하는 것은 전체 국가들의 입장에서는 차별적이다. 칸트의 관점에서 보면, 오늘의 국제연합은 제도적 개선에 대한 많은 고민이 필요하다.

Ⅲ. 『영구평화론』의 재구성: 네 가지 항목

칸트는 자연상태를 전쟁의 위협이 계속되고 있다는 점에서 일종의 전쟁의 상태로 간주했다. 그는 전투와 같은 적대행위가 벌어지고 있지 않더라도 자연상태를 벗어나기 위해서는 평화상태가 이루어져야 하며, 평화상태는 법적 상태에서 가능하다고 보았다.

칸트는 법적 상태를 만들기 위해 세 가지 조건을 들었다.[12] 그것은 ① 모든 국가의 시민적 정치체제는 공화정체이어야 한다. ② 국제법은 자유로운 국가들의 연방체제에 기초하지 않으면 안 된다. ③ 세계시민법은 보편적 우호의 조건들에 국한되어야 한다 등이다. 칸트는 이러한 조건들을 영구평화를 위한 확정조항이라고 했다.

아래에서는 세 가지 확정조항을 네 가지 항목으로 재구성해보고자 한다. 칸트가 논의하는 개인·국가·국제적 차원은 그대로 따르면서, 아래에서 재구성한 네 가지 항목은 다음과 같다. 그것은 ① 개인의 선험적 원리의 문제, ② 공화정체 형성의 문제, ③ 평화연맹을 위한 국제법 형성의 문제, ④ 환대권이 보장되는 세계시민법 작동의 문제 등이다.

이렇게 재구성해보는 이유는 이렇다. 하나는 칸트가 『영구평화론』에서 시민법, 국제법, 세계시민법 등의 법적 상태를 제언하기에 앞서 자유·의존·평등을 공화정체 형성을 위한 선험적 원리로 전제하고 있기 때문이다. 또 하나는 추가조항을 통해 개인이 평화를 위한 선의지를 선험적인 도덕의무로서 가져야 한다는 점을 강조하고 있기 때문이다. 칸트가 이렇게 선험적 원리의 문제를 개인적 차원에서 국가와 국제적 차원 이전에 강조했던 것은 결국 법적 상태를 구성하는 행위의 주체이자 당사자가 개인이라는 점 때문이다.

1. 개인의 선험적 원리의 문제

첫째 항목인 개인의 선험적 원리의 문제는 자유·의존·평등이

12) 칸트(2008), pp.26-42.

라고 하는 선험적 원리의 문제와 평화를 위한 선의지로서의 도덕적 의무라는 두 가지로 구분된다. 우선 자유·의존·평등의 원리를 보면, 칸트는 모든 국가의 시민적 정치체제가 공화정체이어야 한다는 점을 제1의 확정조항으로 제시했지만, 그 이전에 이 시민적 체제가 이러한 세 가지 원리에 의해 확립되어야 한다고 전제했다.

여기서 칸트가 의미하는 자유란 "내가 합의할 수 있었던 것들을 제외하고는 어떠한 법률에도 복종하지 않을 권능"이며, 평등이란 "어떤 사람이 그 역시 구속되는 법률을 준수하지 않으면서 동시에 타인에게 그 법률의 준수를 요구할 수 없는, 시민들 간의 관계"였다.[13] 하나의 법에의 의존과 함께 그가 말하는 자유나 평등은 모두 법률적 개념이었다. 그만큼 칸트는 한 국가 안에서 시민법에 따르는 체제가 되기 위해서는 법률에 기초한 자유·의존·평등이 법적 조건으로서 기반되어야 한다는 점을 강조하고자 했던 것이다. 하지만, 이러한 세 가지 원리는 단순한 법적 조건을 뛰어 넘는다. 그것은 칸트가 이러한 법적 조건이 바로 평화를 위한 인간의 도덕적 의무를 실현하는 외형이라고 보았기 때문이다. 이러한 점에서 자유·의존·평등의 원리는 공화정체 형성을 위한 법적 조건 이전에 개인이 가져야 하는 선험적 원리가 된다.

칸트가 선험적 원리에 이어 강조하고자 했던 것은 바로 평화를 위한 선의지로서의 도덕적 의무이다. 이 내용은 『영구평화론』의 추가조항에서 확인해볼 수 있다. 추가조항에서 칸트는 영원한 평화를 보장해주는 것은 바로 위대한 예술가로서의 자연이라고 했다.[14] 칸

13) 칸트(2008), p.27.

트는 자연이 합목적성을 가졌으며, 시민법, 국제법, 세계시민법의 각 분야에서 그 합목적성을 보장하고 있다고 보았다.

그러면, 칸트는 자연을 어떻게 보았기에 합목적성을 지니며, 공법의 각 분야를 보장한다고 보았을까? 칸트는 자연이 인간으로 하여금 모든 지역에서 살 수 있도록 했으며, 심지어 전쟁을 통해 극히 불모의 지역에까지 인간을 쫓아보냈다고 보았다. 칸트는 이러한 자연의 역할을 예비적 설계라는 말로 표현했고, 거기서 자연의 합목적성을 도출해냈다. 그에게 자연의 합목적성이란 전쟁을 통해 인간을 여러 지역으로 쫓는 것처럼 인간이 욕구하는 것과 관계없이 자연 스스로가 행하는 목적이었다.

칸트가 자연의 합목적성이 국내법, 국제법, 세계시민법에 모두 관련된다고 보았던 근거는 이렇다.[15] 첫째, 한 국민이 내부적인 불화에 의해 공법에 복종할 필요를 느끼지 않게 되었을지라도, 국가간 전쟁이 발생하면 그 국민은 부득이 국내법이라는 공법에 복종할 수밖에 없게 된다. 둘째, 자연이 언어와 종교적 차이라는 수단을 통해 민족들을 분리시키는 역할을 하지만 언어와 종교적 차이는 문명의 진보와 인간의 대화합으로 가는 점진적 접근을 통해 결국 원리상 국제법적 평화의 필요를 이해하도록 이끈다. 셋째, 자연은 여러 민족을 분리시키지만, 다른 한편으로는 여러 민족들로 하여금 상호 이익과 중재를 통한 세계시민법적인 평화를 추구해가도록 한다.

이렇게 보면, 칸트가 말하는 자연이란 어떤 필연성에 기반한 일

14) 칸트(2008), p.45.

15) 칸트(2008), pp.52-56.

종의 운명이 아니며, 합목적성에 따른 섭리를 원칙으로 하는 실체이다. 칸트가 지적하고자 했던 것은 인류에 대한 자연주의적 목적론이며, 인류는 그에 대해 공법에 의한 영구평화 상태를 실현해가는 의무를 가져야 한다는 점이다.

그렇다면, 여기서 논란이 제기된다. 국가간 자연상태를 종결하고 공법의 완성을 통해 영구적 평화상태로 가는 노력이 별 의미가 없어 보인다. 칸트가 지적한 자연의 예비적 설계에 의하면, 인간이 그러한 노력을 하지 않아도 합목적성을 가진 자연의 섭리적인 의도가 영구평화를 실현할 것이기 때문이다.

칸트는 그에 대한 대답을 제1추가조항의 말미에서 했다. 칸트는 "자연이 인간의 미래를 확실하게 예측하도록 충분히 보장해 주는 것은 아니지만, 적절한 실천적 관점에서 보면 자연은 이러한 목적을 향해 나아가는 것을 우리에게 의무로 부과한다"고 마무리했다.[16] 칸트는 자연이 행하는 결과 이전에, 인간에게 있어 평화의 목적이 의무가 되고 동기부여되고 실천화되기를 바랐던 것이다.

이렇게 보면, 칸트는 영구평화 자체에 대한 의무론적 정당화와 존재론적 정당화를 동시에 말하고 있는 것이다. 아울러 영구평화가 자연에 의한 기계적이거나 규범적 실현이 아닌 인간의 의무론적이고 동기화된 실현으로 이끌어지길 원했던 것이다. 이런 점에서, "가장 선한 것은 오직 평화롭고자 하는 인간의 의지"라는 점을 칸트가 가장 남기고 싶어했다는 논평은 적절해보인다.[17] 칸트가 말하는 선

16) 칸트(2008), p.56.

17) 임미원(2011), p.60.

의지란 옳은 행위를 오직 그것이 옳다는 이유로 추구하는 의지를 의미한다. 영구평화에 관한 인간과 자연 간의 관계는 이런 선의지의 면에서 가장 잘 이해된다.

전쟁의 위협이 존재하는 자연상태에서 그러한 위협이 사라지는 평화 상태로 이행하도록 하는 역할이 인간에게 주어진 의무이다. 이 점이 칸트가 자유·의존·평등의 선험적 원리와 함께 평화를 위한 선의지로서의 도덕적 의무를 굳이 개인적 차원에서 강조하고자 했던 이유이다.

2. 공화정체 형성의 문제

둘째 항목은 자유·의존·평등의 원리를 지닌 개인들로 구성되는 공화정체 형성의 문제이다. 칸트는 법의 관점에서 공화제가 모든 형태의 시민적 헌법의 원초적 토대가 된다고 보았다. 물론 그가 말하는 공화제는 일반적 의미의 인민에 의한 통치가 아니라는 점에 주의해야 한다.

칸트가 공화정체를 모든 시민적 헌법의 토대가 된다고 본 데는 두 가지 논거가 있다.[18] 하나는 공화제가 원초적 계약의 이념으로부터 도출되었다고 보았기 때문이다. 또 하나는 공화정체에서 개인들 각자의 바람직한 기대를 이루어갈 수 있다고 보았기 때문이다. 공화정체는 국민들의 동의가 필요하다. 국민들은 전쟁이 자신의 신상에 위협이 될 것을 알기 때문에 공화정체 아래에서는 전쟁과 같은 선택

18) 칸트(2008), pp.28-29.

에 매우 신중할 수 있게 된다는 것이다.

칸트는 권력의 분리와 대의주의가 공화정체의 핵심이라고 보았다.[19] 칸트가 말하는 대의주의는 인민에 의한 통치를 의미하지 않는다. 지금의 관점에서 보면, 칸트가 말하는 대의주의란 대의 민주주의처럼 주로 입법권의 영역에서 사용하는 것으로 볼 수 있다. 하지만, 그에게 대의주의는 입법과 집행의 분리, 혹은 입법권의 의지를 집행권이 대신 수행한다는 의미가 강했다. 때문에 칸트는 공화정체를 입법부로부터 집행권 혹은 행정권을 분리시키는 정치적 원리라고 보았던 것이다. 자연히 그는 대의주의를 취하지 못하게 되면 전제적 혹은 독단적 통치방식으로 흐르게 된다고 보았다.

칸트가 민주제의 본래적 의미에 대해 경계했던 이유는 바로 이러한 맥락에서였다. 칸트는 민주제가 본래 지배의 형태를 띠고 있으며, 그로 인해 필연적으로 전제정체로 갈 수밖에 없을 것으로 보았다. 민주제는 형식상 모두가 결정하도록 집행권을 확보해주려는 정치체이다. 하지만, 민주제에서 결정을 내리는 모두는 전적으로 전부가 될 수는 없다. 칸트는 바로 이 점이 민주제가 갖는 일반적 의미와 모순되며, 자연히 자유라는 가치와도 상충된다고 보았다. 이 때문에 칸트는 형식적인 정체의 분류에 있어 민주정(democracy)보다는 전제군주정(autocracy)을 옹호했던 것이다.

19) 칸트(2008), pp.29-32.

3. 평화연맹을 위한 국제법 형성의 문제

셋째 항목은 국제법 형성의 문제이다. 칸트가 국제법을 언급하는 이유는 자유주의적 공화국들의 평화연맹체로서의 국제사회 형성을 위해서였다. 칸트는 국가간 평화정착이나 평화보장을 위해서 국가 간에도 일종의 계약이 필요하다고 보았다. 그 계약이 바로 국제법이었다. 하지만, 칸트가 지적하려고 했던 것은 단순한 국제법의 문제가 아니다. 그가 초점을 두었던 것은 여러 국가들이 존재하고 있는 현실에 주목하고 개별국가들이 자연상태를 극복하기 위해 자유로운 국가들의 연방체제인 국제연맹에 기초해야 한다는 점이다.

이런 의미에서, 칸트의 주장에서 보다 강조되어야 할 대목은 연맹에 관한 설명이다.[20] 칸트는 국제연맹이 세계공화국이라는 적극적인 이념 대신에 소극적인 대안으로서 구성되어야 한다고 지적했다. 세계공화국을 이루는 국제국가가 갖는 궁극적인 의미를 부정하지는 않았지만, 칸트는 국제국가나 세계공화국이 갖는 이념을 택하지도 않았다. 그는 국제국가나 세계공화국은 모든 국민국가를 해체하고, 지구상에 단 하나의 국가를 건설하는 방식이라고 보았다. 그는 그러한 방식으로는 영원한 평화를 이루지 못할 것으로 보았다.

칸트는 국제국가가 자칫 개별 국가의 주권과 배치될 수 있으며, 전제적인 권력을 추구할 수도 있다는 점을 우려했다. 그는 모든 국민이 단지 하나의 국민이라는 지위를 갖는다는 점에서 국제국가를 통해 새로운 입법자와 복종자의 관계를 설정하는 것은 불가능하다

20) 칸트(2008), pp.32-38.

고 보았다.

이런 이유로 칸트는 국제연맹이 일시적인 조약과는 다르다고 했다. 그는 국제연맹이 연맹에 참여한 나라들의 자유를 보호하고 지속시켜야 한다고 보았다. 그것은 일종의 평화연맹을 의미했는데, 칸트는 전쟁을 싫어하는 국제연맹이 점차 확산되면 국가 간의 법을 혐오하는 호전적인 흐름을 차단할 수 있게 될 것이라고 보았다. 그는 이러한 국제법의 이념이 국제사회에 기초가 될 때, 모든 국가들이 바라는 평화가 이루어질 것으로 보았다.

4. 환대권이 보장되는 세계시민법 작동의 문제

넷째 항목은 세계시민법 작동의 문제이다. 여기서 칸트가 강조하고자 했던 것은 바로 보편적 우호의 조건으로서 환대권의 보장이다. 칸트는 세계시민법의 이념을 공상적이거나 과장된 법의 표현으로 보지 않았다. 그에게 세계시민법은 시민법과 국제법의 발전을 보충해주는 것이며, 공적인 인간의 권리를 보장하고 영원한 평화를 유지하기 위해 반드시 필요한 것이었다. 그는 환대권을 보장하는 세계시민법을 통해서 인류가 세계시민체제로 나아갈 수 있다고 보았다.

이러한 의미에서 칸트가 말하는 세계시민은 국내법이나 국제법으로 규정하는 행위주체를 넘어선 또다른 행위주체를 의미했다. 설령 세계공화국이 건설된다 하더라도 모든 개인이 한 국가 내의 동등한 위상을 갖는 개인이 되지는 못한다. 하지만, 환대권을 통해서 개개인은 세계시민법을 통해 근대적 국민국가의 개인이라는 자격을 넘어 세계시민이라는 정체성에 기반한 동등한 행위주체가 되는 것이다.

그러면서도 칸트는 세계시민법의 실현은 의무로서가 아닌 권리로서의 보편적 우호의 조건들에 국한되어야 한다고 보았다.[21] 그것은 어디에든 낯선 땅에 들어섰을 때 적으로 취급받지 않을 방문의 권리이자 교류할 권리를 뜻했다. 이방인이 영속적인 체류권을 갖지는 않지만, 이방인이 평화적으로 행동하는 한 그가 적대적으로 다루어져서는 안된다는 것이다. 칸트가 이렇게 보편적 우호의 조건으로서 환대권을 주장했던 이유는 인류가 지구를 공동으로 소유하고 있으며, 지구공동체가 발전되면서 한 곳에서의 권리 침해가 다른 곳으로 파급되는 연관성을 갖고 있다고 보았기 때문이었다.

칸트는 서로가 환대권을 보장하게 되면 서로가 서로의 주체를 인정하게 될 것이고, 우호적인 관계를 갖게 되면서 자연히 전쟁의 가능성을 줄여갈 수 있다고 보았다.[22] 그렇게 될 때, 칸트는 세계시민법이 시민법과 국제법을 연결하고 보완해주면서 하나의 완결적인 공법체계를 갖추게 된다고 보았다. 이러한 점에서 칸트는 시민법, 국제법, 세계시민법은 보완적인 형식을 띠고 있으며, 각각의 조항들은 순차적으로 이루어져야 한다고 보았던 것이다. 그럼에도 불구하고 칸트가 공법체계를 갖추는 데 기본적인 기반이 되어야 한다고 본 것은 공화제 국가이다. 공화제 국가의 토대 위에서 국제연맹이 있게 되고, 국제연맹이 결성되어야 세계시민법도 작동하게 될 것이라고 보았던 것이다.[23]

21) 칸트(2008), pp.38-42.

22) 칸트(2008), pp.39-40.

Ⅳ. 다문화시대의 한반도 평화에 주는 시사점

이상에서 칸트가 제안한 세 가지 확정조항을 네 가지 항목으로 재구성하고, 그 의미를 살펴보았다. 아래에서는 다문화시대의 한반도 평화에 주는 시사점을 찾아보고자 한다. 여기서 한반도 평화란 칸트가 의미하는 것처럼, 도덕적 의무로서의 영구평화를 이루어가는 공법체제를 개인적 · 국가적 · 국제적 차원에서 종합적으로 추구해가는 과정으로 본다.

1. 개인의 선험적 원리의 문제

칸트는 영구평화를 제안하면서 개인들간의 자유 · 의존 · 평등의 선험적 원리와 평화를 위한 선의지로서의 도덕적 의무를 먼저 언급했다. 한반도 평화문제에서도 특히 유념해야 할 부분이다.

국제사회라는 관점에서 보면, 도덕적 단위체의 기초로서 개인은 세계적 수준에서의 위상도 동시에 갖는다. 국제적인 영구평화를 위해 개인이라는 차원에서 출발하는 것은 그러한 의미가 있다. 한반도 평화를 위해서도 개인을 향하는 선험적 원리의 문제가 중시되어야 하는 이유이다.

개인 간의 자유 · 의존 · 평등의 원칙을 중시한 칸트의 관점은

23) 참고로 지적할 것은『영구평화론』의 부록에 관한 내용이다. 칸트가 부록에서 지적하려고 했던 것은 영구평화에 관한 도덕과 정치간의 조화이다. 칸트는 진정한 의미의 정치는 도덕성에 충실해야 한다는 점과 그 준칙들은 순수이성의 형식에 따른 공개성과 합법성을 지녀야 한다고 강조했다. 칸트(2008), pp.63-90.

지금의 민주주의 이론의 핵심이기도 하다. 나아가 공화정체의 문제와 결부지어 보면, 민주평화론과도 직결된다. 이런 의미에서 보면, 한반도 평화문제에서도 남한과 북한의 민주주의 성장에 초점을 두는 것이 우선되어야 한다.

남북한의 민주주의 성장이 중요한 것은 한반도에서 평화의 문제가 통일의 문제와 함께 가야하기 때문이다. 한반도의 갈등구조를 보면, "논리적으로 평화한다고 통일이 되는 것도 아니며, 통일한다고 한반도 평화가 완성되는 것도 아니다."[24] 한반도의 평화는 통일의 문제와 함께 가야 하는데, 그 길은 민주주의의 기반 위에서 가능하다. 민주주의 기반 없이는 평화와 통일이 정치권력의 도구가 되기 십상이며, 평화와 통일에 정치 주체로서의 시민이 배제되면 평화와 통일 그 자체는 이미 수단화된 것이기 때문이다. 평화를 위한 통일, 통일을 위한 평화를 하나의 여정으로 만드는 길은 민주주의가 그 토양이 된다.

좀 더 구체적으로 남북한의 민주주의 성장의 문제를 생각해보면, 무엇보다 우리 사회 개개인의 민주주의 역량의 신장이 중요하다. 물론 그것은 칸트의 지적처럼 자유, 하나의 법에의 의존, 평등에 기초해야 한다. 북한의 경우는 자유, 의존, 평등에 기반한 남한의 민주주의 역량을 보면서 주민들의 대남 호감도가 높아지도록 이끄는 것이 필요하다. 우리 사회의 민주주의 역량의 신장과 북한 주민들의 대남 호감도 제고는 한반도 평화에 출발이 되는 시사점이다.

24) 정영철, "한반도의 '평화'와 '통일': 이론의 긴장과 현실의 통합", 북한연구학회, 『북한연구학회보』, 제14권 2호 (2010), pp.189-214.

동시에 강조할 것은 한반도 평화에 대한 도덕적 의무로서의 각성이다. 흔히 떠올리듯이 한반도에서의 전쟁은 공멸에 가까울 것이다. 이러한 전제 아래 모든 부문에서 한반도에서의 평화를 이루기 위한 개인들 간의 선의지를 확산하는 일이 필요하다.

가. 우리 사회의 민주주의 역량의 신장

칸트의 지적으로 보면, 우리 사회의 민주주의 역량은 우선 공통된 입법에 의존하면서 우리 사회 구성원 개개인의 자유와 국민으로서 평등의 원칙을 보다 성숙시키는 데 두어야 한다. 자유・의존・평등의 원칙은 민주주의 역량을 신장시키기 위한 선험적 규범성이 되어야 한다. 한반도 영구평화를 모색하면서 기본적으로 공통의 입법 아래 개인의 자유와 평등을 보장할 수 없다면, 그 때의 평화는 내용 없는 사고처럼 공허할 것이다. 공통된 입법 아래 자유와 평등을 확장시키는 것이야말로 우리 사회 민주주의가 추구할 기본이다.

자유・의존・평등의 원리는 개인과 사회의 포용력 확대로 연결되어야 한다. 칸트는 본인이 합의할 수 있었던 것들을 제외한 어떠한 법률에도 복종하지 않을 권능을 자유라고 보았고, 자신이 구속되는 법률을 준수하지 않으면서 타인에게 법률 준수를 요구할 수 없는 시민들 간의 관계를 평등이라고 지적했다.[25] 칸트가 강조하고자 하는 본질은 개인이 갖는 권한의 제한이 아니라 공통된 입법 아래 누릴 수 있는 자유와 평등이라는 권능의 확장이다. 여기서 개인과 사회의 포용력의 문제도 유사하게 생각해볼 수 있다. 개인과 사회의

25) 칸트(2008), p.27.

포용력이 넓어진다는 것은 마찬가지로 권능의 제한이 아닌 확장이다. 민주주의의 신장이라는 의미에서 보면, 개인과 사회의 포용력의 문제와 별개로 놓고 공통된 입법 아래의 자유와 평등의 문제를 논하기 어렵다. 개인과 사회의 포용력이 넓혀진다면 자기의 권리를 표현하면서 타인의 이질성을 받아들이는 데 한층 여유로울 것이다. 그렇게 되면 개인을 넘어 사회의 평화 유지도 보다 수월할 것이다. 그것은 분단의 문화와 대립의 정서를 넘어 평화의 문화와 공존의 정서를 구축해가는 길이 개인과 사회의 포용력 확장의 문제와도 직결되어 있기 때문이다.

이렇게 보면, 우리 사회에서 한반도 평화에 관한 실천은 생각보다 가까이에 있다. 기본적으로는 우리 사회 안에서 공통된 입법 아래 개인의 자유와 평등의 영역을 확장시켜가야 한다. 이를 바탕으로 개인과 사회는 서로의 다름을 인정하고 공존하면서 서로가 열린 마음으로 대화하고 소통하는 능력을 키워가야 한다.

나. 북한 주민들의 대남 호감도 제고

칸트의 영구평화 구상에 있어서 가장 우선이 되었던 것이 개인의 문제였다는 점을 북한의 경우에 놓고 보면, 한반도 평화문제에 있어 중요한 또다른 주체는 북한 주민일 것이다. 물론 칸트가 전제하는 개인의 선험적 원리로서의 자유 · 의존 · 평등의 문제를 당장 북한 주민들에게 정책적으로 대입하기에는 너무도 제한점들이 많다. 하지만, 그보다 의미있게 보아야 하는 것은 칸트의 견해가 북한 주민들의 개개인 수준에서부터 평화구축을 위한 접근을 추구할 것과 북한 주민들의 마음에서부터 자유·의존·평등의 시각이 자리하도록 하는 것이 중요하다는 점을 시사하고 있다는 점이다.

이를 위해서 여러 차원에서 북한 주민들에게 대남 호감도를 높이도록 접근하는 것이 필요하다. 당연히 대남 호감도는 단순히 자유롭다거나 경제적으로 풍요롭다는 것을 의미하지 않는다. 그것은 앞서 지적했듯이 남한사회가 갖는 자유·의존·평등을 향한 자신있는 민주주의 역량이어야 한다. 덧붙이자면, 그것은 개인과 사회가 보여주는 포용력의 문제와 무엇보다 결합되어야 한다. 남한사회 내부의 민주주의 역량이나 국제사회에서의 활동은 물론, 북한 주민들의 관점에서 보면 북한이탈주민들이 남한사회에 안정적으로 정착하는 문제도 클 것이다. 남북관계에서 보여지는 인도주의적 접근의 문제도 중요하다. 남북한 협력사업, 재난 재해의 공동대처, 대북 개발협력 등을 통해 자연스럽게 남한의 이미지와 영향이 북한 주민들의 마음에 흘러가도록 하는 것이 필요하다. 정치·이념적인 문제보다는 사회·문화·정서적인 교류와 동질감 확보를 위한 사업을 우선하는 대북 접근을 통해 남북한간 차이점 보다는 유사점이 여전히 많다는 인식을 북한 주민들이 갖도록 하는 것도 긴요하다.

북한 주민들의 대남 호감도를 높이기 위한 여러 접근은 한반도 평화를 다지는 근원적이면서 장기적인 의미가 있다. 따지고 보면, 한반도 갈등과 대립의 절대적인 부분은 북한이 지닌 전제적이며 억압적인 체제에서 비롯되기 때문이다. 북한체제와 북한 주민들의 의식을 변화시키는 것이 한반도 평화 구상의 근원적 해결책이 된다고 보면, 북한 주민들의 대남 호감도 제고를 위한 구상들은 한반도 평화를 만들어 가는 기본적인 과제가 된다.[26] 북한에 시민적 체제를 기대하는 것은 그 다음의 일일 것이다.

2. 공화정체 형성의 문제

칸트는 개인 수준에서의 자유·의존·평등의 문제를 전제한 후 첫번째 확정조항으로서 모든 국가의 시민적 정치체제가 공화제에 기초해야 한다고 지적했다. 평화상태를 이루기 위해서는 시민헌법을 가진 시민국가의 존재가 필수적이라고 본 것이다.

한반도 평화를 위한 관점에서 보면, 이러한 점은 특히 북한의 경우에 절실하다. 물론 현재로서 북한에 공화정체를 기대한다는 것은 논의 자체가 매우 제한적이다. 칸트가 말하는 공화제의 의미나 그 통치방식으로서의 대의주의를 생각해보면 더욱 그렇다. 하지만, 공화정체 형성이 영구평화를 실현하는 첫 번째 확정조항이라는 점에서 보면, 북한체제의 민주화는 정말 중요한 과제가 된다. 물론 장기적이고 우회적인 전략이 필요할 것이다. 동시에 우리도 공화정체의 성숙을 위해 한반도 평화를 위한 시민과 국회의 역할을 보다 강화해야 할 것이다.

가. 한반도 평화를 위한 시민과 국회의 역할 강화

한반도 평화를 위한 시민과 국회의 역할을 강화하기 위해서는 첫째, 한반도에서의 평화는 남북한 통일과 구분되는 별도의 독립된

---

26) 김병로, “한반도 통일과 평화구축의 과제”, 한국평화통일학회, 『평화학연구』, 제15권 1호 (2014), p.22.

가치이며 접근을 가진 의무론적인 도덕적 과제라는 인식을 사회에 확산해야 한다.[27] 남북한 통일이 한반도 평화 달성의 최종 목표처럼 간주되기도 하지만, 평화는 통일과 함께 우리 사회에서 그 자체로 성숙시켜가야 할 목표이다. 물론 한반도 평화는 남북한 통일과 상호 연관된다. 한반도 평화없는 남북한 통일은 위험하며, 남북한 통일없는 한반도 평화는 제한적이다. 중요한 것은 평화를 통한 남북한 통일이 이루어져야 그만큼 평화의 질도 높아진다는 점이다.[28] 그만큼 평화적 가치에 대한 공감대가 사회 저변에 확산되어야 하며, 한반도에서의 평화구축을 위한 법적인 수단과 정당성이 적극 모색되어야 한다. 이러한 의미에서 행복추구권을 헌법에서 인정하는 것처럼 한반도에서의 평화권을 하나의 권리로 확보해가야 하며, 평화권에는 복지권에 대한 고민도 포괄되어야 한다는 주장도 있다.[29] 복지국가의 실현을 위해서는 남북관계의 적극적 개선과 평화국가로의 전환이 상관관계에 있기 때문이다. 사실, 우리 사회에서 민주주의 토대와 평화적 환경을 이루어내지 못하면 진정한 복지국가로 발전하는 데는 한계가 있을 수밖에 없다. 복지국가로의 성숙을 위해서는 평화국가 건설이 필요하다. 이에 관한 우리 사회의 공감대가 확산된다면 한반도 평화구축에 대한 기반을 다져가는 데 도움이 될 것이다.

둘째, 공화정체로서의 시민국가 성숙을 위해 시민과 국회는 우리 사회의 이데올로기 갈등의 완화에 초점을 두어야 한다. 우리의

27) 정영철(2010), pp.119-120.

28) 홍석률, 『분단의 히스테리』(서울: 창비, 2012), p.404.

29) 이남주, "분단체제 하에서의 평화담론: 평화국가의 가능성과 경로를 중심으로", 한국사회과학연구소, 『동향과 전망』, 제87호 (2013), pp.89, 92-95.

이데올로기 갈등은 국가의 정치영역에서 구조화되어 있다는 점에서 한반도 평화구축과 관련된 주제이다.[30] 이데올로기 갈등의 완화를 위해서는 위로부터의 역할과 아래로부터의 역할이 필요하겠지만, 시민과 국회가 특히 주목할 것은 '적극적 평화'[31] 구축의 문제이다. 분단폭력, 분단갈등, 분단문화 등이 이에 포함된다. 분단상황을 넘는 공간 인식과 레짐 형성, 화해와 갈등 해결을 위한 리더십, 통일과 평화구축을 위한 문화와 교육활동의 지속 등이 추구되어야 한다.[32] 이데올로기 갈등을 완화하기 위한 이러한 노력은 남북한의 차원을 넘어 동북아와 세계의 평화주의에 기여하는 가치로 자리매김해야 한다. 이를 위해 시민과 국회는 한반도 평화를 위한 미래지향적 국제 네트워크를 구축하도록 노력해야 한다.[33] 한반도 평화의 문제는 남북한 간의 문제로만 존재하지 않는다. 갈수록 지구정치의 네트워크성이 강조되고 있다는 점에서 한반도 평화문제를 중심으로 시민과 국회가 국제적 다중 네트워크를 구축해가야 한다.

나. 북한체제의 민주화

칸트의 공화제 문제가 민주평화론과 닮아있다는 점에서 보면, 한반도 평화문제의 상당한 우선순위는 북한체제의 민주화에서 찾아야 한다. 이는 결국 북한체제의 성격 변화의 문제인데, 이에 대해서

---

30) 김병로(2014), pp.7-28.

31) 요한 갈퉁, 강종일 외 옮김, 『평화적 수단에 의한 평화』(서울: 들녘, 2000).

32) 김병로(2014), pp.16-24; 김창근, 『평화를 위한 통일교육: 하나될 미래를 위한 출발』(고양: 인간사랑, 2007).

33) 전재성, "한반도 통일에 관한 이론적 고찰", 서울대학교 통일평화연구소, 『통일과 평화』, 창간호 (2009), pp.72-109.

는 많은 논의가 필요할 것이다.

국제관계론의 자유주의적 이론들이 그에 관한 일단을 제시했다. 자유주의적 이론들은 경제적 상호의존을 증가시키고 그에 관련된 국제제도와 레짐을 활성화시키면서 국가간 협력 가능성을 높이면 체제의 성격을 변화시킬 수 있다고 보았다. 북한의 경우에도 여전히 일정부분은 유효하다. 남북경협을 통해서 경제적 상호의존관계를 다방면으로 넓혀야 하며, 그 과정에서 분야별 협력관계를 구축하고 관련된 상호 규범과 제도를 축적해가는 것이 현실적이다. 그것은 남북한이 안보딜레마에서 벗어나서 평화와 경제협력을 선순환시킬 수 있는 방법이다. 그래야 한반도 평화경제를 통한 남북한 평화를 모색할 수 있다.[34]

물론 이에 대한 반론도 있다. 그것은 대체로 경제적 상호의존이 안보딜레마를 벗어나는 데 얼마나 실효적이었는지를 지적한다. 선순환적 논리와 달리 안보논리가 상대적으로 강한 한반도 구조에서 경제이익이 안보논리에 의해 희생되기가 그만큼 쉽기 때문이다.

평화국가론은 이에 대한 재반론 가운데 하나이다. 평화적 방법에 의한 평화를 추구하자는 시민사회의 담론과 결합하여 새로운 평화국가를 만들어가자는 논리가 평화국가론이다. 방법론적으로는 선군축과 같은 비도발적 조치를 선행함으로써 남한사회의 구조 변화를 이끌고 그 변화를 토대로 북한과 동북아 국가들을 평화국가로 바꾸어가려는 정치적 접근을 뜻한다.[35] 물론 이러한 구상은 순진한 발

34) 김연철, "한반도 평화경제론: 평화와 경제협력의 선순환", 북한연구학회, 『북한연구학회보』, 제10권 1호 (2006), pp.51-73.

35) 이남주(2013), pp.81-82.

상처럼 비판되기도 한다. 하지만, 자유주의적 이론들이나 한반도 평화경제론, 평화국가론 등은 모두 궁극적으로 북한체제의 성격 변화를 추구한다는 점에서 나름의 시사점이 있으며, 동시에 상호보완적이다.

이러한 논리들 못지않게 근원적으로 주목할 것은 북한체제의 성격 변화를 위한 대외적 여건과 환경을 조성하는 일이다. 북한체제를 민주화시킨다고 해서 폭력적인 간섭은 위험하다. 단기간에 북한 내에서 민주화를 얻어낼 수 있다고 보는 것도 오산이다. 북한체제의 성격 변화를 위해서는 상당한 시간과 정책지속이 필요하다.

칸트는 어떠한 국가도 다른 국가의 체제나 통치에 폭력적으로 간섭해서는 안된다고 못박았다. 동시에 자유가 국가 형태가 되고 삶의 형식으로 자리잡는 데는 긴 숙성의 시간이 필요하다고 보았다. 칸트가 이렇게 지적한 데는 장기적으로 평화를 지속해갈 수 있는 바탕은 결국 자결과 자유에 바탕을 둔 체제의 성격 그 자체에 있다는 신념 때문이었다. 북한의 경우에도 보다 긴 안목과 전략을 가지고 접근하는 것이 중요하다.

3. 평화연맹을 위한 국제법 형성의 문제

칸트는 두 번째 확정조항으로 자유로운 국가들의 연방체제에 기초를 두는 국제법 형성의 문제를 지적했다. 각 국가의 합당한 권리를 확보하고 평화를 이루어내기 위해서는 국가 간에도 국가 내의 시민헌법처럼 계약관계가 필요하다는 것이다. 칸트는 그 계약관계가 국가들 간의 평화를 위한 연맹체 혹은 연합체이어야 한다고 보았다. 그는 당시의 세력균형에 기초한 평화가 취약했다고 보았으며, 그 대신 자유주의적 공화국들의 연맹체 혹은 연합체로서의 국제사회를 형성해야 항구적인 평화가 가능하다고 보았다.

남북관계에는 여전히 냉전 구도 아래의 세력균형적인 관점이 남아있다는 점에서 칸트가 지적하는 평화연맹체 혹은 연합체는 시사하는 바가 있다. 주의할 것은 칸트가 지적한 연맹체 혹은 연합체는 하나의 국제국가 혹은 세계공화국을 형성하자는 의미가 아니라는 점이다. 칸트가 지적하고자 했던 것은 평등한 관계를 갖지 못한 국제관계의 현실을 인정하는 한편 평등한 관계로서의 연맹체 혹은 연합체를, 그리고 그 평화관계를 위한 법적 형식으로서의 국제법이었다.

이러한 점을 힘의 역학이 첨예하게 대립해있는 한반도 상황에 놓고 보면, 혹이라도 한반도에 관련된 하나의 국제국가나 세계공화국의 모습을 추구하는 것은 바람직해보이지 않는다. 오히려 그러한 불균형한 힘의 현실을 인정하는 동시에 동등한 관계 형성을 위한 한반도 관련 법적 구상이나 평화체제 구상이 절실해보인다.

보다 구체적으로 칸트가 말하는 평화연맹은 기존 방식과 같은 국가권력을 행사하기보다는 구성원 국가들 간의 관계에 있어서 자유를 보존하고 확대하도록 하는 데 초점을 둔 것이다. 칸트는 이러한 연방주의 방식을 통해 종국에 모든 나라들이 포괄될 때 객관적인 실제로서의 영구평화에 이르게 될 것이라고 보았다.

이러한 점이 한반도 평화를 위해 시사하는 바는 남북한이 우선 남북연합체를 형성해가야 한다는 점이다. 남북연합체는 하나의 국가를 법·제도적으로 형성하는 의미가 아니다. 그것은 사실상의 평화와 통일을 중시하는 연합체를 말한다. 남북연합체를 형성하는 한편 남북한과 한반도 주변국들이 평화 당사자로서 한반도 평화체제를 법적으로 완성해가는 과제도 영구평화론이 시사하는 바다.

가. 남북연합체 형성

남북연합체 형성의 문제는 사실 우리의 통일방안과도 관련된다. 민족공동체 통일방안은 남북한 화해협력단계를 시작으로 남북한 연합단계를 통해 통일국가단계로 가는 도식을 설정하고 있다. 남북한 연합단계에서 연합체를 형성해야 하는 과제는 칸트의 평화 구상과 일맥상통한다.

칸트가 국가간 평등한 평화연맹체를 구상했던 것은 당시 18세기에 전쟁을 종결하는 데 있어 중요한 원칙이 되었던 세력균형론의 종식이 필요하다고 보았기 때문이다. 세력균형론은 결국 현상유지적이었다. 왕위계승이나 동맹형성 등으로 상대적인 힘의 균형이 깨지면 전쟁이 일어나기 십상이었다.

물론 세력균형론은 당시의 방식만은 아니다. 오늘에 와서도 세력균형론은 신현실주의로 이어져 여전히 국제관계 이론의 중요한 원리이다. 예를 들어, 케네스 왈츠(Kenneth N. Waltz)는 국제사회가 근본적으로 무정부적 성격을 극복하기 어려우며, 그만큼 국가간 협력을 통한 세계평화는 한계가 있다고 보았다. 대신 세력균형이 전쟁을 예방할 수 있는 가장 강력한 방안이라고 했다.[36]

18세기 당시의 세력균형론이나 오늘의 신현실주의에서 제기하는 평화 구상은 매우 현실적이다. 하지만 기본 접근방식은 방어적이라는 점에서 방어적 현실주의의 성격을 갖는다. 이러한 인식은 안보딜레마에 빠지게 되기 쉽다는 문제가 있다. 현실에 입각해있지만, 방어적 차원의 세력균형은 안보의 문제를 자의적이고 상대적으로 평가하며 쉽게 가열되는 특성이 있다.

한반도 평화의 경우에도 그럴 공산이 크다.[37] 현실주의에 기초한 안보담론이 여전한 상황에서 세력균형론이나 신현실주의는 안보딜레마를 심화할 가능성이 크다. 세력균형론에서 벗어나 남북연합을 추구하는 길은 통일방안에서도 전제되었듯이 화해협력의 단계를 지나는 길이 바람직해 보인다. 화해협력단계에서는 사실상의 평화와 과정으로서의 통일 논의에 초점을 두어야 한다. 이 단계에서는 남북한이 공동의 제도와 추진 기구를 만드는 일이 무엇보다 중요하다.[38] 군축 모색과 평화체제 구축, 정치회담 개최와 공동기구 구성, 경제협력레짐 구축과 사회문화 교류 등이 필요하다.

나. 한반도 평화체제 구축

칸트는 모든 국가가 동등한 구성원으로서의 평화연맹체를 이루어가도록 하는 국제법의 역할을 중시했다. 한반도의 경우, 남북한과

---

36) Kenneth N. Waltz, *Theory of International Politics* (New York: McGraw-Hill, 1979) 참조.

37) 이남주(2013), p.80.

38) 김연철, "한반도 평화체제의 재해석: '사실상의 평화'라는 시각에서", 북한연구학회, 『북한연구학회보』, 제18권 2호 (2014), pp.255-279.

한반도 주변국들은 한반도 평화의 당사자이다. 당사국들이 평화연맹체로서의 평화체제를 구축하는 길은 국제법적인 문제의식을 구현하는 데 있다. 평화연맹체와 국제법은 한반도 평화 구상의 핵심이 되어야 한다.

그간 한반도 평화체제를 위한 남북한 양자, 3자 혹은 4자의 다자간 노력이 있었으나 모두가 교착상태에 빠졌다. 북한의 비핵화를 위한 6자회담도 마찬가지 상황이다. 중요한 것은 평화구축의 최우선 당사자인 남북한이 평화외교적 노력을 주도하고 설득해가야 한다는 점이다. 평화외교적 노력은 한반도 상황이 종전되지 않은 정전체제 상태라는 불안정성에서 출발하여 당사국들간에 평화구축이라는 공동의 편익을 찾아가야 한다. 물론 당사자의 법적 자격에 관한 논란이 있다. 북한은 과거에 정전협정 당사자로서의 북・미구도를 추구해왔지만, 2007년 10.4선언에서 3자 혹은 4자라는 표현을 공식화함으로써 이 문제는 일단락되었다. 평화체제를 위해서는 평화협정이 먼저 이루어져야 한다. 평화협정에서는 전쟁의 종결, 종전후 처리와 조치, 국제평화관리, 평화회복 등의 방안이 포괄적으로 구상되어야 평화체제의 법・제도적 기초가 될 수 있을 것이다.

칸트의 견해로 보면, 평화체제는 반드시 한반도 평화연맹체여야 한다. 물론 칸트도 밝혔듯이, 그것은 적극적 대안이라기보다는 차선책이다. 칸트가 말하는 세계국가 혹은 세계공화국체제로서의 한반도 평화국가 구상은 너무 먼 이야기이다. 진영론에 기반한 세력균형론의 우려가 남아있고 안보적 대립이 살아있는 상황에서 세계국가나 세계공화국과 같은 구상은 한반도에서의 새로운 갈등으로 이어질 가능성이 크다. 평화연맹체 구축은 차선책이지만 현실적이다.

함께 생각할 것은 평화체제의 안정성을 위한 방안이다. 합의이행 메카니즘을 국제법적으로 잘 구축하고 보장하는 것이 중요하다. 그런 점에서 한반도 평화체제는 동북아의 다자간 안보협력 구상과 결합되어야 하며,[39] 국제연맹의 보장도 필요하다. 나아가 법적 안정성을 다지기 위해 한반도 평화를 위한 국제적 시민사회 구축도 모색되어야 한다. 국제적 시민사회 구축은 한반도 평화 유지를 위한 문화와 정서를 확산하면서 우발적인 국가간 충돌의 가능성을 견제하는 역할을 통해 법적 평화의 안정성을 도모할 수 있을 것이다.

4. 환대권이 보장되는 세계시민법 작동의 문제

칸트는 세 번째 확정 조항에서 세계시민법이 환대권의 보장이라는 보편적 우호의 조건에 국한되어야 한다고 지적했다. 그가 제시한 환대는 박애주의의 의미가 아니라 일종의 정의의 권리 혹은 사해동포로서의 권리를 뜻했다. 그에게 환대권이란 어떤 이방인이 다른 나라의 영토에 도착했을 때 그 이방인이 그곳에서 평화적으로 행동하는 한 적대적으로 대우받지 않을 권리였다.

칸트는 서로가 서로의 이방인을 환대하다 보면 멀리 떨어진 나라들 사이에도 공공법에 의해 규율되는 평화적인 상호관계를 형성할 수 있게 될 것이며, 그래야 궁극적으로는 사해동포와 같은 세계시민법에 도달할 수 있을 것으로 보았다. 그에게 환대권은 국제적인

39) 김연철(2014), pp.255-279.

정의 혹은 권리를 보장하기 위해 반드시 필요한 조건이었다.

칸트가 지적한 환대권에 기반한 세계시민법적 이상은 실은 현실과 아주 동떨어진 것은 아니다. 국제연합 헌장은 인류의 보편적 규범으로 인권에 관한 내용을 담고 있다. 지금이 인권을 지구적 시민권의 관점에서 보다 발전시켜야 할 시점이라고 보면, 국제연합 헌장에 규정되어 있는 보편적 규범으로서의 인권에 관한 언급은 그 자체로 세계시민법적인 이상을 포괄하고 있다고 할 수 있다. 인권의 발전을 위해서 칸트가 지적한 환대권의 의미는 재강조되어야 할 것이다.

체제적 상호불신과 이념적 대립이 여전한 한반도에서 칸트의 환대권은 아주 멀게 느껴진다. 하지만, 사해동포적인 환대권은 한반도 평화를 위해 추구해야 할 사항이라는 점은 분명해보인다. 남북한이 서로의 장벽을 높이고 자기 울타리 안에서만 지켜가려는 평화는 제한적이다. 침입과 전쟁에 대한 우려가 계속된다면 진정한 평화는 아닐 것이다. 환대권을 남북한이 사해동포적 권리의 문제로 실현해 낼 수 있다면, 한반도 평화는 한층 수월해질 것이다.

환대권의 문제는 남북한뿐만 아니라 한반도 주변국간 접촉의 면을 다방면으로 넓혀가는 계기로 발전시켜야 할 것이다. 환대권을 통해 접촉의 면을 확장시켜가는 데 있어서 인식할 것은 남북한 및 한반도 주변국가간 다층적 권위체(multi-layered authority)의 발전을 도모하는 것이다.[40] 아울러 우리 사회의 다문화적 역량을 발전시켜 나가는 일도 중요하다. 이를 위해서 한반도 평화에 관한 세계시민적

40) 오영달(2003), p.72.

책임성을 인식하는 교육의 문제에서부터 출발하여 다문화시대 변화에 걸맞는 사회적 노력이 이루어져야 할 것이다.

가. 우리 사회의 다문화 역량 강화

칸트의 환대권은 한반도 평화를 위한 우리 사회의 다문화 역량 강화와도 연관된다. 한반도 평화를 위해 우리 사회가 갖추어야 할 역량은, 안으로는 포용적인 사회의식이, 밖으로는 열린 민족의식이 필요할 것이다. 폐쇄적인 사회의식으로는 우리 사회에 이미 들어와 있는 이주노동자, 결혼이주민, 북한이탈주민 등과 어울리기도 쉽지 않다. 배타적인 민족의식으로는 국제사회와 한반도 주변국들로부터 우리의 평화와 통일에 대한 협조와 동의를 구해내기 어렵다.

칸트의 지적처럼, 방문권이 있는 이주민들이 우리 사회에서 평화롭게 처신하는 한, 그들을 적대적으로 대해서는 안된다. 물론 이주민들에 대한 다문화정책은 보다 복잡한 문제이다. 하지만, 다문화사회에서 타자의 이질성을 포용하거나 아니면, 적어도 위협으로 느끼지 않는 역량이 크면 클수록 갈등의 소지는 그만큼 줄어들 것이다. 한반도 평화와 통일의 문제는 기본적으로 이질성과의 어울림이기도 하다는 점에서 다문화 역량을 다차원적으로 넓혀가는 것은 다문화시대의 한반도 평화와 통일을 위한 또다른 준비이다.[41]

칸트는 기독교문명에 대한 우월의식을 가지고 있었고, 근대적인 국가주권의 역할도 인정했었다. 중요한 것은 그가 그러한 인식을 넘어 인류의 평화를 위한 세계시민법적 작동을 제안했다는 점이다. 한

---

41) 김창근, 『다문화주의와 만난 한반도 통일론』 (파주: 교육과학사, 2013), pp.8-18.

반도 평화를 위해서 우리는 민족국가의 틀에 기초한 국가시민권을 넘어 국제사회의 세계시민권 인식을 확산해야 한다.

나. 한반도 평화를 위한 다층적 권위체의 발전

한반도 평화를 위한 다층적 권위체란 국가, 국제기구, 비정부기구, 기업, 시민사회, 개인 등의 다양한 행위자들이 한반도 평화 거버넌스 혹은 네트워크를 형성해가는 것을 말한다. 한반도 평화를 위한 다층적 권위체는 칸트가 지적한 환대권이 바탕이 되어야 할 것이다. 그래야 평화를 위한 환대권의 접촉면이 하나의 공간화로 발전할 수 있을 것이다. 그 공간화에서 한반도 평화는 한층 다져질 것이고, 다져진 평화 속에서 통일도 기대해볼 수 있을 것이다.

공간은 단순한 지리적 의미를 넘어선다. 현대 사회학계의 거장인 독일 출신의 게오르그 짐멜(Georg Simmel)은 공간적 현상이 사회학적 현상이라고 규정했으며, 정체성 연구의 대가인 영국 여성철학자 아브타 브라(Avtar Brah)도 공간은 역동적이어서 원주민이 이주민이 되고 이주자가 원주민이 되는 쌍방향적 현상이 이루어지는 곳이라고 보았다.[42] 칸트가 말하는 환대권이 작동하는 공간은 단순히 지리적인 왕래를 넘어 환대권을 매개로 하는 상호성의 장이며 세계시민법 작동을 위한 기반이다.

남북한의 경우도 지리적으로 단절된 경계의 공간을 넘어서도록 해야 한다. 다층적 권위체의 발전을 통해 접촉면의 공간화를 이루고, 공간화를 바탕으로 상호성을 가진 쌍방향적 교류의 공간으로 진

42) 게오르그 짐멜, 김덕영 옮김, 『게오르그 짐멜의 문화이론』 (서울: 길, 2007); Avtar Brah, *Cartograhies of Diaspora: Contesting Identities* (New York: Routledge, 1996).

전되도록 해야 한다. 그래야 한반도 평화공존의 가능성을 모색하고 새로운 평화 정체성을 형성해갈 수 있을 것이다. 환대권의 의미를 접촉면의 확장과 공간화의 형성으로까지 발전시켜보면 한반도 평화를 위한 다층적 권위체의 의미를 더욱 부각하여 볼 수 있다.

다층적 권위체의 발전은 말처럼 쉽지는 않을 것이다. 유럽과 달리 아시아지역의 통합은 난망하다. 과거 역사의 문제도 얽혀있고, 이념적 대립의 유산도 남아있다. 한국, 중국, 일본을 중심으로 하는 역학관계의 영향력이 상대적으로 크다. 하지만, 이러한 점을 뒤집어 놓고 보면 오히려 환대권에 기초한 세계시민법적 이상이 공상으로 그치지 않아야 할 필요가 역설적으로 존재한다고 볼 수도 있다. 그러한 역설은 한반도 평화구축에도 시사점이 되어야 한다. 그것은 다층적 권위체의 역할이 더욱 중요하게 부각되는 이유가 되어야 한다.

이러한 관점으로 보면, 유럽통합과 독일 통일의 관계를 역사적으로 연관지어 해석해볼 수 있다. 소련과 동구 국가들의 사회주의권 붕괴가 중대한 계기가 되었겠지만, 독일 통일은 유럽통합 없이는 불가능했다. 유럽통합 역시 독일 통일 없이는 발전되기 어려웠다. 마찬가지로 생각해보면, 남북한의 평화와 통일 없이는 동아시아의 안정된 평화질서도 어렵다. 역으로 동아시아의 안정된 평화질서가 없다면 남북한의 평화나 통일도 어려울 것이다. 칸트의 세계시민주의는 이러한 역설의 맥락에서 오히려 현실적인 의미와 필요를 다문화 시대의 한반도 평화에 시사하고 있다.[43]

43) 송두율, "유럽에서 동아시아를 생각한다: 칸트의 『영구평화론(Zum ewigen Frieden)』을 다시 읽으며", 실천문학사, 『실천문학』, 제105호 (2012), pp.183-187.

V. 다문화교육의 역할

이 장은 칸트의 『영구평화론』을 네 가지 항목으로 재구성하여 분석하고, 각 항목이 한반도 평화에 주는 시사점을 제시했다. 네 가지 항목은 ① 개인의 선험적 원리의 문제, ② 공화정체 형성의 문제, ③ 평화연맹을 위한 국제법 형성의 문제, ④ 환대권이 보장되는 세계시민법 작동의 문제였다.

칸트는 세력균형을 넘어 영구평화를 위한 개인·국가·국제적 차원에서의 법적 원리를 제시했다. 단순한 법적 원리의 제시에 그친 것이 아니라, 자연의 합목적성을 인식하고 평화를 위한 도덕적 의무를 다하는 인간의 실천이성을 중시했다. 그는 현실적인 한계 속에서도 현실을 다루어가는 인간의 도덕적 의지를 촉구했던 것이다.

다문화시대의 한반도 평화에 주는 시사점은 다음과 같다. 첫째, 우리 사회의 민주주의 역량을 높이며 남한에 대한 북한 주민들의 호감도를 제고하기 위해 노력해야 한다. 둘째, 한반도 평화를 위한 시민과 국회의 역할을 강화하며 북한체제의 민주화를 위해 긴 안목과 전략으로 접근해야 한다. 셋째, 사실상의 평화와 통일을 중시하는 남북연합체를 형성하며 한반도 평화체제 구축을 위해 노력해야 한다. 넷째, 우리 사회의 다문화 역량을 강화하며 한반도 평화를 위한 다층적 권위체를 발전시켜가야 한다.

냉혹한 국제 상황에서 이러한 시사점은 현실적 적실성의 괴리를 더 커보이게 할 수 있다. 하지만, 한반도 평화에 관한 현실주의 속에서도 개인·국가·국제수준에서의 공법체제를 이루어가며 평화를 추구하는 것은 우리의 도덕적 의무이다. 한반도 현실에서 평화를 위한 도덕적 의무를 거론하는 것은 모순어법과도 같다. 하지만, 현실주의가 난무하기 때문에 칸트의 법적 원리와 도덕적 의무로서의 평화를 추구하는 것은 더욱 절실하다. 브레이크 없는 현실주의는 더욱 속도를 낼 것이다. 브레이크가 일차적으로 속도를 제어하는 역할이 중요하다는 관점에서 칸트의 『영구평화론』이 한반도에 시사하는 바는 도리어 현실적으로 보인다.

다문화교육의 방향도 일정 부분 이와 유사하다. 이익과 이해관계 중심의 사회 현실에서 '인정의 윤리, 분배 혹은 재분배의 정치, 상호성의 규범'을 통한 함께 어우러짐을 강조해야 하는 다문화교육은 이상처럼 들린다. 하지만, 그것은 다문화시대의 평화를 향한 우리의 도덕적 의무이다. 개인차원에서 다문화 시민의 역량을 보다 갖추도록 하고, 국가차원에서 공화정체의 범위를 다문화시대에 걸맞게 한층 넓히도록 하며, 국제차원에서 세계시민적 자질을 더욱 확산하도록 하는 역할을 다문화교육은 감당해가야 한다. 그것이 현실주의를 제어하면서 함께 어우러지는 다문화시대의 한반도 평화를 구현해가는 길이다.

참고문헌

국내문헌

강동완·임성옥, "북한이탈주민 지역적응센터 역할 및 개선방안", 한국정치정보학회, 『정치정보연구』, 제20권 2호 (2017).

게오르그 짐멜, 김덕영 옮김, 『게오르그 짐멜의 문화이론』, 서울: 길, 2007.

곽승준·이주석·최은철, "국내 북한이탈주민 지원 사업의 경제적 편익 산정 연구", 서강대학교 사회과학연구소, 『사회과학연구』, 제32권 1호 (2015).

곽준혁, "공화주의와 인권", 김비환 외, 『인권의 정치사상』, 서울: 이학사, 2010.

______, "다문화 공존과 사회적 통합", 대한정치학회, 『대한정치학회보』, 제15집 2호 (2007).

구견서, "다문화주의의 이론적 체계", 한국인문사회과학회, 『현상과 인식』, 제27권 3호 (2003 가을).

권수현·송영훈, "피를 나눈 형제, 이웃 보다 못한 친척?: 북한이탈주민에 대한 남한주민의 사회적 거리감과 결정요인, 2007-2014", 경희대학교 인류사회재건연구원, 『오토피아』, 제30권 2호 (2015).

권숙도, "사회통합의 관점에서 본 북한이탈주민 정책방향 연구", 서울대학교 한국정치연구소, 『한국정치연구』, 제23권 1호 (2014).

김경숙, "한국의 여성 결혼이주자정책: 상호문화주의적 조망과 함의", 한국디지털정책학회, 『디지털융복합연구』, 제12권 9호 (2014).

김경학, "퀘벡 '상호문화주의'의 문화적 다양성 관리의 한계: 시크 '키르판' 착용 논쟁을 중심으로", 전남대학교 5.18연구소, 『민주주의와 인권』, 제10권 3호 (2010).

김광억, "현대 사회에서 문화의 정치: 인류학적 논의", 김광억 외, 『문화의 다학문적 접근』, 서울: 서울대학교출판부, 1998.

김기창, “북한이탈주민의 지역사회적응 경험에 관한 연구: 여성을 중심으로”, 한국사회복지질적연구학회, 『한국사회복지질적연구』, 제9권 1호 (2015).

김남국, “다문화 시대의 시민: 한국사회에 대한 시론”, 한국국제정치학회, 『國際政治論叢』, 제45집 4호 (2005).

김도태, “북한 이탈주민의 시민교육 내용과 문제점”, 충북대학교 사회과학연구소, 『사회과학연구』, 제29권 2호 (2012).

김명관, “지구 · 지방화와 다문화 공간(2011, 최병두 외, 푸른길) 서평”, 대구대학교 다문화사회정책연구소, 『현대사회와 다문화』, 제1권 2호 (2011).

김명선, “북한이탈주민 남한사회문화적응 결정요인의 통합적 고찰: 자기효능감, 사회적 지지, 경제적 적응을 중심으로”, (단국대학교 대학원 박사학위청구논문, 2016.2).

김병로, “한반도 통일과 평화구축의 과제”, 한국평화통일학회, 『평화학연구』, 제15권 1호 (2014).

김비환, “현대 인권 담론의 쟁점과 전망”, 김비환 외, 『인권의 정치사상』, 서울: 이학사, 2010.

______, “포스트모던 시대에 있어서 합리성, 다문화주의 그리고 정치”, 성균관대학교 사회과학연구소, 『사회과학』, 제42호 (1996).

김선규, “자유주의적 다문화주의에서 문화와 관용의 문제: 킴리카의 『다문화주의 시민권』을 중심으로”, 중앙대학교 문화콘텐츠기술연구원, 『다문화콘텐츠연구』, 제18권 (2015).

김성경, “북한 출신자와 ‘사회 만들기’”, 한양대학교 평화연구소, 『문화와 정치』, 제5권 1호 (2018).

김수암, “문화상대주의, 주권원칙과 북한 인권”, 서울대학교 국제문제연구소, 『세계정치』, 제27권 1호 (2006).

김연철, “한반도 평화체제의 재해석: ‘사실상의 평화’라는 시각에서”, 북한연구학회, 『북한연구학회보』, 제18권 2호 (2014).

______, “한반도 평화경제론: 평화와 경제협력의 선순환”, 북한연구학회, 『북한연구학회보』, 제10권 1호 (2006).

김영란, “다문화사회 한국의 사회통합과 다문화주의 정책”, 고려대학교 한국사회연구소, 『한국사회』, 제14집 1호 (2013).

김영순, “인천 논현동 북한이탈주민 공동체의 경계 짓기와 경계 넘기”, 부산대학교 한국민족문화연구소, 『로컬리티 인문학』, 제12호 (2014).

김원식, “북한인권 담론의 규범적 논거들에 대한 검토: UN의 개입에 관한 국내 시민사회 담론을 중심으로”, 북한연구학회, 『북한연구학회보』, 제10권 1호 (2006).

김은경 · 허석재, “북한 이탈주민의 사회심리적 적응: 문화적응의 상호주의를 향하여”, 한국민족연구원, 『민족연구』, 제41권 (2010).

김은기, “다문화주의에 대한 고찰: 이론적 접근과 국가별 현황”, 윤인진 · 황정미 엮음, 『한국 다문화주의의 성찰과 전망』, 서울: 아연출판부, 2014.

김은중, “세계화, 정체성, 다문화주의”, 한국라틴아메리카학회, 『라틴아메리카연구』, 제18권 1호 (2005).

김정수, “대구지역 북한이탈주민의 효과적 지역정착 지원체계: 굿 거버넌스 구축을 중심으로”, 동아시아국제정치학회, 『국제정치연구』, 제18집 1호 (2015).

김정숙, “프랑스의 ‘상호문화주의’에 대한 소고”, 국제한국언어문화학회, 『한국언어문화학』, 제9권 2호 (2012).

김창근, “다문화시대 북한이탈주민정책의 개선 방향”, 한국윤리학회, 『윤리연구』, 제109호 (2016).

______, “상호문화주의의 원리와 과제: 다문화주의의 대체인가 보완인가?”, 한국윤리학회, 『윤리연구』, 제103호 (2015).

______, 『다문화주의와 만난 한반도 통일론』, 파주: 교육과학사, 2013.

______, “다문화 공존과 다문화주의: 다문화 시민성의 모색”, 한국윤리학

회, 『윤리연구』, 제73호 (2009).
______, 『평화를 위한 통일교육: 하나될 미래를 위한 출발』, 고양: 인간사랑, 2007.
김태원, "글로컬 생활세계로서의 다문화사회: 공존의 가치에 대한 탐색적 연구", 대구가톨릭대학교 다문화연구소, 『다문화와 인간』, 제1권 1호 (2012).
______, "다문화사회의 통합을 위한 패러다임으로서의 유럽 상호문화주의에 대한 이론적 탐색", 연세대학교 유럽사회문화연구소, 『유럽사회문화』, 제9호 (2012).
______, "다문화현상에 대한 사회통합관점에서의 비판적 고찰", 영남대학교 민족문화연구소, 『민족문화논총』, 제44집 (2010).
김현경, 『사람, 장소, 환대』, 서울: 문학과 지성사, 2015.
김현정 · 박선화, "다문화정책 관점에서 본 북한이탈주민 문제", 건국대학교 인문학연구원, 『통일인문학』, 제66권 (2016).
남북하나재단, 『2017 북한이탈주민 사회통합조사』, 서울: 남북하나재단, 2018.
___________, 『2017 북한이탈주민 정착실태조사』, 서울: 남북하나재단, 2018.
___________, 『북한이탈주민 광역시도별 실태보고서: 8개 권역별』, 서울: 남북하나재단, 2017.12.
___________, 『북한이탈주민 시군구별 실태보고서: 10대 주요 거주지역편』, 서울: 남북하나재단, 2017.12.
___________, 『북한이탈주민 주요 거주지역 심층연구』, 서울: 남북하나재단, 2017.12.
낸시 프레이저 · 악셀 호네트, 김원식 · 문성훈 옮김, 『분배냐, 인정이냐?: 정치철학적 논쟁』, 고양: 사월의책, 2014.
마달레나드 카를로, 장한업 옮김, 『상호문화 이해하기: 개념과 활용』, 파주: 한울아카데미, 2011.

마르코 마르티니엘로, 윤진 옮김, 『현대사회와 다문화주의: 다르게, 평등하게 살기』, 파주: 한울, 2002.

마르틴 압달라-프렛세이, 장한업 옮김, 『유럽의 상호문화교육: 다문화 사회의 새로운 교육적 대안』, 파주: 한울아카데미, 2010.

문경희, "국제결혼 이주여성을 계기로 살펴보는 다문화주의(multiculturalism)와 한국의 다문화 현상", 21세기정치학회, 『21세기정치학회보』, 제16집 3호 (2006.12).

미셸린 이샤이, 조효제 옮김, 『세계인권사상사』, 서울: 길, 2005.

박경환, "소수자와 소수자 공간: 비판 다문화주의의 공간교육을 위한 제언", 한국지리환경교육학회, 『한국지리환경교육학회지』, 제16권 4호 (2008).

박남수, "다문화 사회에 있어 시민적 자질의 육성: 사회과를 통한 다문화 교육의 모색", 한국사회과교육연구학회, 『사회과교육』, 제33호 (2000).

박단, "현대 프랑스 사회의 인종주의-민족전선의 이민정책과 신인종주의", 한국서양사학회, 『서양사론』, 제70호 (2003).

박배균, "초국가적 이주와 정착에 대한 공간적 접근: 장소, 영역, 네트워크, 스케일의 네 가지 공간적 차원을 중심으로", 최병두 외 3인, 『지구・지방화와 다문화 공간』, 서울: 푸른길, 2011.

박병섭, "다문화적 소수자 문제에서 한국의 특수성", 『이주민과 다문화 가정과 함께 하는 다문화주의 철학』, 서울: 실크로드, 2008.

박승규, "다문화 교육에서 다문화 공간의 교육적 의미 탐색", 한국문화역사지리학회, 『문화역사지리』, 제24권 2호 (2012).

박영자, "다문화시대 한반도 통일・통합의 가치 및 정책방향: '상호문화주의' 시각과 교훈을 중심으로", 고려대학교 일민국제관계연구원, 『국제관계연구』, 제17권 1호 (2012).

박용조, "인권의 보편성이 사회과 인권교육에 주는 시사", 한국사회교과교육학회, 『사회과교육연구』, 제13권 1호 (2006).

박인철, “상호문화성과 윤리: 후설 현상학을 중심으로”, 한국철학회, 『哲學』, 제103집 (2010).

박철민 · 민기, “개인적, 경제적, 사회문화적 특성이 북한이탈주민의 지역사회통합에 미치는 영향 분석: 사회적응수준의 매개효과를 중심으로”, 대한정치학회, 『대한정치학회보』, 제22집 1호 (2014).

박철희, “다문화 교육의 관점에 기초한 초등 사회 · 도덕 교과서 내용에 대한 비판적 고찰”, 한국교육사회학회, 『교육사회학연구』, 제17권 1호 (2007).

백일순, “한국사회에서 소통과 인정의 ‘공간’은 어디인가”, 한국공간환경학회, 『공간과 사회』, 제36호 (2011).

변종헌, “다문화사회에서의 갈등해결교육: 상호문화주의적 접근”, 한국윤리교육학회, 『윤리교육연구』, 제32집 (2013).

브루스 액커만 외, 너른복지연구모임 옮김, 『분배의 재구성: 기본소득과 사회적 지분 급여』, 서울: 나눔의 집, 2010.

빠뜨릭 시몽 · 발레리 살라 팔라, “아직 우리가 모두 다문화주의자인 것은 아니다: 강경한 통합과 온화한 차별반대 사이에서 흔들리는 프랑스”, Steven Vertovec and Susanne Wessendorf 엮음, 부산대학교 사회과학연구원 옮김, 『흔들리는 다문화주의』, 서울: 박영사, 2014.

사법정책연구원, 『북한이탈주민에 대한 사법적 지원 방안에 관한 연구』, 고양: 사법정책연구원, 2015.

사이먼 말파스, 윤동구 옮김, 『장 프랑수와 리오타르 포스트모더니즘을 구하라』, 서울: 앨피, 2008.

사이먼 캐니, “인도적 간섭과 국가주권”, 앤드류 볼즈 엮음, 김한식 · 박균열 옮김, 『국제정치에 윤리가 적용될 수 있는가』, 서울: 철학과 현실사, 2004.

서덕희, “문화 없는 다문화교육을 넘어서: 문화의 과정성과 다차원성에 근거한 다문화교육 재개념화”, 한국교육학회, 『교육학연구』, 제49

권 4호 (2011).

서문기, “사회적 합의 형성에 관한 이론적 소고: 분석틀과 정책적 합의”, 서울대학교 행정대학원, 『행정논총』, 제45권 4호 (2007).

서보혁, “북한인권법 제정 문제에 대하여”, 『코리아연구원 현안진단』, 제249호 (2014.2).

______, “국제 평화권 논의와 북한인권”, 북한인권연구센터 편, 『북한인권 이해의 새로운 지평』, 서울: 통일연구원, 2012.

서유경, “현행 북한이탈주민 지원정책의 두 가지 근본문제와 다문화주의적 사회통합 해법”, 대한정치학회, 『대한정치학회보』, 제21집 2호 (2013).

설규주, “세계시민사회의 대두와 다문화주의적 시민교육의 방향”, 한국사회과교육연구학회, 『사회과교육』, 제43권 4호 (2004).

설진배 · 송은희, “사회통합관점에서의 북한이탈주민 정착지원 방향: 델파이 조사를 통한 북한이탈주민 수요분석을 중심으로”, 한국평화연구학회, 『평화학연구』, 제16권 5호 (2015.12).

설한, “다문화주의의 이론적 퇴조 원인 분석: 문화 개념과 규범성 문제를 중심으로”, 서강대학교 현대정치연구소, 『현대정치연구』, 제7권 1호 (2014).

송두율, “유럽에서 동아시아를 생각한다: 칸트의 『영구평화론(Zum ewigen Frieden)』을 다시 읽으며”, 실천문학사, 『실천문학』, 제105호 (2012).

신두철, “북한이탈주민의 시민교육과 사회통합에 관한 연구”, 한국시민윤리학회, 『한국시민윤리학회보』, 제24집 2호 (2011).

신미녀, “남한주민과 북한이탈주민의 상호인식을 통해 본 통일준비”, 한남대학교 사회과학연구소, 『사회과학연구』, 제19권 1호 (2010).

신재한 외 3인, 『다양성과 차이를 존중하는 다문화 수업 설계의 이론과 실제』, 파주: 교육과학사, 2014.

악셀 호네트, 문성훈 · 이현재 옮김, 『인정투쟁』, 고양: 사월의책, 2011.

악셀 호네트, "보편주의는 도덕적 함정인가?" 악셀 호네트, 문성훈 외 옮김, 『정의의 타자: 실천철학 논문집』, 파주: 나남출판, 2009.

안혜영 · 이금순, 『북한이탈주민 정착지원을 위한 지역 네트워크 분석』, 서울: 통일연구원, 2007.

앤드류 헤이우드, 양길현 · 변종헌 옮김, 『사회사상과 정치 이데올로기』, 서울: 오름, 2014.

양계민, "북한이탈주민이 국내 다문화집단에 대하여 지니는 태도에 영향을 미치는 요인", 한국심리학회, 『한국심리학회지: 사회 및 성격』, 제29권 3호 (2015).

양영자, "분단-다문화시대 교육 이념으로서의 민족주의와 다문화주의의 양립가능성 모색", 한국교육과정학회, 『教育課程研究』, 제25권 3호 (2007).

엄태완, "북한이탈주민 지원정책의 방향 모색: 롤즈의 정의론을 중심으로", 동국대학교 북한학연구소, 『북한학연구』, 제11권 1호 (2015).

여성가족부, 『국민 다문화수용성 조사 연구』, 서울: 여성가족부, 2015.1.

여현철, "북한이탈주민들의 사회 적응에 관한 연구", 동양사회사상학회, 『사회사상과 문화』, 제18권 3호 (2015).

오경석 외, 『한국에서의 다문화주의: 현실과 쟁점』, 파주: 한울, 2007.

________, "우리안의 차별과 배제, 일상적 삶에서의 다문화교육 접근법", 한국사회교과교육학회, 『사회과교육연구』, 제13권 3호 (2006).

오영달, "칸트의 영구평화론: 개인, 국가 그리고 국제적 분석수준", 고려대학교 평화연구소, 『평화연구』, 제11권 4호 (2003).

오영훈, "다문화교육으로서 상호문화교육: 독일의 상호문화교육을 중심으로", 인하대학교 교육연구소, 『교육문화연구』, 제15권 2호 (2009).

오정민, "칸트의 『영구평화론』과 그에 대한 현재적 논의", 서울대학교 철학과, 『철학논구』, 제41권 (2013).

요한 갈퉁, 강종일 외 옮김, 『평화적 수단에 의한 평화』, 서울: 들녘, 2000.

원숙연, “다문화주의시대 소수자 정책의 차별적 포섭과 배제: 외국인 대상 정책을 중심으로 한 탐색적 접근”, 한국행정학회, 『한국행정학회보』, 제42권 3호 (2008).

윌이엄 J. 탤벗, 은우근 옮김, 『인권의 발견: 어떤 인권이 보편적인가 도덕적 제국주의와 도덕적 상대주의 넘어서기』, 파주: 한길사, 2011.

유네스코 아시아・태평양 국제이해교육원 엮음, 『다문화 사회의 이해: 다문화 교육의 현실과 전망』, 파주: 동녘, 2008.

유홍림, 『현대 정치사상 연구』, 고양: 인간사랑, 2003.

윤여상・임순희, 『2015 북한이탈주민 경제사회통합 실태』, 서울: 북한인권정보센터, 2016.2.

이경희, “다문화사회 교육의 두 관점: 다문화교육과 상호문화교육”, 한국다문화교육연구학회, 『다문화교육』, 제2권 1호 (2011).

이규창 외 3인, 『보호책임(R2P) 이행에 관한 연구』, 서울: 통일연구원, 2012.

이기영・윤경애, “북한이탈주민의 지방정착지원을 위한 지역사회 자원동원전략: 부산지역의 사례를 중심으로”, 한국사회복지학회, 『한국사회복지학』, 제55호 (2003).

이남주, “분단체제 하에서의 평화담론: 평화국가의 가능성과 경로를 중심으로”, 한국사회과학연구소, 『동향과 전망』, 제87호 (2013).

이대희, “정치학의 공간적 접근을 위한 시론적 연구”, 21세기정치학회, 『21세기정치학회보』, 제27집 3호 (2017).

이동윤・백종은, “인권문제에 대한 북한의 인식과 정책적 대응: 외부압력에 대한 내부 변화의 한계”, 『21세기정치학회보』, 제18집 1호 (2008).

이무철, “‘북한 인권문제’와 북한의 인권관: 인권에 대한 북한의 시각과 정책에 대한 비판적 평가”, 북한대학원대학교, 『현대북한연구』, 제14권 1호 (2011).

______, “북한 인권문제와 ‘인도적 개입’: 주요 쟁점과 비판적 평가”, 평화문제연구소, 『통일문제연구』, 제22권 1호 (2010).

이민영, “북한이탈주민의 사회통합을 위한 지역사회 비영리기관의 서비스 제공 경험에 관한 질적 연구”, 한국사회복지실천연구학회, 『미래사회복지연구』, 제7권 2호 (2016).

이봉철, 『현대인권사상』, 서울: 아카넷, 2001.

이우영, “북한 이탈주민 연구의 전환점: 서평(윤인진, 북한 이주민-생활과 의식 그리고 정착지원 정책)”, 숙명여자대학교 다문화통합연구소, 『다문화사회연구』, 제3권 1호 (2010.2).

이종두 · 백미연, “한국의 특수성과 다문화정책”, 윤인진 · 황정미 엮음, 『한국 다문화주의의 성찰과 전망』, 서울: 아연출판부, 2014.

이진석 외, 『다문화시대 사회통합을 위한 시민교육: 다문화시대와 한국의 사회통합』, 서울: 집문당, 2016.

이찬욱 · 강진구 · 노자은, 『개정판 한국사회와 다문화』, 광명: 경진출판, 2014.

이화도, “상호문화성에 근거한 다문화교육의 이해”, 한국비교교육학회, 『비교교육연구』, 제21권 5호 (2011).

이화식, “르페브르(H. Lefebvre) 공간론의 교육적 적용: 교육과정을 중심으로”, 한국교원대학교 교육연구원, 『교원교육』, 제32권 2호 (2016).

임마누엘 칸트, 이한구 옮김, 『영구 평화론: 하나의 철학적 기획』, 파주: 서광사, 2008.

임미원, “칸트의 영구평화론”, 한국법철학회, 『법철학연구』, 제14권 1호 (2011).

임정빈, “북한이탈주민 정착을 위한 지역사회 지원체계 및 이해관계자 분석”, 경인행정학회, 『한국정책연구』, 제12권 2호 (2012).

장승진, “다문화주의에 대한 한국인의 태도: 경제적 이해관계와 국가 정체성의 영향을 중심으로”, 한국정치학회, 『한국정치학회보』, 제44집 3호 (2010).

장원순, “다문화적 시민교육의 성격과 방법”, 한국사회교과교육학회, 『사회과교육연구』, 제11권 2호 (2004).

장은주, “인권의 보편성과 인도적 개입의 정당성: ‘북한 인권 문제’의 올바른 해법을 위한 철학적 토대의 모색과 관련하여”, 장은주, 『인권의 철학: 자유주의를 넘어, 동서양이분법을 넘어』, 서울: 새물결, 2010.

장한업, 『이제는 상호문화교육이다: 다문화 사회의 교육적 대안』, 파주: 교육과학사, 2014.

장현, “북한이탈주민 지원 정부조직체계 개편”, 조선대학교 동북아연구소, 『동북아연구』, 제28권 1호 (2013).

전재성, “한반도 통일에 관한 이론적 고찰”, 서울대학교 통일평화연구소, 『통일과 평화』, 창간호 (2009).

전태국, 『사회통합과 한국 통일의 길: 내적 장벽을 넘어서』, 서울: 한울아카데미, 2013.

정병호, 송도영 엮음, 『한국의 다문화 공간: 우리 사회 다문화 이주민들의 삶의 공간을 찾아서』, 서울: 현암사, 2011.

정영철, “한반도의 ‘평화’와 ‘통일’: 이론의 긴장과 현실의 통합”, 북한연구학회, 『북한연구학회보』, 제14권 2호 (2010).

정지아, “한국 다문화교육의 철학과 방향 탐색”, 한국교육철학학회, 『교육철학연구』, 제18권 (2015).

정창호, “독일의 상호문화교육과 타자의 문제”, 한독교육학회, 『교육의 이론과 실천』, 제16권 1호 (2011).

제러미 리프킨, 이원기 옮김, 『유러피언 드림: 아메리칸 드림의 몰락과 세계의 미래』, 서울: 민음사, 2005.

제임스 프록터, 손유경 옮김, 『지금 스튜어트 홀』, 서울: 앨피, 2014.

조용만 · 박성범, “국제결혼이민자의 조기 사회통합증진 방안 연구: 한국과 독일의 정책 및 사례를 중심으로”, 한국국제정치학회, 『국제정치논총』, 제53집 3호 (2013).

조화성, “한국 이민정책의 탈민족화와 재민족화”, 한국민족연구원, 『민족연구』, 제40권 (2009).

존 롤스, 장동진 외 역, 『만민법』, 서울: 이끌리오, 2000.

주재홍 · 김영천, “효과적인 다문화교육 실천을 위한 학교 교육과정 개발”, 한국교육과정학회, 『교육과정연구』, 제32권 4호 (2014).

진시원, “다문화주의에 대한 이데올로기적 검토”, 숙명여자대학교 다문화통합연구소, 『다문화사회연구』, 제11집 1호 (2018.2).

질 베르분트, 장한업 역, 『인간의 다양성을 존중하는 상호문화사회』, 파주: 교육과학사, 2012.

채정민 · 이종한, “심리학적 관점에서의 남북한 문화이질성: 북한이탈주민의 심리적 적응을 중심으로”, 한국사회문제심리학회, 『한국심리학회지: 사회문제』, 제10권 2호 (2004).

천선영, “‘다문화 사회’ 담론의 한계와 역설”, 한 · 독사회과학회, 『한 · 독사회과학논총』, 제14권 2호 (2004 겨울).

최병두 외 3인, 『지구 · 지방화와 다문화 공간: 다문화 사회로의 원활한 전환을 위한 ‘공간적’ 접근』, 서울: 푸른길, 2011.

최병두, “다문화 공간과 지구 · 지방적 윤리: 초국적 자본주의의 문화 공간에서 인정을 위한 투쟁의 공간으로”, 최병두 외 3인, 『지구 · 지방화와 다문화 공간』, 서울: 푸른길, 2011.

최상용, 『평화의 정치사상』, 파주: 나남출판, 2006.

최성환, “다문화 시민교육의 이념: M. 왈쩌의 관용론과 M. 누스바움의 시민교육론을 중심으로”, 중앙대학교 문화콘텐츠기술연구원, 『다문화콘텐츠연구』, 제18권 (2015).

최의철, 『인도주의 개입: 이론과 실제』, 서울: 백산자료원, 2004.

최재식, “상호문화성의 현상학: 문화중심주의를 넘어 상호문화성으로”, 한국현상학회, 『철학과 현상학 연구』, 제30집 (2006).

최종열, “정의와 다문화주의: 킴리카의 자유주의적 다문화주의의 사용”, 한국이론사회학회, 『사회와 이론』, 제25권 (2014).

최천운 · 문경연, “통일 거버넌스 구축 방향 연구: 정부의 역할에 대한 메타 거버넌스적 함의”, 한양대학교 평화연구소, 『문화와 정치』, 제5

권 1호 (2018).

최현덕, “경계와 상호문화성: 상호문화 철학의 기본 과제”, 부산대학교 인문학연구소, 『코기토』, 제66호 (2009).

최형익, “칼 맑스의 정치경제학 비판과 사회권 사상”, 김비환 외, 『인권의 정치사상』, 서울: 이학사, 2010.

추병완, “다문화 도덕교육 정립을 위한 시론”, 한국초등도덕교육학회, 『초등도덕교육』, 제28집 (2008.12).

통일부, 『2017 북한이탈주민 정착지원 실무편람』, 서울: 통일부, 2017.6.

______, 『2017 통일백서』, 서울: 통일부, 2017.3.

필립 모로 드파르주, 문경자 옮김, 『내정간섭』, 서울: 한울, 2000.

하버마스, 황태연 역, 『이질성의 포용: 정치이론연구』, 서울: 나남출판, 2000.

한준성, “다문화주의 논쟁: 브라이언 배리와 윌 킴리카의 비교를 중심으로”, 서울대학교 한국정치연구소, 『한국정치연구』, 제19권 1호 (2010).

허준영, “북한이탈주민 사회통합정책 방안 모색: 서독의 갈등관리에 대한 비판적 검토”, 통일연구원, 『통일정책연구』, 제23권 1호 (2012).

홍석률, 『분단의 히스테리』, 서울: 창비, 2012.

홍원표, “인권 문제와 보수주의”, 김비환 외, 『인권의 정치사상』, 서울: 이학사, 2010.

홍태영, “프랑스 공화주의 모델의 형성: 제3공화국과 민주주의의 공고화 (1885-1940)”, 한국정치학회, 『한국정치학회보』, 제39집 3호 (2005).

Banks, James A., 모경환 외 역, 『다문화교육입문』, 제5판, 파주: 아카데미프레스, 2016.

Bickmann, Claudia., R. A. Mall 외, 김정현 엮음, 주광순 · 박종식 · 김정현 외 옮김, 『상호문화 철학의 논리와 실천』, 서울: 시와 진실,

2010.

Donnelly, Jack., 박정원 옮김, 『인권과 국제정치: 국제인권의 현실과 가능성 및 한계』, 서울: 오름, 2002.

Kymlicka, Will., 장동진 외 역, 『다문화주의 시민권』, 파주: 東明社, 2010.

______________________, 『현대 정치철학의 이해』, 서울: 東明社, 2006.

Phillips, Anne., 부산대학교 사회과학연구소 역, 『문화 없는 다문화주의』, 서울: 박영사, 2011.

White, Leslie A., 이문웅 역, 『문화과학: 인간과 문명의 연구』, 서울: 아카넷, 2002.

해외자료

Agnew, J., *Place and Politics: The Geographical Mediation of State and Society*, Boston: Allen & Unwin, 1987.

Anderson, Benedict., "The New World Disorder", *New Left Review,* 193 (1992).

Anzaldua, Gloria., *Borderlands: The New Mestiza*, San Francisco: Spinsters/Aunt Lute, 1999.

Barry, Brian M., *Why Social Justice*, Maldon: Polity, 2005.

____________, *Culture and Equality: An Egalitarian Critique of Multiculturalism*, Cambridge: Harvard University Press, 2001.

____________, *Justice as Impartiality*, Oxford: Oxford University Press, 1995.

Bennett, Christine I., *Comprehensive Multicultural Education: Theory and Practice*, 6th ed., Boston: Allyn & Bacon, 2007.

Berlin, Isaiah., "Two Concepts of Liberty", Isaiah Berlin, *Four Essays on Liberty*, Oxford: Oxford University Press, 1969.

Berry, John W., "Immigration, Acculturation, and Adaptation", *Applied Psychology: An International Review*, 46-1 (1997).

Brah, Avtar., *Cartograhies of Diaspora: Contesting Identities*, New York: Routledge, 1996.

Brenner, N., *New State Spaces: Urban Governance and the Rescaling of Statehood*, Oxford: Oxford University Press, 2004.

Brimelow, Peter., *Alien Nation: Common Sense about America's Immigration Disaster*, New York: Harper Perrenial, 1995.

Calhoun, Craig., *Nations Matter: Culture, History, and the Cosmopolitan Dream*, London: Routledge, 2007.

Castles, S. & M. J. Miller., *The Age of Migration: International population movements in the modern world*, New York: The Guilford Press, 2003.

Doyle, Michael., "Liberalism and World Politics Revisited", in Charles W. Kegley. Jr., ed., *Controversies in International Relations Theory: Realism and the Neoliberal Challenge*, New York: St. Martin's Press, 1995.

Falk, R., "The Making of Global Citizenship", Bart Van Steenbergen, ed., *The Condition of Citizenship,* London: Sage Publications, 1994.

Fraser, Nancy & Axel Honneth, eds., *Redistribution or Recognition?: A Political-Philosophical Exchange*, New York: Verso, 2003.

Gates, Henry Louis. Jr., "Pluralism and Its Discontents", *Profession*, 92 (1992).

Gellner, E., *Nations and Nationalism*, Oxford: Blackwell, 1983.

Gibson, Margaret Alison., "Approaches to multicultural education in the United States: Some concepts and assumptions", *Anthropology and Education Quarterly*, 7-4 (1976).

Gilpin, Robert., "The Richness of the Tradition of Political Realism", Robert O. Keohane, ed., *Neo-Realism and Its Critics*, New York: Columbia University Press, 1986.

Glazer, Nathan., *We are all Multiculturalist*, Cambridge: Harvard University Press, 1997.

Greenfeld, Liah., "Nationalism and Modernity", *Social Research*, 63-1 (1996).

Gutmann, A., "Unity and Diversity in Democratic Multicultural Education: Creative and Destructive Tensions", J. A. Banks., ed., *Diversity and Citizenship Education: Global Perspectives*, San Francisco: Jossey-Bass, 2004.

Harvey, D., *Justice, Nature and the Geography of Difference*, Oxford: Blackwell, 1996.

Higham, John., "Multiculturalism and Universalism: A History and Critique", *American Quarterly*, 45-2 (1993).

Huntington, Samuel P., *Who Are We? The Challenges to America's National Identity,* New York: Simon & Schuster, 2004.

Jessop, Bob., Neil Brenner, Martin Jones, "Theorizing Sociospatial Relations", *Environment and Planning D: Society and Space*, 26-3 (2008).

Kymlicka, Will., *Politics in Vernacular*, Oxford: Oxford University Press, 2001.

____________, *Multicultural Citizenship: A Liberal Theory of Minority Rights*, New York: Clarendon Press, 1995.

Lefebvre, H., *The Production of Space*, Oxford: Blackwell, 1990.

Local Government Association, *Community Cohesion: An Action Guide*, London: LGA, 2009.

Miller, David., *Citizenship and National Identity*, Cambridge: Polity, 2000.

Morgenthau, Hans., *Politics Among Nations*, 2nd ed., New York: Alfred A. Knopf, 1954.

Nussbaum, Martha C., *Frontiers of Justice: disability, nationality, species membership*, Cambridge: Harvard University Press, 2007.

Okin, Susan Moller., "Feminism and Multiculturalism: Some Tensions", *Ethics*, 108-4 (1998).

Parekh, Bhikhu., "Multiculturalism", J. Baggini and J. Strangroom., eds., *What more philosophers think*, London: Sage, 2007.

______________, *Rethinking Multiculturalism: Cultural Diversity and Political Theory*, Cambridge: Harvard University Press, 2000.

Rawls, John., *Political liberalism*, New York: Columbia University Press, 1993.

Redfield, Robert., Ralph Linton, Melville J. Herskovits, "Memorandum for The Study of Acculturation", *American Anthropologist*, 38 (1936).

Schlesinger, Arthur M. Jr., *The Disuniting of America: Reflections on a Multicultural Society*, New York: W. W. Norton & Company, 1998.

Scott, David., "Culture in Political Theory", *Political Theory*, 31-1 (Feb, 2003).

Segal, S. P. and Uri Aviram, *The mentally ill in community-based sheltered care: A study of community care social integration*, N.Y.: Springer Publishing Company, 1980.

Sen, Amartya., *Identity and violence: The illusion of destiny*, New York: W. W. Norton and Company, 2006.

Shield, R., "Spatial stress and resistance: social meanings of spatialization", G. Benko & U. Strohmayer, *Space and Social Theory*, Oxford: Blackwell, 1997.

Sleeter, Christine E. & Carl A. Grant, *Making choices for multicultural education: Five approaches to race, class, and gender*, 5th ed.,

Hoboken: Wiley, 2007.

Sterba, James P., *Contemporary Social and Political Philosophy*, Belmont: Wadsworth Publishing Company, 1995.

Sze, F. and D. Powell, eds., *Interculturalism: Exploring Critical Issues*, Oxford: Interdisciplinary Press, 2004.

Tamir, Yael., *Liberal Nationalism*, Princeton: Princeton University Press, 1993.

Taylor, Charles., "The Politics of Recognition", Amy Gutmann, ed., *Multiculturalism and the 'Politics of Recognition'*, Princeton: Princeton University Press, 1992.

Vasak, Karel., ed., *The International Dimensions of Human Rights*, Westport, Conn.: Greenwood Press, 1982.

Waltz, Kenneth N., *Theory of International Politics*, New York: McGraw-Hill, 1979.

Walzer, Michael., "The Communitarian Critique of Liberalism", *Political Theory*, 18-1 (Feb, 1990).

White, Leslie A. & Beth Dillingham, *The Concept of Culture*, Minnesota: Burgess Publishing Company, 1973.

______________________________, *The Evolution of Culture: the development of civilization to the fall of Rome*, New York: McGraw-Hill, 1959.

Young, Iris Marion., "Polity and Group Difference: A Critique of the Ideal of Universal Citizenship", *Ethics*, 99-2 (1989).

기 타

김정일, “혁명과 건설에서 주체성과 민족성을 고수할데 대하여”, 『김정일선집』, 제14권, 평양: 조선로동당출판사, 2000.

______, “사회주의는 과학이다”, 『김정일선집』, 제13권, 평양: 조선로동당출판사, 1998.

______, “사회주의에 대한 훼방은 허용될 수 없다”, 『김정일선집』, 제13권, 평양: 조선로동당출판사, 1998.

______, “사회주의건설의 력사적교훈과 우리 당의 총로선”, 『김정일선집』, 제12권, 평양: 조선로동당출판사, 1997.

리학남, “제국주의자들의 ‘인권보호’ 타령을 반대 배격해야 한다”, 『로동신문』, 2009.3.22.

리현도, “미국의 ‘인권옹호’ 타령은 기만이다”, 『로동신문』, 2009.1.19.

______, “제국주의자들의 ‘인권옹호’ 타령은 침략과 간섭의 수단”, 『로동신문』, 2010.3.21.

림동춘, “력사의 징벌을 받아야 할 세계 최대의 인권유린자”, 『로동신문』, 2006.4.28.

사회과학출판사 편, 『조선말대사전 2』, 평양: 사회과학출판사, 1992.

승재순 · 로영, “참다운 인권을 옹호하여”, 『로동신문』, 1995.6.24.

“인권유린의 원흉–미국”, 『로동신문』, 2009.3.13.

『조선중앙통신』, 2004.7.27.

조택범, “제국주의의 반동적 ‘인권’ 공세를 짓부셔버려야 한다”, 『로동신문』, 2009.10.28.

“거버넌스”, (http://100.daum.net/encyclopedia/view/18XXXXXX2599, 2018.8.23. 검색)

“고용복지센터 및 고용센터 검색”, (www.work.go.kr/jobcenter, 2018.8.21. 검색)

"기획연재, 탈북민과 함께 '통일 사다리' 놓자", 『조선일보』, 2016.5.30; 2016.5.31; 2016.6.6; 2016.6.8; 2016.6.20; 2016.7.4; 2016.7.12.
『문화일보』, 2011.2.11.
"사회통합", (https://ko.wikipedia.org, 2018.8.21. 검색)
"인터뷰/자랑찬 탈북인", (www.newfocus.co.kr, 2018.8.21. 검색)
연합뉴스, 2011.2.17.
『조선일보』, 2011.2.6.
"적응", "사회적응", (http://dic.daum.net, 2018.8.21. 검색)
청와대, "국정과제", (www1.president.go.kr/government-projects#page5, 2017.9.12. 검색)
"탈북박사 14인 이력", 『동아일보』, 2014.3.29.
통일부, 주요사업 중 북한이탈주민정책의 "지원정책의 변천과정", (www.unikorea.go.kr/unikorea/business/NKDefectorsPolicy/status/history/, 2018.8.25. 검색)
______, 주요사업 중 통계의 "북한이탈주민 입국 현황", (www.unikorea.go.kr/unikorea/business/statistics/, 2018.8.25. 검색)
______, "2018 업무보고", (www.unikorea.go.kr/2018plan/sub1.htm, 2018.8.25. 검색)
______, "2017년 정부 업무보고", (www.unikorea.go.kr/unikorea/policy/report, 2017.9.12. 검색)
"통합", (http://dic.daum.net, 2018.8.21. 검색)
『한겨레』, 2010.10.18.
"Interculturalism", (http://en.wikipedia.org/wiki/Interculturalism, 2018.8.28. 검색)
"Records of the General Conference, 33rd session, Paris, 3-21 October 2005", (http://unesdoc.unesco.org/images/0014/001428/142825e.pdf, 2014.11.20. 검색)

찾아보기

인 명

주 제

지은이 소개

김창근(金彰瑾)

단국대학교 정치외교학과 졸업, 단국대학교 대학원 정치학 석사·박사
Visiting Scholar, 미국 Fuller Theological Seminary
현) 부산교육대학교 윤리교육과 교수
부산법원 사회적 약자 사법지원단 회장
전) 통일연구원 책임연구원, 통일부 통일교육위원
부산지역통일교육센터 운영위원, 부산광역시 북한이탈주민지원협의회 위원

〈저서〉

『다문화주의와 만난 한반도 통일론』(교육과학사, 2013)
『평화를 위한 통일교육: 하나될 미래를 위한 출발』(인간사랑, 2007)
『북한의 새인식 북한의 정치 2』(景仁文化社, 2006, 공저)
『화해·협력과 평화번영, 그리고 통일』(한울아카데미, 2005, 공저)
『개정판 북한이해의 길잡이』(博英社, 2005, 공저) 등

다문화주의의 인식과 적용

2018년 11월 5일 제1판 1쇄 인쇄
2018년 11월 10일 제1판 1쇄 발행

지은이: 김 창 근
펴낸이: 한 정 주
펴낸곳: 교육과학사

지은이와 협의하에 인지생략

경기도 파주시 광인사길 71
전화(031)955-6956~8/팩스(031)955-6037
Home-page: www.kyoyookbook.co.kr
E-mail: kyoyook@chol.com
등록: 1970년 5월 18일 제2-73호

낙장 · 파본은 교환해 드립니다. 정가 15,000원
Printed in Korea. ISBN 978-89-254-1331-0